Justus Bernhard Westerkamp

Über die Reichsverfassung

Justus Bernhard Westerkamp

Über die Reichsverfassung

ISBN/EAN: 9783743684119

Hergestellt in Europa, USA, Kanada, Australien, Japan

Cover: Foto ©Suzi / pixelio.de

Weitere Bücher finden Sie auf **www.hansebooks.com**

Ueber die

Reichsverfassung.

Von

Justus B. Westerkamp,

Obergerichtsassessor in Hannover.

„Government is a contrivance
„of human wisdom to provide for
„human wants." *Burke.*

„Justice is the end of govern-
„ment; it is the end of civil
„society." *Hamilton.*

Hannover.

Carl Rümpler.

1873.

Inhalt.

Einleitung.

Der Verfasser beabsichtigt, die Hauptbestimmungen der Reichsverfassung zu untersuchen, unter Weglassung der administrativen
Vorschriften. Nicht als ob letztere ohne Bedeutung wären; aber bei
gleichzeitiger Erörterung wird der Blick leicht abgelenkt von dem
Wesentlichen auf das minder Bedeutende.

Die Reichsverfassung ist die beste, freieste, volksthüm-
lichste Verfassung, deren sich Deutschland oder einer der Deutschen
Staaten seit vielen Jahrhunderten erfreut hat. Die Deutschen Regie-
rungen haben sich ein Recht auf die dauernde Dankbarkeit des
Deutschen Volkes dadurch erworben, dass sie demselben eine solche
Verfassung vorgeschlagen haben. Der Deutsche Kaiser wird jetzt
zumeist gefeiert wegen seiner glänzenden Siege; spätere Generationen
mögen sein vornehmstes Verdienst in die feste Einigung der Deutschen
Staaten setzen. Aber trotzdem ist das Gefühl vorherrschend, dass die
Reichsverfassung nicht in allen ihren Theilen vollkommen ist. Der
Fürst v. Bismarck sagte im Reichstage am 16. April 1869: „Ich
„gebe gern zu, dass die Bundesverfassung eine sehr unvollkommene
„ist; sie ist nicht bloss in der Eile zu Stande gekommen, sondern
„sie ist auch unter Umständen zu Stande gekommen, in denen der
„Baugrund ein sehr schwieriger war wegen der Unebenheiten des
„Terrains, aber der doch absolut benutzt werden musste." Daher
ist es kein Verstoss gegen die Pflicht der Dankbarkeit, welche wir
den Urhebern unserer Verfassung schuldig sind, wenn dieselbe einer
Prüfung unterworfen und dabei gefunden wird, dass die eine oder
andere Bestimmung mangelhaft ist.

1

Es ist zweckmässig, bei Untersuchung der Reichsverfassung
gleichartige Verfassungen anderer Völker zu berücksichtigen. Wir
können so die Erfahrungen derselben uns zu Nutze machen, ohne
den Preis zu zahlen, den sie dafür bezahlt haben.

Der Präsident der Vereinigten Staaten von Amerika sagt in
seiner Botschaft an den Senat und das Repräsentantenhaus, vom
7. Februar 1871: „Die Einigung der Deutschen Staaten unter einer
„Regierungsform, die in vielen Punkten derjenigen der amerikanischen
„Union gleicht, ist ein Ereigniss, welches nicht verfehlen kann, die
„Sympathien des Volkes der Vereinigten Staaten zu erwerben. Diese
„Einigung hat sich in Folge der stetigen und ausharrenden An-
„strengungen der Bevölkerung von 25 Deutschen Staaten im Verein
„mit ihren rechtmässigen Regierungen vollzogen. Das amerikanische
„Volk muss dieses Resultat als einen Versuch der Nachahmung eini-
„ger der besten Bestimmungen seiner eigenen Verfassung betrachten,
„vorbehältlich der Modifikationen, welche die Geschichte und der so-
„ziale Zustand Deutschlands zu erfordern scheinen. Eine jede der
„Lokalregierungen der verschiedenen Glieder des Bundes ist durch
„die Macht selbst geschützt, welche dem Oberhaupte übertragen ist.
„Dieses erhält im Falle eines Defensivkrieges die nothwendige Ge-
„walt, aber nicht die Autorität, welche ihm einen Eroberungskrieg
„zu beginnen gestatten würde. Die Wünsche nach nationaler Ein-
„heit, welche stets die vielen Millionen gleichsprachiger und benach-
„barter, aber durch dynastische Eifersüchteleien und den Ehrgeiz
„kurzsichtiger Führer getrennter und getheilter Menschen erfüllt
„haben, sie sind endlich befriedigt. Deutschland umfasst heute eine
„Bevölkerung von ungefähr 37 Millionen, welche wie die unserige
„für ihre Beziehungen nach auswärts unter Einer Regierung
„geeinigt ist, während ein jeder der Staaten das Recht und die
„Macht der Kontrolle über seine Lokalinteressen, seine Eigenthüm-
„lichkeiten und besondern Einrichtungen behält. Die Vereinigung
„grosser Mengen freier und gebildeter Menschen muss aus den Re-
„gierungen das machen, was sie in Wirklichkeit sein sollten: der
„Ausdruck des Volkswillens und die Organisation der Macht des
„Volkes. Die Annahme des amerikanischen Systems durch ein freies
„Volk in Europa, welches gewohnt ist, sich selbst zu leiten, wird

„schliesslich zur Folge haben, volksthümliche Einrichtungen zu ver-
„breiten und den friedlichen Einfluss amerikanischer Ideen zu er-
„höhen."

Nach genauer Untersuchung der Verfassung und der Gesetze
der Vereinigten Staaten, nach längerem Aufenthalte in denselben,
um durch eigene Anschauung, im Verkehr mit hervorragenden Männern der Union, ein Bild von der Wirkung der dortigen Einrichtungen zu gewinnen, glaube ich sagen zu dürfen, dass das Urtheil
des Präsidenten der Vereinigten Staaten über den gegenwärtigen
Zustand Deutschlands, in der Botschaft vom 7. Februar 1871, ein
richtiges ist und unsere sorgfältige Beachtung verdient.

Wir sind gegenwärtig durch gerechten Sieg und grosse Erfolge
in gehobener Stimmung. Aber der ruhige Beobachter muss sehen,
dass der jetzige Zustand Deutschlands nicht ohne grosse Schwierigkeiten ist. Ein Bundesstaat aus monarchischen Staaten ist früher
niemals geglückt; grosse gegenseitige Nachgiebigkeit ist erforderlich,
um das Bundesverhältniss aufrecht zu halten. Die Reichsverfassung
ist jung und kann darum noch nicht diejenige Zuneigung und Ver-
ehrung des Volkes haben, welche die sicherste Gewähr für jede Verfassung ist. Wir haben früheres Reichsland wiedergewonnen; aber
es fehlt noch viel, dass die Sinnesweise der Bevölkerung in Elsass
und Lothringen wieder deutsch ist. Missstimmung und Unzufrieden-
heit herrscht in einem grossen Theil unserer arbeitenden Bevölkerung;
keine weise Regierung sollte die Abneigung einer beträchtlichen
Klasse des Volkes gering achten. Neuere Begebenheiten haben klar
gemacht, dass das Verhältniss des Staates zur Kirche, wenigstens
zur römisch-katholischen, einer neuen Regelung bedarf. Darüber,
glaube ich, kann kein Zweifel sein, dass Entwickelung, namentlich auf dem Gebiete des inneren Staatslebens, die grosse
Pflicht unseres Landes nach seinen letzten Siegen ist.
Sind wir nicht in unserer ganzen Entwickelung auf mindestens gleicher Stufe mit den übrigen Völkern der Erde,
so werden wir den hervorragenden Platz, welchen wir
gegenwärtig unter denselben einnehmen, schwerlich lange
behaupten können.

Erstes Kapitel.

Ursprung der Reichsverfassung. Werth derselben für
die Sicherheit, Unabhängigkeit und Freiheit
Deutschlands.

Der Deutsche Bund, gegründet im Jahre 1815, ruhmlos zusammen-
gebrochen im Jahre 1848 in Folge innerer Schwäche und mangeln-
den Vertrauens der Nation, reaktivirt im Jahre 1850, nachdem alle
Versuche in den Jahren 1848 und 1849, die Einheit Deutschlands
in anderer Form herzustellen, gescheitert waren, genügte nicht den
gerechten Anforderungen des Deutschen Volkes. Dies wurde offen
anerkannt von den Deutschen Fürsten und von den Vertretern der
freien Deutschen Städte, als sie im Jahre 1863 zu Frankfurt auf
dem Fürsten-Kongress versammelt waren: aber die dort beschlossene
Reform-Akte fand nicht die Zustimmung Preussens, und konnte
darum nicht zum Gesetze werden. Preussen, einsehend, dass es der
Bundesreformfrage gegenüber keine lediglich ablehnende Haltung einnehmen dürfe, wenn es nicht auf Theilnahme an der deutschen Entwickelung Verzicht leisten wollte, verlangte „eine nach dem Ver-
„hältniss der Volkszahl der einzelnen Staaten aus direkten Wahlen
„hervorgehende Vertretung des Deutschen Volkes, mit Befugniss zu
„beschliessender Mitwirkung in Bundesangelegenheiten;" *) Oester-

---

*) Depesche des Minister-Präsidenten v. Bismarck an den preussischen
Gesandten in Wien, vom 14. August 1863.

Bericht des Staats-Ministeriums an Se. Maj. den König von Preussen
über die Frankfurter Reform-Akte, vom 15. September 1863.

reich und seine Verbündeten konnten oder wollten eine solche Na-
tionalvertretung nicht bewilligen.

Der durchaus unbefriedigende Zustand Deutschlands machte den
Krieg des Jahres 1866 unvermeidlich. Es mag nicht schmeichelhaft
für die Menschheit sein, aber ich glaube, es wird durch die Geschichte beinahe jedes Landes erwiesen, dass ein grosser Fortschritt
nur durch Krieg oder durch Revolution bewirkt wird. Nachdem
Preussen sich für Krieg entschieden hatte, musste es dessen nationale
Zwecke bezeichnen, um die Zustimmung des eigenen Volkes und die
Sympathien Deutschlands zu gewinnen. Durch Depesche des Minister-
Präsidenten v. Bismarck an die Vertreter Preussens bei den Deutschen Regierungen, vom 24. März 1866, wurde die Bundesreform
abermals in Anregung gebracht. Am 9. April 1866 stellte Preussen
am Bundestage den dringlichen Antrag:

„Hohe Bundesversammlung wolle beschliessen:
„eine aus direkten Wahlen und allgemeinem Stimmrecht der
„ganzen Nation hervorgehende Versammlung für einen noch
„näher zu bestimmenden Tag einzuberufen, um die Vorlagen
„der Deutschen Regierungen über eine Reform der Bundes-
„verfassung entgegen zu nehmen; in der Zwischenzeit aber,
„bis zum Zusammentritt derselben, durch Verständigung der
„Regierungen unter einander diese Vorlage festzustellen."

Unmittelbar vor Ausbruch des Krieges, vielleicht gerade zu dem
Zwecke, um denselben herbeizuführen, trat Preussen hervor mit dem
Entwurf zur Bundesreform vom 10. Juni 1866, in welchem bereits
die Grundzüge der Reichsverfassung enthalten sind. Dieser Reform-
Entwurf war der erste seit langer Zeit, welcher praktisch ausführbar
war. Aber seine Ausführung war, bei damaliger Lage der politischen
Verhältnisse, davon abhängig, dass Oesterreich in dem Kriege voll-
ständig unterlag.

In den Nikolsburger Friedens-Präliminarien vom 26. Juli 1866
und dem Prager Friedensvertrage vom 23. August 1866 willigte
Oesterreich in eine neue Gestaltung Deutschlands ohne Betheiligung
des Oesterreichischen Kaiserstaates, und versprach, das engere Bundesverhältniss anerkennen zu wollen, welches Preussen nördlich von
der Linie des Main begründen werde. Es erklärte sich ferner damit

einverstanden, dass die südlich von der Linie des Main gelegenen
Deutschen Staaten in einen Verein zusammentreten, dessen nationale
Verbindung mit dem Norddeutschen Bunde der nähern Verständigung
zwischen beiden vorbehalten bleibe. Die Deutschen Staaten, welche
mit Preussen und dessen Verbündeten in Krieg gewesen waren, an-
erkannten in den Friedensverträgen die Bestimmungen der Nikolsburger Friedenspräliminarien und traten denselben bei, so weit sie
die Zukunft Deutschlands betrafen. Zugleich schlossen Preussen und
jeder der süddeutschen Staaten Schutz- und Trutzbündnisse, in welchen sie sich gegenseitig die Integrität des Gebietes ihrer bezüglichen Länder garantirten, und sich verpflichteten, im Falle eines
Krieges ihre volle Kriegsmacht zu diesem Zwecke einander zur Verfügung zu stellen.

Am 18. August 1866 schloss Preussen mit 15 norddeutschen
Staaten ein Offensiv- und Defensiv-Bündniss zur Erhaltung der Unabhängigkeit und Integrität, sowie der innern und äussern Sicherheit
ihrer Staaten. Die andern norddeutschen Staaten traten demselben
später bei. In dem Bündnissvertrag war ausgemacht, dass die Zwecke
des Bündnisses durch eine Bundesverfassung auf der Basis der Preussischen Grundzüge vom 10. Juni 1866 sichergestellt werden sollten,
unter Mitwirkung eines gemeinschaftlich zu berufenden Parlaments;
dass die verbündeten Regierungen gleichzeitig mit Preussen auf
Grund des Reichswahl-Gesetzes vom 12. April 1849 Wahlen von
Abgeordneten zum Parlament anordnen und letzteres gemeinschaftlich
mit Preussen einberufen sollten; und dass sie Bevollmächtigte nach
Berlin senden sollten, um nach Massgabe der Grundzüge vom 10. Juni
1866 den Bundesverfassungs-Entwurf festzustellen, welcher dem Parlament zur Berathung und Vereinbarung vorgelegt werden sollte.
Von den Landtagen der norddeutschen Staaten wurde zwar die Ein-
berufung eines Parlaments auf Grund des Reichswahl-Gesetzes vom
12. April 1849 genehmigt; indessen wurde demselben nur Befugniss
zur Berathung, nicht zur Vereinbarung einer Bundesverfassung beigelegt. Der Entwurf einer Bundesverfassung, welcher in Konferenzen
der Bevollmächtigten der norddeutschen Staaten ausgearbeitet war,
wurde dem konstituirenden Reichstage, welcher am 24. Februar
1867 in Berlin zusammentrat, in der Sitzung vom 4. März 1867

zur Berathung vorgelegt. Am 16. April 1867 nahm derselbe den Verfassungsentwurf an, mit 41 Abänderungs- und Zusatzbestimmungen, welche von den verbündeten Regierungen genehmigt wurden. Nachdem dann die Verfassung des Norddeutschen Bundes in der Form, welche sie durch die Berathungen und Beschlüsse des Reichstages erhalten hatte, von den Landtagen aller norddeutschen Staaten genehmigt war, wurde sie in der Zeit vom 21. bis 27. Juni 1867 in allen norddeutschen Staaten durch deren Regierungen publizirt und dabei bestimmt, dass sie am 1. Juli 1867 in Kraft treten solle.

Die Zoll- und Handelsgesetzgebung ist durch die Bundesverfassung dem Bunde überwiesen. Es war für Norddeutschland nicht thunlich, mit den süddeutschen Staaten im Zollverein zu bleiben, wenn nicht letztere bezüglich der Zollsachen in den Norddeutschen Bund und dessen Verfassung eintraten. Durch die Friedensverträge mit den süddeutschen Staaten waren zwar der Zollvereinigungs-Vertrag vom 16. Mai 1865 und die mit ihm in Verbindung stehenden Vereinbarungen wieder in Kraft gesetzt; jedoch mit der Massgabe, dass jedem der Kontrahenten vorbehalten blieb, dieselben nach einer Ankündigung von 6 Monaten ausser Wirksamkeit treten zu lassen. Die süddeutschen Staaten konnten nach ihrer wirthschaftlichen Entwickelung den Zollverein mit Norddeutschland nicht wohl entbehren. Diese Umstände führten zu dem Zollvertrage vom 8. Juli 1867, durch welchen die süddeutschen Staaten bezüglich der Zollsachen in den Norddeutschen Bund und dessen Verfassung eintraten. Das erste Zollparlament wurde in Berlin am 27. April 1868 eröffnet.

Dem ungerechten Angriff Frankreichs im Sommer 1870 leistete ganz Deutschland einmüthig Widerstand. Sieg folgte auf Sieg. Die Waffen- und Siegesgemeinschaft kräftigte das Gefühl nationaler Zusammengehörigkeit und weckte den Wunsch einer engen dauernden nationalen Verbindung. Durch die Versailler Verträge vom 15., 23. und 25. November 1870 traten Baden, Hessen südlich des Main, Bayern und Württemberg in den Norddeutschen, von da an Deutschen Bund. Die Initiative zu diesen Verträgen ging aus von Bayern. Die Versailler Verträge wurden von dem Bundesrath und Reichstag des Norddeutschen Bundes, sowie von den Landtagen der süddeutschen Staaten, in der bayerischen Kammer der Abgeordneten indessen erst

nach langem lebhaftem Kampfe genehmigt. Am 10. Dezember 1870
beschloss der Reichstag, auf Mittheilung und Antrag des Bundes-
rathes vom 9. Dezember 1870, dass der Deutsche Bund den Namen
Deutsches Reich und der König von Preussen den Namen Deutscher
Kaiser führen solle. Durch Proklamation vom 18. Januar 1871
nahm der König von Preussen den Namen Deutscher Kaiser an.
Kaiser und Reich sind wiederhergestellt. „Wir haben erreicht, was
„seit der Zeit unserer Väter für Deutschland erstrebt wurde: die
„Einheit und deren organische Gestaltung, die Sicherung unserer
„Grenzen, die Unabhängigkeit unserer nationalen Rechtsentwickelung."*)
Eine neue Redaktion der Bundesverfassung war erforderlich, einmal
wegen Einführung der Namen Deutsches Reich und Deutscher Kaiser,
und namentlich, um den Verfassungsbestimmungen, welche in den
Verträgen vom November 1870 zerstreut waren, eine geordnete Zu-
sammenstellung und einen gleichmässigen Ausdruck zu geben. Bun-
desrath und Reichstag einigten sich über eine neue Redaktion der
Bundesverfassung, welche unter dem Namen „Verfassungs-Urkunde
für das Deutsche Reich" durch Gesetz vom 16. April 1871 im
Namen des Deutschen Reiches publizirt wurde.

Es ist geeignet, hier einen Augenblick einzuhalten, um die Vortheile der Einigung Deutschlands unter der Reichsverfassung zu
untersuchen. Mancher wird einwenden: die Einigung Deutschlands
ist seit vielen Jahren das einmüthige Streben aller Patrioten gewesen; wozu die Vortheile derselben auseinandersetzen? Aber es fehlt
nicht an achtbaren Männern, welchen es schwer fällt, sich mit dem
neuen Zustande zu befreunden, weil sie unter andern Verhältnissen
gross geworden sind. Ich möchte solche Männer bitten, den Zustand
Deutschlands, wie er vor 1866 war, und wie er gegenwärtig ist, zu
vergleichen. Das Erste, was jeder Staat erstreben sollte, ist Unabhängigkeit und Sicherheit. Schon Aristoteles nennt 'αυταρχεια
(Selbstgenügsamkeit) das erste Erforderniss des Staates. Vor 1866

----

*) Thronrede des Kaisers bei Eröffnung des Reichstages, am 21. März
1871.

hatten wir kein anderes Band der nationalen Einigung, als den
Deutschen Bund. Gewährte derselbe seinen Theilnehmern und der
Nation Sicherheit und Unabhängigkeit? War er nicht, im Gegentheil, ein machtloses Gebilde, welcher den Deutschen Staaten zwar
Mancherlei vorschreiben, aber nichts selbst thun konnte? und war er
darum nicht überall von dem guten Willen seiner Theilnehmer abhängig? Konnte er Anderen Sicherheit und Unabhängigkeit geben,
da er solche selbst nicht hatte? Hat er in der langen Zeit seines
Bestehens irgend etwas gethan, ja konnte er nach seiner ganzen
Organisation irgend etwas thun, um den gerechten Anforderungen
der Nation nach einer kräftigen und freiheitlichen Entwickelung zu
genügen? Wurde nicht seine Reformbedürftigkeit von Jedermann anerkannt? und war es trotzdem nicht nach aller Erfahrung unmöglich,
auf friedlichem Wege zu der nothwendigen Reform zu gelangen?
Durch den Wiener Frieden vom 10. October 1864 waren die Herzog-
thümer Schleswig, Holstein und Lauenburg wiedergewonnen, der erste
Ländererwerb nach vielen Länderverlusten, abgesehen von der Wie-
dereroberung zeitweise verlorener Länder. Welche Erwartung wäre
gerechter gewesen, als dass dieses Ereigniss allgemeine nationale
Freude hervorrufen würde? Aber im Gegentheil, herrschten nicht
Uneinigkeit, Zwietracht und Hader überall? Preussen litt unter dem
innern Konflikt; dessen Ende und Folgen vorauszubestimmen, war
vor den Siegen des Jahres 1866 kaum möglich. Als im Jahre 1866
die seit lange drohende deutsche Krisis zum Ausbruch kam, stellten
sich einige Deutsche Staaten auf Seite Preussens, andere auf Seite
Oesterreichs; die öffentliche Meinung schwankte unentschieden hin
und her. Bot nicht damals Deutschland das schreckliche Schauspiel
einer Nation ohne nationale Regierung? War es unrecht, wenn Fürst
v. Bismarck in amtlichen Depeschen und öffentlichen Reden mahnend
auf das Schicksal Polens hinwies? In der That, der Patriot mochte
bis zu den Siegen des Jahres 1866 beinahe an Deutschland ver-
zweifeln.

Wie anders ist es seitdem geworden! Zunächst wurde Norddeutschland unter der Bundesverfassung zu einem kräftigen Staatswesen geeinigt; dasselbe trat durch die Schutz- und Trutzbündnisse
und durch den Zollvertrag in nahe Verbindung mit den süddeutschen

Staaten. Der Krieg Frankreichs gegen Deutschland in den Jahren
1870 und 1871 bewirkte das Gegentheil dessen, was sein Urheber
beabsichtigte; die Einigung Deutschlands ist nicht rückgängig gemacht, es ist deren Vollendung gefördert; wir haben nicht das linke
Rheinufer verloren, sondern früheres Reichsland wiedergewonnen. Das
Ausland nannte den Krieg einen Kampf über die Suprematie auf
dem Kontinent von Europa; — und wir haben in demselben vollständig gesiegt. Das aber verdanken wir unserer nationalen Einigung; in ihr mögen wir daher mit Zuversicht die sichere Gewähr
für die Unabhängigkeit und Sicherheit Deutschlands finden.

Mit gleicher Zuversicht mögen wir in der nationalen Einigung
Deutschlands unter der Reichsverfassung eine sichere Gewähr für
dessen freiheitliche Entwickelung finden. Man sagt wohl, dass die
militairischen Einrichtungen den wichtigsten Theil der Reichsverfassung bilden, und dass grosse stehende Heere nach der Erfahrung
aller Länder der Freiheit feindlich sind. Wir sind umgeben von
grossen Staaten mit grossen stehenden Heeren, und so lange unsere
Nachbarn ihre militairischen Einrichtungen beibehalten, müssen wir
unsere beibehalten; wir würden sonst von ihrer Gnade abhängig sein.
Aber unser Heer ist das Volk in Waffen; kaum irgend ein anderes
Land hat eine so volksthümliche Heeresverfassung; nur in dem
Offizier-Korps hat unsere Armee ein aristokratisches Element. Wir
brauchen nicht zu fürchten, dass unser Heer zur Unterdrückung
deutscher Freiheit verwendet wird. — Das Deutsche Reich ist ein
Bollwerk deutscher Freiheit aus zwei Gründen, einmal wegen der
grösseren Ausdehnung seines Gebietes im Vergleich mit demjenigen
der Einzelstaaten, und sodann namentlich, weil in ihm zu den gewöhnlichen Kontrollen der Staatsgewalt noch diejenige durch die Staaten hin-
zukommt. Das Urtheil Hamilton's im Federalist, Nro. 28, über die
Wirkung der Bundesverfassung, wird sich im Laufe der Zeit auch
in Deutschland bewähren. Hamilton sagt: „The obstacles to usur-
„pation, and the facilities of resistance, increase with the increased
„extent of the state; provided the citizens understand their rights
„and are disposed to defend them. The natural strength of the
„people in a large community, in proportion to the artificial strength
„of the government is greater than in a small; and of course more

„competent to a struggle with the attemps of the government to
„establish a tyranny. But in a confederacy, the people, without
„exaggeration, may be said to be entirely the masters of their own
„fate. Power being almost always the rival of power, the general
„government will, at all times, stand ready to check the usurpations
„of the state governments; and these will have the same disposition
„towards the general government. The people, by throwing them-
„selves into either scale, will infallibly make it preponderate. If
„their rights are invaded by either, they can make use of the other,
„as the instrument of redress. How wise will it be in them, by
„cherishing the union, to preserve to themselves an advantage which
„can never be too highly prized!"*) Das Argument Hamilton's ist in
sich klar und einer Erläuterung kaum bedürftig; es könnte leicht
erläutert werden. Gesetzt Preussen, jetzt der leitende Staat im
Deutschen Reiche, entschlösse sich zu einer reaktionären Politik;
würden nicht Bayern, Sachsen, Württemberg und andere Staaten hierin
einen Grund finden, eine liberale Politik zu verfolgen, um so eine
Mehrheit im Bundesrathe und Reichstage und dadurch die Leitung
im Reiche zu gewinnen? Was hat der Norddeutsche Bund in der

---

*) „Die Hindernisse gegen Gewaltthat und die Leichtigkeit des Wider-
„standes wachsen mit der Ausdehnung des Staates; vorausgesetzt dass die
„Bürger ihre Rechte kennen und gewillt sind, sie zu vertheidigen. Die
„natürliche Kraft des Volkes, im Vergleich mit der künstlichen Kraft der
„Regierung, ist grösser in einem grossen Staate, als in einem kleinen; und
„folgeweise mehr befähigt zu einem Kampfe gegen Versuche der Regierung,
„eine Gewaltherrschaft zu begründen. Aber in einem Bunde, so mag man
„ohne Uebertreibung sagen, ist das Volk der alleinige Herr seines Ge-
„schickes. Da Macht beinahe immer der Nebenbuhler von Macht ist, so
„wird die allgemeine (Bundes-) Regierung jederzeit bereit sein, Gewalt-
„thätigkeiten der Staaten-Regierungen zu hindern, und diese werden die-
„selbe Neigung gegen die allgemeine Regierung haben. Dadurch, dass das
„Volk sich in die eine Wagschaale wirft, wird es diese unfehlbar über-
„wiegend machen. Wenn seine Rechte angegriffen sind, entweder von der
„Bundes- oder von den Staaten-Regierungen, so kann es von der andern
„als Mittel zur Abhülfe Gebrauch machen. Wie weise wird es handeln,
„wenn es durch Pflege des Bundes sich einen Vortheil bewahrt, welcher
„niemals zu hoch geschätzt werden kann!"

kurzen Zeit seines Bestehens gethan? Er hat wichtige Freiheiten gegeben und Hindernisse der Freiheit beseitigt. Er hat gegeben Freizügigkeit, Freiheit in der Eheschliessung, Gewerbefreiheit, Koalitionsrecht; die Presse ist unter dem gegenwärtigen Strafgesetzbuch freier,
denn je zuvor. Der wichtige Satz, dass der Bürger der Regierung
nur verfassungsmässigen Gehorsam schuldig ist, hat in dem sechsten
Abschnitt des Strafgesetzbuches unumwundene Anerkennung gefunden.
Ist es Zufall, dass „die Regierung in Deutschland nach jedem Kriege
„konstitutioneller ist, als zuvor?" Ist es nicht vielmehr begründet
im Wesen der neuen Einrichtungen, und sind diese nicht hinwiederum
begründet in einem unabweisbaren Bedürfnisse der gegenwärtigen
Zeit? — Wie daher die nationale Einigung Deutschlands unter der
Reichsverfassung dessen Sicherheit und Unabhängigkeit verbürgt, so
verbürgt sie in gleicher Weise dessen Freiheit.

Unbegründet ist, glaube ich, die Furcht Mancher, dass die Einigung Deutschlands unter der Reichsverfassung im Laufe der Zeit zur
Mediatisirung der Staaten führen wird. Eine solche könnte nur von
Preussen ausgehen. Nun mögen manche Preussen die Einverleibung
der kleineren Deutschen Staaten wünschen, wenn auch solche Wünsche
noch wenig in die Oeffentlichkeit treten; aber die Gefahr der Mediatisirung ist eine geringe, vorausgesetzt, dass nicht die Bevölkerungen der Staaten den Wunsch zu erkennen geben, dass der Bund
in einen Einheitsstaat konsolidirt werden möge. Preussen ist durch
alle Bande, des Gesetzes wie der Ehre, gebunden, die Selbstständigkeit und Unabhängigkeit der Staaten innerhalb der Reichsverfassung
zu achten. „Die Basis dieses Verhältnisses" (von Preussen zu den
anderen Staaten) „soll nicht die Gewalt sein, weder den Fürsten,
„noch dem Volke gegenüber. Die Basis soll das Vertrauen zu der
„Vertragstreue Preussens sein, und dieses Vertrauen darf nicht er-
„schüttert werden, so lange man uns die Vertragstreue hält."*) Die
Staaten haben in dem Bundesrathe ein Organ, welches durchaus geeignet ist, ihre Unabhängigkeit und Selbstständigkeit innerhalb der
Reichsverfassung zu wahren. Die volle Souverainität derselben vor

---

*) Rede des Fürsten v. Bismarck im konstituirenden Reichstage, bei
der allgemeinen Berathung des Verfassungs-Entwurfs, vom 11. März 1867.

1866 war mit dem Wohle der Nation unvereinbar und darum auf die Dauer unhaltbar; dadurch, dass sie einen Theil derselben aufgegeben haben, nicht an einen andern Deutschen Staat, sondern an die Gesammtheit, haben sie den Rest eher gestärkt als geschwächt. Je weiter wir in der gegenwärtigen Entwickelung fortschreiten, um so mehr wird hervortreten, welch ein Element der Freiheit in dem bundesstaatlichen Verhältniss enthalten ist, um so grösser wird werden die Zahl derjenigen, welche die Einheit unter der Reichsverfassung, und die Unabhängigkeit und Selbstständigkeit der Staaten innerhalb derselben gleichmässig hoch schätzen. — Jede Regierung beruht schliesslich auf Meinung. Bei dem gegenwärtigen Zustande der civilisirten Völker ist es kaum möglich, die Regierung derselben auf längere Zeit gegen deren ausgesprochenen Willen zu führen. Die Staaten-Regierungen haben gegenwärtig unzweifelhaft einen starken Halt in den Gewohnheiten und Neigungen ihrer Bevölkerungen. Wer die Schwierigkeiten kennt, welche Preussen nach der Einverleibung von Schleswig-Holstein, Hannover und Kurhessen in diesen Provinzen gefunden hat, und zum Theil noch findet, ungeachtet all der Unbill, welche dieselben so reichlich unter ihren früheren Regierungen erlitten hatten, der kann die Widerstandskraft der Staaten gegen Umwandlung in einen Einheitsstaat nicht unterschätzen. Denselben ist verblieben die Pflege der partikularen und lokalen Angelegenheiten und damit reichliche Gelegenheit, sich Sympathien zu erhalten und neu zu erwerben. Aber die Staaten-Regierungen müssen zusehen und sich angelegen sein lassen, dass sie die Zuneigung ihrer Bevölkerungen nicht verlieren; es dürfte sonst unmöglich sein, ihre Selbstständigkeit und Unabhängigkeit lange zu erhalten. Dieser Umstand auf der einen Seite und auf der andern Seite der Wetteifer, welcher durch das enge Zusammenleben der Staaten im Reiche hervorgerufen wird, muss im Laufe der Zeit dahin führen, dass die Regierungen derselben sich bei allen Massregeln durch den Wunsch ihrer Bevölkerungen bestimmen lassen, und dass sie dahin streben werden, ihre Einrichtungen immer besser und vollkommener zu machen.

Die Reichsverfassung ist darum das Bollwerk der Sicherheit, Unabhängigkeit und Freiheit Deutschlands;

sie gefährdet nicht die Selbstständigkeit der Staaten im
Reiche, insoweit diese eine berechtigte ist. Wünschen
wir daher, dass sie dauernd sein möge, dass sie immer
mehr ausgebildet und vervollkommnet werde, dass sie
einen immer tiefern Halt in der Zuneigung und Vereh-
rung des Deutschen Volkes gewinne, und dass dasselbe
immer mehr erkenne, wie sein Glück, seine Freiheit,
seine Sicherheit, ja seine nationale Existenz von der
Fortdauer einer Verfassung abhängt, welche seine Einheit verbrieft!

Zweites Kapitel.

Wesen der Reichsverfassung und der dadurch begründeten Regierung.

Die Reichsverfassung hat ihren Ursprung und ihre Grundlage in der Verfassung des Norddeutschen Bundes. Sie ist nichts Anderes, als eine neue Redaction derselben, welche nöthig wurde durch den Eintritt der süddeutschen Staaten in das Bundesverhältniss, durch die besondern Bestimmungen in den Beitrittsverträgen mit denselben, und durch die Einführung der Namen Deutsches Reich und Deutscher Kaiser. In den Motiven zu dem Gesetze, betreffend die Verfassung des Deutschen Reiches, wird gesagt: „Die vorliegende Verfassung „des Deutschen Reiches hat den Zweck, diesen formellen Missver- „ständnissen abzuhelfen. Materielle Aenderungen des bestehenden „Verfassungsrechts beabsichtigt sie nicht. Sie enthält nur eine Be- „stimmung, welche in den im Eingange erwähnten Dokumenten" (den Verträgen mit den süddeutschen Staaten) „nicht vorkommt, nämlich „die Bestimmung im Art. 8, nach welcher der durch den Vertrag „vom 23. November v. J. (1870) Nro. II, §. 6 geschaffene Aus- „schuss des Bundesrathes für die auswärtigen Angelegenheiten, ausser „aus den Bevollmächtigten von Bayern, Sachsen und Württemberg, „aus zwei vom Bundesrathe alljährlich zu wählenden Bevollmächtig- „ten anderer Bundesstaaten bestehen soll." Bei Untersuchung des Wesens der Reichsverfassung und der dadurch begründeten Regierung müssen wir daher auf die Verfassung und die Regierung des Nord- deutschen Bundes sehen.

In der Thronrede bei Eröffnung des konstituirenden Reichstages, vom 24. Februar 1867, wird hervorgehoben, dass die verbündeten Regierungen, im Anschlusse an gewohnte frühere Verhältnisse, sich über eine Anzahl bestimmter und begrenzter, aber praktisch bedeutender Einrichtungen verständigt haben, welche eben so im Bereiche der unmittelbaren Möglichkeit, wie des zweifellosen Bedürfnisses liegen. Der Reichstag wird aufgefordert, die grosse nationale Arbeit rasch und sicher durchführen zu helfen, ohne das Erreichbare dem Wünschenswerthen zu opfern. Der Fürst v. Bismarck sagt in seiner grossen Rede im konstituirenden Reichstag, über das Wesen der Bundesverfassung, vom 11. März 1867: „Es hat nicht unsre Absicht „sein können, ein theoretisches Ideal einer Grundverfassung „herzustellen, in welcher die Einheit Deutschlands einerseits auf ewig „verbürgt werde, auf der anderen Seite jeder partikularistischen Re- „gung die freie Bewegung gesichert bleibe. Einen solchen Stein der „Weisen, wenn er zu finden ist, zu entdecken, müssen wir der Zu- „kunft überlassen, einer solchen Quadratur des Zirkels um einige „Stellen näher zu rücken, ist nicht die Aufgabe der Gegenwart. Wir „haben uns zur Aufgabe gestellt, in Erinnerung und in richtiger „Schätzung, glaube ich, derjenigen Widerstandskräfte, an welchen „die früheren Versuche in Frankfurt und Erfurt gescheitert sind, „diese Widerstandskräfte so wenig, als es irgend mit dem Zwecke „verträglich war, herauszufordern. Wir haben es für unsere Auf- „gabe gehalten, ein Minimum derjenigen Konzessionen zu finden, „welche die Sonderexistenzen auf deutschem Gebiete der Allgemein- „heit machen müssen, wenn diese Allgemeinheit lebensfähig werden „soll; wir mögen das Elaborat, was dadurch zu Stande gekommen „ist, mit dem Namen einer Verfassung belegen oder nicht; das thut „zur Sache nichts. Wir glauben aber, dass, wenn es hier angenom- „men wird, für das Deutsche Volk die Bahn frei gemacht „worden ist, und dass wir das Vertrauen zum Genius „unseres eigenen Volkes haben können, dass es auf dieser „Bahn den Weg zu finden wissen wird, der zu seinen „Zielen führt." Die Frage nach dem Wesen der Bundesverfassung und der dadurch begründeten Regierung ist daher vor Vereinbarung der Verfassung, bei den Verhandlungen unter den verbündeten

Regierungen und mit den Vertretern des Deutschen Volkes, eher umgangen, als zur Erörterung und zum Austrage gebracht. Dieses Verfahren war gewiss richtig; jedes Hinderniss, welches dem Zustandekommen der Verfassung im Wege stand, musste soweit thunlich beseitigt oder umgangen werden, zumal wenn es lediglich theoretischer Art war. Aber eben so gewiss ist es jetzt, nach dem Zustandekommen und dem Abschluss des Verfassungswerkes, Pflicht, das Wesen der Bundesverfassung und Bundesregierung mit aller Offenheit zu untersuchen.

Die Verfassung des Norddeutschen Bundes hat in den Bundesstaaten dadurch Geltung erlangt, dass sie in denselben, nach Genehmigung durch deren gesetzgebende Körperschaften, publizirt ist. Sie ist demnächst auch von Bundeswegen publizirt. Es war gewiss zweckmässig, der Publikation der Verfassung in den Staaten eine solche von Bundeswegen beizufügen; aber der letztere spätere Akt hat ihr weder Geltung gegeben, noch hat er ihre schon bestehende Geltung verstärkt. Steht es den Staaten zu, das Gesetz, durch welches die Norddeutsche Bundesverfassung eingeführt ist, aufzuheben oder abzuändern? Es ist ja allgemeine Regel, dass die Gesetzgebung befugt ist, aufzuheben und abzuändern, was durch sie eingeführt ist. Oder sind Gründe vorhanden, welche der Gesetzgebung der Staaten verbieten, das die Bundesverfassung einführende Gesetz aufzuheben oder abzuändern?*)

---

*) Die Sezessionserklärung des Staates Süd-Carolina, vom 20. December 1860, lautet:

„An ordinance, to dissolve the Union between the State of South „Carolina, and other States united with her under the compact entitled the „Constitution of the United States of America:

„We, the people of the State of South Carolina, in Convention assem-„bled, do declare and ordain, and it is hereby declared and ordained, that „the Ordinance adopted by us in Convention, on the 23d day of May, in „the year of our Lord 1788, whereby the Constitution of the United States „of America was ratified, and also all Acts and parts of Acts of the Gene-„ral Assembly of this State ratifying the amendments of said Constitution, „are hereby repealed; and that the Union now subsisting between South „Carolina and other States, under the name of the United States of America,

Dem Reiche werden durch die Reichsverfassung bestimmt begrenzte Befugnisse und Gewalten übertragen; alle staatliche Befugnisse und Gewalten, welche dem Reiche nicht delegirt sind, sind den Staaten verblieben. Wie ist es, wenn das Reich, nach der Meinung der Staaten oder des einen oder anderen derselben, seine Befugnisse überschreitet und in ihr Gebiet übergreift? Wie ist es, wenn die Staaten, oder der eine oder andere derselben, nach der Meinung des Reiches, in das Gebiet übergreift, welches ihm gehört? Ist die Reichsverfassung ein völkerrechtlicher Vertrag zwischen souverainen Staaten? oder was ist sie sonst? Nun, ist sie lediglich ein völkerrechtlicher Vertrag zwischen souverainen Staaten, dann ist jeder Staat der Richter über den Inhalt derselben, dann müssen Streitigkeiten hierüber zum Austrage gebracht werden in den Formen, welche für die Erledigung völkerrechtlicher Streitigkeiten hergebracht sind, nämlich durch neue Verhandlungen, oder durch Ueberweisung an einen Schiedsrichter, oder endlich durch Berufung auf die Waffen. Der frühere Deutsche Bund war ein völkerrechtlicher Vertrag; die Kriegserklärung Preussens an andere Bundesstaaten im Jahre 1866,

---

„is hereby dissolved." („Eine Verordnung, um die Union zwischen dem „Staate Süd-Carolina und anderen Staaten zu lösen, welche mit ihm unter „dem Vertrage, benannt die Verfassung der Vereinigten Staaten von „Amerika, verbunden sind: Wir, das Volk des Staates Süd-Carolina, in „Konvention versammelt, erklären und verordnen, und es ist hierdurch er„klärt und verordnet, dass die Verordnung, welche von uns, in Konvention „versammelt, am 23. Mai 1788 angenommen ist, wodurch die Verfassung „der Vereinigten Staaten von Amerika ratifizirt wurde, und alle Akte und „Theile von Akten der Allgemeinen Versammlung (der Legislatur) dieses „Staates, welche Zusatzartikel zu der genannten Verfassung ratifiziren, hier„durch aufgehoben sind; und dass die Verbindung, welche gegenwärtig „zwischen Süd-Carolina und anderen Staaten besteht, unter dem Namen der „Vereinigten Staaten von Amerika, hierdurch aufgelöst ist.")
Die Sezessionserklärungen der andern Staaten, welche im Jahre 1861 von der Union abfielen, waren ähnlich. Wer die Verfassung und die Verfassungsgeschichte der Vereinigten Staaten genau kennt, wird mit mir darin übereinstimmen, dass dieselben mindestens ebenso viele Gründe gegen den Abfall einzelner Staaten enthalten, wie bei uns bestehen. Die Sezession der Südstaaten von der Union in den Jahren 1860 und 1861 beweist daher, dass die im Texte aufgeworfene Frage keine unnütze ist.

um deswillen, weil diese, nach Ansicht Preussens, den Bundesvertrag
gebrochen hatten, war formell berechtigt. Ist es ebenso in dem
neuen Bunde? und, wenn nicht, warum ist es anders?

Der Bürger ist der Verfassung und den Gesetzen seines Landes
Gehorsam schuldig. Im Bundesstaate besteht diese Verbindlichkeit
sowohl in Beziehung auf die Bundesverfassung und die Bundesgesetze
als auch in Beziehung auf die Landesverfassung und die Landesgesetze. Wie ist es im Falle einer Kollision, zwischen der Bundesverfassung oder Bundesgesetzen auf der einen Seite, und der Landesverfassung oder Landesgesetzen auf der anderen Seite? Welchem
Gesetze ist der Bürger grösseren Gehorsam schuldig? welchem Gesetze haben die Gerichte und die anderen Behörden, denen die Anwendung und Ausführung der Gesetze obliegt, den Vorzug zu geben,
dem Bundesgesetz oder dem Landesgesetz?

Jedermann wünscht, dass die Durchfechtung solcher Fragen uns
erspart bleibe, dass die ganze Entwickelung eine ruhige, stetige,
harmonische sein möge. Aber die Geschichte lehrt, wie sehr andere
Völker unter Verfassungsstreitigkeiten gelitten haben. Ob wir solchen
Kämpfen entgehen werden? Es ist dies mehr zu hoffen, als zu erwarten. Wie die Verfassungen anderer freier Völker erst nach langem innern Kampfe endgültig festgestellt sind, so werden uns Streitigkeiten unter der neuen Verfassung wohl nicht völlig erspart bleiben.
Darum ist es, wie mir scheint, zweckmässig, Fragen zu diskutiren,
und, wenn thunlich, zum Abschluss zu bringen, welche bei dem Zustande unserer Verfassung, unter Berücksichtigung der Erfahrungen
anderer Völker mit ähnlicher Verfassung, Gegenstand eines Streites
werden können, um demselben thunlichst vorzubeugen.

Die Entscheidung aller oben angeführten Fragen hängt schliesslich ab von dem Wesen der Reichsverfassung und der dadurch begründeten Regierung. Darum ist es von der grössten Wichtigkeit,
zu einem allgemeinen Einverständniss hierüber zu gelangen. Bei
Bestimmung des Wesens der Bundesverfassung und der Bundesregierung müssen wir sehen:

1. auf deren Ursprung,
2. auf deren Inhalt.

1. Die Entstehungsgeschichte des Norddeutschen Bundes liegt offen vor Jedermanns Augen. Die vornehmlich wichtigen Thatsachen, welche sich hierauf beziehen, sind im ersten Kapitel angeführt. Im Eingange der Norddeutschen Bundesverfassung heisst es: „Se. Maje-„stät der König von Preussen, Se. Majestät der König von Sachsen „u. s. w. schliessen einen ewigen Bund." Der Norddeutsche Bund, an dessen Stelle jetzt das Deutsche Reich getreten ist, war daher, wie sein Name richtig sagt, ein Bund zwischen Deut-schen Fürsten und Deutschen Städten; die Bundesver-fassung enthielt den Bündnissvertrag. Die Fürsten haben bei Verhandlung und Abschluss dieses Bundes für die von ihnen be-herrschten Staaten gehandelt, kraft der ihnen nach dem öffentlichen Recht zustehenden Befugniss, dieselben im Verkehr mit andern Staa-ten zu vertreten. Die Staaten, welche an diesem Bunde Theil ge-nommen haben, waren bei Abschluss des Bundesvertrages souverain, d. h. befugt, alle Handlungen vorzunehmen, welche unabhängige Staaten nach dem Völkerrecht vornehmen dürfen. Die Nord-deutsche Bundesverfassung ist somit ein völkerrecht-licher Vertrag zwischen souverainen Staaten.

Bei Einführung dieser Verfassung bestand in allen Norddeutschen Staaten das s. g. Repräsentativsystem. Zum Schutze gegen Miss-regierung war den Bevölkerungen eine Einwirkung auf die Staats-thätigkeit, namentlich eine Mitwirkung bei der Gesetzgebung, durch zu diesem Zwecke erwählte Vertreter eingeräumt. Die Norddeutsche Bundesverfassung griff so tief ein in den Zustand der norddeutschen Staaten, dass eine Genehmigung derselben durch deren Landtage nothwendig war. Dieselben haben diese Genehmigung auf Ansuchen der Regierungen ertheilt. Die Norddeutsche Bundesverfassung ist hiernach, im Wege der Gesetzgebung, in den dafür bestehenden For-men, in allen norddeutschen Staaten publizirt und hat hierdurch in denselben Geltung erlangt. Dieselbe ist somit ein völkerrechtlicher Vertrag zwischen souverainen Staaten, welcher von den Bevöl-kerungen derselben, durch ihre gesetzlichen Vertreter, ratifizirt ist und dann in jedem der Bundesstaaten als Theil der Landesgesetzgebung Geltung erlangt hat.

Aber mehr, das Norddeutsche Volk in seiner Gesammtheit hat durch Vertreter, gewählt zu diesem Zweck und
dazu im Reichstage konstituirt, zu der Norddeutschen
Bundesverfassung seine Zustimmung ertheilt.*)

Die Theilnahme des Norddeutschen Volkes an dem Verfassungswerke ist keine zufällige gewesen; die ganze vorhergehende Entwickelung machte die Berufung des konstituirenden Reichstages nothwendig. Derselbe hat den Verfassungsentwurf einer eingehenden
sorgfältigen Berathung unterworfen und in erheblichen Punkten abgeändert; die Zustimmung desselben zu dem Verfassungsentwurfe ist
daher keine unbedingte, vorbehaltlose gewesen. Die Norddeutsche
Bundesverfassung ist in derjenigen Gestalt, welche sie durch die Berathungen und Beschlüsse der Vertreter des Norddeutschen Volkes
erhalten hat, von den Regierungen und von den Landtagen der
Norddeutschen Staaten angenommen und demnächst publizirt. Daher
wird mit Recht in dem Publikandum des Königs von Preussen, vom
26. Juli 1867, durch welches die Verfassung des Norddeutschen
Bundes von Bundeswegen publizirt ist, gesagt: „Nachdem die Ver-
„fassung des Norddeutschen Bundes von Uns, Seiner Majestät dem
„Könige von Sachsen u. s. w. mit dem zu diesem Zwecke be-
„rufenen Reichstage vereinbart worden, u. s. w."

Kontrahenten bei der Norddeutschen Bundesverfassung sind demnach:

1. Die Fürsten und die freien Städte in Norddeutschland;

2. die Bevölkerungen der einzelnen Staaten, repräsentirt durch ihre gesetzlichen Vertreter;

3. das Norddeutsche Volk in seiner Gesammtheit, repräsentirt durch den konstituirenden Reichstag.

---

*) In der unmittelbaren Theilnahme des norddeutschen Volkes in seiner
Gesammtheit, durch den konstituirenden Reichstag, bei Begründung der Verfassung liegt ein grosser Vorzug derselben vor derjenigen der Vereinigten
Staaten von Amerika, welche letztere nur von den Bevölkerungen der einzelnen Staaten, niemals aber von dem amerikanischen Volke in seiner Gesammtheit ausdrücklich ratifizirt ist.

Die Süddeutschen Staaten sind in den Norddeutschen Bund und dessen Verfassung auf Grund einer Bestimmung in der Verfassungs- urkunde eingetreten. *) Das Wesen der Bundesverfassung und der dadurch begründeten Regierung ist daher durch deren Eintritt nicht verändert. Durch denselben sind sie, sowohl die Fürsten als die Bevölkerungen, Mitcontrahenten bei der Verfassung geworden; sie sind dadurch aller Rechte und aller Pflichten theilhaftig geworden, welche die Bundesverfassung den Theilnehmern am Bunde gibt und auflegt, indessen vorbehältlich der besondern Bestimmungen in den Beitrittsverträgen. Es war darum, unbeschadet des Wesens der Bundesverfassung und der Bundesregierung, nicht erforderlich, noch- mals eine Vertretung des Deutschen Volkes zu berufen, um dem Verfassungswerke die Zustimmung zu ertheilen.

2. Es heisst im Eingange der Norddeutschen Bundesverfassung: Die kontrahirenden Fürsten und freien Städte „schliessen einen „ewigen Bund zum Schutze des Bundesgebietes und des „innerhalb desselben gültigen Rechtes, so wie zur Pflege „der Wohlfahrt des Deutschen Volkes. Dieser Bund wird „den Namen des Norddeutschen führen und folgende „Verfassung haben." In getrennten Abschnitten folgen Bestim- mungen über „Bundesgebiet, Bundesgesetzgebung, Bundesrath, Bun- „despräsidium, Reichstag, Zoll- und Handelswesen, Eisenbahnwesen, „Post- und Telegraphenwesen, Marine und Schifffahrt, Konsulatwesen, „Bundes-Kriegswesen, Bundesfinanzen, Schlichtung von Streitigkeiten „und Strafbestimmungen, allgemeine Bestimmungen, Verhältniss zu „den Süddeutschen Staaten." Im Eingange der Reichsverfassung heisst es: „Deutsches Reich" anstatt „Norddeutscher Bund"; die Ueber- schriften der einzelnen Abschnitte in der Reichsverfassung sind die- selben geblieben, wie in der Norddeutschen Bundesverfassung; nur fehlt der Abschnitt über das Verhältniss zu den Süddeutschen Staa- ten und heisst es „Reichsgesetzgebung, Reichs-Kriegswesen, Reichs-

---

*) Art. 79 der Norddeutschen Bundesverfassung. „Der Eintritt der „Süddeutschen Staaten oder eines derselben in den Bund erfolgt auf den „Vorschlag des Bundes-Präsidiums im Wege der Bundesgesetzgebung."

„finanzen" statt „Bundesgesetzgebung, Bundes-Kriegswesen, Bundes-
„finanzen" und „Präsidium" statt „Bundespräsidium."

Durch die Bundes- (Reichs-) Verfassung wird angeordnet und
eingeführt:

1. eine gesetzgebende Gewalt,
2. eine vollziehende (exekutive) Gewalt,
3. wenigstens in den Anfängen, eine richterliche Gewalt.

Der gegenwärtige Deutsche Bund hat demnach alle Organe eines
Staates. Er ist anerkannt von allen Staaten, welche am europäischen
Völkerrecht Theil nehmen. Er ist daher nicht lediglich ein völkerrechtlicher Vertrag; er enthält nicht lediglich eine Aenderung
in dem Verfassungszustande der einzelnen zu ihm gehörenden Staaten;
er ist selbst ein unabhängiger souverainer Staat, mit
eigener Verfassung, ausgestattet mit allen Organen eines
solchen und bekleidet mit allen Rechten, welche nach
dem Völkerrechte souverainen Staaten zukommen. Nach
seinem Inhalt und Zweck ist er die Organisation des Deutschen
Volkes innerhalb des Bundesgebietes für seine nationalen Aufgaben;
nämlich

1. „zum Schutze des Bundesgebietes." Er ist befugt, alle
Handlungen vorzunehmen, welche das Völkerrecht zum Schutze des
Staatsgebietes verstattet, namentlich Krieg zu erklären und zu führen,
Frieden zu schliessen, Bündnisse und andere Verträge mit auswärtigen Staaten einzugehen, Gesandte zu beglaubigen und zu empfangen;
er besitzt auch alle Mittel, um dieser höchsten nationalen Aufgabe
zu genügen, namentlich ein eigenes auswärtiges Amt, eigene auswärtige Vertretung, eigenes Heer und Marine und eigene Finanzen;

2. „zum Schutze des innerhalb des Bundesgebietes
gültigen Rechtes." Damit hat ihm wohl nicht der Schutz alles
und jedes Rechtes übertragen sein sollen, welches im Bundesgebiete
gilt, sondern vorbehältlich einiger Ausnahmen nur der Schutz seines
eigenen Rechtes. Inwieweit er aber befugt ist, Anordnungen zu
treffen, welche nothwendig und geeignet sind, um Rechtsschutz zu
gewähren, namentlich inwieweit er zur Einsetzung eigener Gerichte
befugt ist, bedarf einer besondern Untersuchung (vergl. Kap. VI.);

3. „zur Pflege der Wohlfahrt des Deutschen Volkes."
Ihm sind diejenigen Angelegenheiten überwiesen, welche das Deutsche
Volk in seiner Gesammtheit angehen, und geeignet sind, dessen
Wohlfahrt zu begründen, während die Pflege der partikularen und
lokalen Angelegenheiten den Staaten verblieben ist.

Die Verfassung des Norddeutschen Bundes, jetzt die
des Deutschen Reiches und die nach Massgabe derselben
gemachten Gesetze sind das höchste Gesetz des Landes.
Sie gehen den Landesverfassungen und Landesgesetzen vor. Dies ist
begründet in der Natur der Sache; die Gesammtheit kann nicht von
einem einzelnen Gliede abhängig sein, kann nicht unter demselben
und unter dessen Gesetzen stehen; dies ist ausdrücklich ausgesprochen bezüglich der Bundesgesetze;*) und was von einfachen, nach Massgabe der
Bundesverfassung erlassenen Gesetzen gilt, das muss in noch höherem
Grade von demjenigen Gesetze gelten, aus welchem ihre verbindliche
Kraft entspringt, nämlich von der Bundesverfassung.**)

Gleichen Rang mit der Verfassungs-Urkunde für das Deutsche
Reich hat das Gesetz vom 16. April 1871, welches dieselbe einführt.
Wenn im Nachfolgenden von der Reichsverfassung die Rede ist, so
ist damit im Zweifel immer die Verfassungs-Urkunde für das Deutsche
Reich und das Einführungsgesetz vom 16. April 1871 gemeint.

In der Bundesverfassung und der dadurch begründeten Regierung sind nationale (der ganzen Nation gemeinsame) und födern-
tive (den einzelnen Staaten angehörige) Elemente mit einander vermischt; wie das auch dem Wesen des Bundesstaates entspricht.

In ihrem Ursprung sind Bundesverfassung und Bundesregierung vorwiegend föderativ. Der völkerrechtliche Vertrag, auf welchem

---

*) Art. 2 der Norddeutschen Bundes- bezw. Reichsverfassung. „Inner-
„halb dieses Bundesgebietes übt der Bund (das Reich) das Recht der Ge-
„setzgebung nach Massgabe des Inhalts dieser Verfassung und mit der
„Wirkung aus, dass die Bundesgesetze (Reichsgesetze) den Landesgesetzen
„vorgehen."
**) Es kommt daher nichts darauf an, ob man die Verfassung unter
den Ausdruck „Bundesgesetze" („Reichsgesetze") im angeführten Art. 2
subsumiren kann oder nicht.

das Bundesverhältniss beruht, ist zwischen den Staaten abgeschlossen, welche Theilnehmer am Bunde sind; die Bundesverfassung ist von den Landtagen der Staaten ratifizirt und hat durch Publikation abseiten der Staaten Geltung erlangt. Dagegen ist in der Mitwirkung des konstituirenden Reichstages ein nationales Element enthalten.

Anlangend die Organe des Bundes, so ist der Bundesrath föderativ, indem er aus Bevollmächtigten der Staaten besteht, und indem diese in allen ihren Handlungen von ihren Vollmachtgebern abhängig sind.

Dagegen ist der Reichstag national; er originirt unmittelbar aus dem Deutschen Volke. Jedes Mitglied des Reichstages ist Vertreter des Deutschen Volkes, nicht des Staates, welchem er angehört, auch nicht des Wahlkreises, welcher ihm sein Vertrauen geschenkt hat.

Das Präsidium ist national, insofern seine Befugnisse und Gewalten ihren alleinigen Grund in der Bundesverfassung haben, und indem ihm andere Gewalten und Befugnisse nicht zustehen, als welche ihm so gegeben sind; dagegen ist es föderativ, insofern es dem Könige des mächtigsten Bundesstaates übertragen ist.

Die Bundesregierung ist in ihrem Umfange vorwiegend föderativ, indem nur bestimmte Befugnisse und Gewalten dem Bunde überwiesen und alle anderen den Staaten verblieben sind.

In ihrer Wirksamkeit sind dagegen Bundesverfassung und Bundesregierung vorwiegend national. (Vergl. Kap. III, unter II. am Ende, und insbesondere Kap. V. unter IV.) Die Bundesverfassung und die nach Massgabe derselben gemachten Gesetze sind das höchste Gesetz des Landes, verbindlich nicht allein für die Staaten, sondern unmittelbar verbindlich für alle Bundesangehörigen. Die Bundesgesetzgebung ist nicht eine Gesetzgebung über und für Staaten; sie ist eine Gesetzgebung über und für die einzelnen Bundesangehörigen. Nicht die Staaten sind dem Bunde zu bestimmten Leistungen an Steuern, Mannschaften u. dergl. verpflichtet; jeder Deutsche ist dem Bunde gegenüber zur Zahlung der Reichssteuern verpflichtet, jeder Deutsche ist dem Bunde gegenüber wehrpflichtig. Jeder Deutsche unmittelbar, nicht allein die einzelnen Staaten, sind den Anordnungen des Präsidiums Gehorsam schuldig, vorausgesetzt, dass dieselben durch die Bundesverfassung oder durch nach Massgabe derselben gemachte Gesetze begründet werden. Doch kommen föderative Elemente vor, namentlich in den Sonderrechten der Südstaaten, in den Matrikularbeiträgen und in der Delegation von Bundesbefugnissen an die Staaten, z. B. bei dem Militairwesen, bei Verwaltung der Bundessteuern und der Bundespost. *)

---

*) In der unmittelbaren Wirksamkeit der Bundesgesetze für die einzelnen Bundesangehörigen liegt der wichtigste Unterschied und der vornehmste Vorzug der Reichsverfassung im Vergleich mit den früheren Deutschen Verfassungen. Es wird nicht an Solchen fehlen, welche Rückkehr zu dem 'früheren Zustande empfehlen. Man vergesse indessen nicht die 600jährige Leidensgeschichte Deutschlands, man vergesse nicht, dass eine Rückkehr zu dem früheren Zustande die früheren Missstände zurückbringen wird. Ich habe nirgends ein mehr zutreffendes Urtheil über den Zustand des früheren Deutschen Reiches gefunden, als im Federalist Nr. 19. Hamilton und Madisón schreiben von dem früheren Deutschen Reiche, unter dem 8. December 1787: „The fundamental principle, on which it rests, that the „empire is a community of sovereigns; that the diet is a representation of „sovereigns, and that the laws are addressed to sovereigns; renders the „empire a nerveless body; incapable of regulating its own members; inse„cure against external dangers; and agitated with unceasing fermentations „in its own bowels.

„The history of Germany is a history of wars between the emperor „and the princes and states; of wars among the princes and states them„selves; of the licentiousness of the strong, and the oppression of the weak; „of foreign intrusions, and foreign intrigues; of requisitions of men and „money disregarded, or partially complied with; of attempts to enforce them, „altogether abortive, or attended with slaughter and desolation, involving „the innocent with the guilty; of general imbecility, confusion and misery." („Das Grundprincip, auf welchem das Reich beruht, dass es eine Gemein„schaft von Souverainen ist; dass der Reichstag eine Vertretung von Sou„verainen ist; und dass die Gesetze an Souveraine gerichtet sind; macht es „zu einem nervenlosen Körper; unfähig, seine eigenen Mitglieder zu regie„ren; unsicher gegen auswärtige Gefahren; und erschüttert durch ununter„brochene Gährungen in seinen eigenen Eingeweiden. — Die Geschichte „Deutschlands ist eine Geschichte von Kriegen zwischen dem Kaiser und „den Fürsten und Staaten; von Kriegen zwischen den Fürsten und Staaten „selbst; von Anmassung der Starken und Unterdrückung der Schwachen; „von auswärtigen Einmischungen und Intriguen; von Requisitionen an „Mannschaften und Geld, welchen gar nicht oder nur theilweise ein Genüge

Endlich bei Abänderungen der Bundesverfassung überwiegt das föderative Element vor dem nationalen, insofern dazu im
Reichstage einfache Majorität genügt, wogegen die Abänderungsvorschläge für abgelehnt gelten, — nach der Verfassung des Norddeutschen Bundes, wenn im Bundesrathe ein Drittel der vertretenen
Stimmen dissentirte, — nach der Reichsverfassung, wenn im Bundesrathe von den 58 Stimmen 14 dissentiren.

Es mag nützlich sein, die Resultate der bisherigen Untersuchung
in wenige kurze Sätze zusammenzufassen. Die Basis des Bundesverhältnisses ist ein völkerrechtlicher Vertrag zwischen souverainen
Staaten; aber derselbe ist ratifizirt von den gesetzlichen Vertretern,
sowohl der Bevölkerungen der Staaten, als auch des Deutschen Volkes innerhalb des Bundesgebietes in seiner Gesammtheit. Durch die
Bundesverfassung sind Rechte und Pflichten entstanden, nicht allein
für die Fürsten und freien Städte, sondern auch für die Bevölkerungen der Staaten, und für das Deutsche Volk innerhalb des Bundesgebietes. Durch die Ausführung der Bundesverfassung ist ein neuer
souverainer Staat entstanden, mit eigener Verfassung, ausgestattet
mit allen Organen eines Staates und bekleidet mit allen Rechten,
welche nach dem Völkerrecht souverainen Staaten zukommen. Die
Bundesverfassung ist, wie der Name richtig sagt, eine wirkliche Verfassung d. h. ein höchstes Staatsgesetz; die durch
dieselbe gegebenen Gewalten können daher nicht nach dem Belieben
der Theilnehmer am Bunde, sondern nur in den Formen, welche für
Abänderung der Bundesverfassung in derselben vorgeschrieben sind,
zurückgezogen oder eingeschränkt werden. In der Bundesregierung
sind nationale und föderative Elemente miteinander vermischt. Die
Bundesverfassung und die nach Massgabe derselben gemachten Gesetze sind das höchste Gesetz des Landes, verbindlich nicht allein für

---

„geschieht; von Versuchen, sie zu erzwingen, welche vollständig vergeblich
„sind oder zu Blutvergiessen und Verwüstung führen, die den Unschuldigen
„und den Schuldigen treffen; von allgemeiner Schwäche, Verwirrung und
„Elend.")
Die Fehler der früheren Deutschen Reichsverfassung sind hier ebenso
richtig angegeben, als die daraus hervorgegangenen Missstände wahr geschildert.

die Staaten, sondern auch unmittelbar verbindlich für jeden Bundesangehörigen.

—————

Sind diese Ausführungen richtig, so ist es nicht schwer, die
vorhin hervorgehobenen Fragen zu beantworten.

Die Bundesverfassung ist allerdings Gesetz geworden durch
Publikation abseiten der Staaten und in denselben. Aber es steht
ihnen nicht zu, das die Bundesverfassung einführende Gesetz aufzuheben oder abzuändern. Ihnen eine solche Befugniss beizulegen,
würde damit gleichbedeutend sein, ihnen den Abfall vom Bunde zu
verstatten. Ein Recht zum einseitigen Rücktritt vom Bunde ist mit
dem Wesen der Bundesverfassung und der Bundesregierung durchaus
unvereinbar. Der Bund, in dem wir leben, ist ein ewiger; es ist so
ausdrücklich ausgesprochen in seiner Verfassung. Der Bund, in dem
wir leben, ist ein souverainer Staat; wie es dem Bürger nicht zusteht, sich von den Gesetzen seines Landes frei zu machen durch die
Erklärung, er erachte sich durch dieselben nicht ferner gebunden,
ebenso wenig steht es den Staaten zu, sich nach Belieben vom Bunde
loszusagen. Der Bund, in dem wir leben, ist die Organisation des
Deutschen Volkes für seine nationalen Aufgaben, nämlich zum Schutze
des Bundesgebietes, des innerhalb desselben gültigen Rechtes, und
zur Pflege seiner Wohlfahrt; er findet seine Berechtigung schliesslich
in dem lange verkümmerten Rechte des Deutschen Volkes, zu athmen,
zu existiren und sich eine nationale Organisation zu geben; zu behaupten, dass es den Staaten zusteht, sich nach Belieben vom Bunde
loszusagen, heisst, das Recht des Deutschen Volkes auf eine gesonderte nationale Existenz zu bestreiten. Kontrahenten bei der Bundesverfassung sind nicht allein die Deutschen Fürsten und die freien
Städte, sondern auch die Bevölkerungen der Staaten und das Deutsche
Volk innerhalb des Bundesgebietes in seiner Gesammtheit; das Recht
des Deutschen Volkes auf Fortbestand der Verfassung kann durch
die Handlungen einzelner Staaten nimmer verwirkt werden.

Ebenso wenig kann den Staaten ein Recht zugestanden werden,
Gesetze und Verordnungen des Reiches um deswillen für ungültig
zu erklären, weil dieselben, nach ihrer Ansicht, ausser dessen Zu-

ständigkeit liegen. Zwar mag nicht bestritten werden, dass dem
Reiche nur bestimmt begrenzte Befugnisse und Gewalten zustehen,
und dass alle seine Handlungen, ausserhalb dieser Grenzen, durch die Verfassung nicht gewährleistet werden und einen Eingriff in die Rechte
der Staaten enthalten; aber es kann nicht deren Sache sein, hierüber
endgültig zu urtheilen. Ihnen eine solche Befugniss beizulegen,
hiesse, sie zu Richtern über die Reichsverfassung und deren Ausführung zu machen, die Gesammtheit den einzelnen Gliedern unter-
zuordnen, und schliesslich die Reichsverfassung in ihr Belieben und
in ihre Willkür zu stellen. Die eminent wichtige und schwierige
Frage: wer der endgültige Ausleger der Reichsverfassung ist, wem
ein Richteramt bei Verfassungsstreitigkeiten dieser Art zukommt,
kann wegen ihres Zusammenhanges mit andern Fragen erst an einem
späteren Platze erörtert werden. (Vergl. Kap. IV. unter III., und
insbesondere Kap. VI. unter IV.).

Die Reichsverfassung und die nach Massgabe derselben gemachten Gesetze sind das höchste Gesetz des Landes. Hierdurch erledigt
sich die Frage: welchem Gesetze die Bürger, die Gerichte und die
andern Behörden, denen die Anwendung und Ausführung der Gesetze
obliegt, grösseren Gehorsam schuldig sind, dem Reichsgesetz oder
dem Landesgesetz? Besteht eine Kollision zwischen verschiedenen Gesetzen, so ist demjenigen der Vorzug zu geben, welches das höhere
ist, und das Reichsgesetz ist das höhere im Vergleich mit dem Landesgesetz. (Vergl. Kap. VI. unter IV.)

Drittes Kapitel.

Umfang der Reichsgewalt.

In dem vorhergehenden Kapitel, bei Untersuchung des Wesens der Reichsverfassung und der dadurch begründeten Regierung, ist mehrfach darauf hingewiesen, dass die Zuständigkeit des Reiches dem Gegenstande nach beschränkt ist. Die Frage: wie weit die Befugnisse des Reiches gehen, ist von vornehmlicher Bedeutung für die Reichsgesetzgebung; sie wird indessen zweckmässiger in einem besonderen Kapitel erörtert, da das Reich, wo es keine Zuständigkeit hat, weder gesetzgebende, noch vollziehende, noch richterliche Befugnisse ausüben darf.

Die Wichtigkeit der Untersuchung über den Umfang der Reichsgewalt braucht nicht hervorgehoben zu werden. Die Frage: wie weit die Befugnisse der Bundesgewalt gehen, mag bei uns im Laufe der Zeit die wichtigste werden, wie sie es in den Vereinigten Staaten von Amerika seit Begründung der gegenwärtigen Verfassung gewesen ist und zur Zeit noch ist. Auf der einen Seite werden die Freunde des Reiches stehen, bemüht, dessen Zuständigkeit thunlichst weit auszudehnen, auf der andern Seite die Freunde der Staaten, bemüht, deren Unabhängigkeit und Selbstständigkeit zu wahren. Gegenwärtig sollte für uns, glaube ich, die vornehmste Frage sein: ob die nothwendigen Organe des Reiches vorhanden sind, ob ihre Organisation eine gesunde ist, und ob sie mit ausreichenden Befugnissen ausgestattet sind, um den Wechselfällen gewachsen zu sein, welche uns im Laufe der Zeit treffen mögen.

Die Frage nach dem Umfange der Reichsgewalt zerfällt in zwei
Abschnitte. Einmal sind die Grundsätze über das Verhältniss der
Reichsgewalt zu den Staatengewalten zu entwickeln, und sodann sind
die einzelnen Befugnisse des Reiches zu untersuchen.

Die süddeutschen Staaten haben sich bei ihrem Eintritt in den
Norddeutschen Bund einige Rechte reservirt, welche in dem übrigen
Theil von Deutschland der Reichsgewalt gehören. Die Sonderrechte
der Südstaaten enthalten Einschränkungen der Reichsgewalt und
müssen darum in diesem Kapitel erörtert werden.

Durch die Friedensverträge zwischen Deutschland und Frankreich im Frühjahr 1871 ist Elsass und Lothringen für das Deutsche
Reich erworben. Die Verhältnisse der Reichsgewalt zu Elsass und
Lothringen sind eigenthümlicher Art, und bedürfen daher einer besondern Darstellung.

Demgemäss wird in diesem Kapitel zu untersuchen sein:

I. Das Verhältniss der Reichsgewalt zu den Staatengewalten,

II. die einzelnen Befugnisse des Reiches,

III. die Sonderrechte der süddeutschen Staaten,

IV. das Verhältniss des Reiches zu Elsass und Lothringen.

I.

Das Verhältniss der Reichsgewalt zu den Staaten-
gewalten.

Ueber das Wesen des Bundesstaates ist bei uns und in andern
Ländern so viel geschrieben, dass ich, unter Beiseitelassung rein
theoretischer Ausführungen, wohl gleich dazu übergehen darf, die
Regeln aufzustellen und zu begründen, welche in unserm Lande über
das Verhältniss der Reichsgewalt zu den Staatengewalten gelten.
Diese Regeln lassen sich, wie mir scheint, in folgende Sätze zu-
sammenfassen:

1. Die Staaten dürfen keine Befugnisse ausüben, welche aus dem
Vorhandensein der Reichsregierung entspringen; vorausgesetzt, dass

ihnen solche nicht durch die Reichsverfassung, oder durch nach Massgabe derselben gemachte Gesetze delegirt sind.

2. Zuständigkeit der Staaten ist die Regel, Zuständigkeit des Reiches ist die Ausnahme; alle Befugnisse, welche nicht durch die Reichsverfassung dem Reiche überwiesen werden, sind den Staaten verblieben.

3. Wo immer dem Reiche eine Befugniss gegeben ist, darf dasselbe alle Gesetze und Verordnungen erlassen, welche nothwendig und geeignet sind, um dieselbe in Ausführung zu bringen.

4. Die Befugnisse des Reiches sind in der Regel nicht ausschliesslich; ausschliessliche Zuständigkeit des Reiches besteht nur,

a. wenn demselben ausdrücklich ausschliessliche Zuständigkeit gegeben ist,

b. wenn demselben, auf der einen Seite Zuständigkeit gegeben, und, auf der andern Seite, den Staaten die Ausübung einer gleichen Zuständigkeit untersagt ist,

c. wenn demselben eine Zuständigkeit gegeben ist, mit welcher die Ausübung einer konkurrirenden Zuständigkeit durch die Staaten vollständig unvereinbar ist.

5. Die von dem Reiche, in den vorgeschriebenen Formen, und innerhalb seiner Zuständigkeit erlassenen Gesetze gehen den Landesgesetzen vor.

6. Das Reich ist innerhalb der ihm zugewiesenen Zuständigkeit, die Staaten sind innerhalb der ihnen verbliebenen Zuständigkeit unabhängig und souverain.

_____

1. Der erste Satz, welcher oben aufgestellt ist, nämlich:

„Die Staaten dürfen keine Befugnisse ausüben, welche aus dem Vorhandensein der Reichsregierung entspringen; vorausgesetzt, dass ihnen solche nicht durch die Reichsverfassung oder durch nach Massgabe derselben erlassene Gesetze delegirt sind,"

findet darin seine Begründung, dass die Reichsverfassung und alle unmittelbar oder mittelbar durch dieselbe begründeten Einrichtungen dem Deutschen Reiche, einem selbstständigen unabhängigen Staatswesen, nicht dagegen den Staaten angehören. Er enthält, streng genommen, keine Einschränkung der Zuständigkeit der Staaten; denn dieselbe hat sich niemals auf die Reichsverfassung und die Reichseinrichtungen erstreckt, davon abgesehen, dass die Staaten bei Begründung des Bundesverhältnisses mitgewirkt haben. Er enthält nur einen Hinweis derselben auf das ihnen zukommende Gebiet, nämlich ihre eigenen Einrichtungen.

Es ist kaum nöthig, den aufgestellten Satz durch Beispiele zu erläutern. Beispiele liegen auf der Hand. Die Staaten sind, zufolge der aufgestellten Regel, nicht befugt, die Reichsverfassung und die Einrichtungen, welche durch dieselbe oder durch nach Massgabe derselben erlassene Gesetze geschaffen werden, aufzuheben oder abzuändern; sie sind nicht befugt, die Befugnisse des Kaisers, des Bundesrathes, des Reichstages auszudehnen oder einzuschränken; sie sind nicht befugt, Qualifikationen für die Würde des Kaisers, das Amt eines Mitgliedes des Bundesrathes oder Reichstages aufzustellen; sie sind nicht befugt, die Verhältnisse der Reichsbeamten zu regeln; sie haben keine Zuständigkeit in Beziehung auf den Reichshaushalt, die Reichssteuern und die Reichsanleihen; sie sind nicht befugt, das Reich völkerrechtlich zu vertreten und Verträge mit auswärtigen Staaten abzuschliessen, welche das Reich betreffen.

In der Reichsverfassung und in Reichsgesetzen wird häufiger auf Gesetze und Einrichtungen der Staaten Bezug genommen. Das Präsidium des Bundes steht nach Art. 11 der Reichsverfassung dem Könige von Preussen zu; das gemeinschaftliche Ober-Appellationsgericht der drei freien und Hansestädte in Lübeck soll nach Art. 75 der Reichsverfassung die zuständige Spruchbehörde in erster und letzter Instanz für gewisse verbrecherische Unternehmungen gegen das Reich werden. Eine solche Bezugnahme macht die Gesetze und Einrichtungen eines Staates nicht zu Reichsgesetzen und Reichseinrichtungen, entzieht dieselben daher auch nicht der Gesetzgebung des betreffenden Staates. Es ist daher der preussischen Gesetzgebung unverwehrt, die Thronfolgeordnung abzuändern oder neue Qualifikationen, z. B. ein höheres oder niedrigeres Alter oder ein bestimmtes Glaubensbekenntniss für die Würde des preussischen Königs vorzu-

.schreiben, obwohl sie hierdurch indirekt auf eine Einrichtung des Deutschen Reiches, nämlich die Deutsche Kaiserwürde, einwirkt. Es ist, aus dem angegebenen Grunde, den drei freien und Hansestädten .unbenommen, die Verfassung des Ober-Appellationsgerichts in Lübeck .abzuändern oder auch dasselbe aufzuheben.

Die aufgestellte Regel erleidet nur eine Ausnahme. Die Staaten haben Zuständigkeit in Beziehung auf Reichseinrichtungen, wenn und soweit ihnen solche durch die Reichsverfassung oder durch nach Massgabe derselben erlassene Gesetze übertragen ist. Diese Ausnahme ist einer Begründung oder Erläuterung schwerlich bedürftig.

2. Der andere der vorhin aufgestellten Sätze:

> „Zuständigkeit der Staaten ist die Regel, Zuständigkeit des Reiches ist die Ausnahme; alle Befugnisse, welche nicht durch die Reichsverfassung dem Reiche überwiesen werden, sind den Staaten verblieben,"

findet seine Begründung gleichmässig in der Entstehungsgeschichte und in dem Inhalt der Reichsverfassung. Bis zum Abschluss der Norddeutschen Bundesverfassung waren die Staaten im Vollbesitz aller Rechte, welche selbstständigen unabhängigen Staaten zukommen. Durch die Norddeutsche Bundesverfassung, an deren Stelle die Reichsverfassung getreten ist, haben die Staaten einzelne bestimmt begrenzte Befugnisse dem Norddeutschen Bunde, jetzt dem Deutschen Reiche .übertragen; alle staatliche Befugnisse, welche dem Reiche nicht überwiesen sind, sind geblieben, wo sie vorher waren, nämlich bei den Staaten. Die Befugnisse, welche dem Reiche zustehen, werden in der Reichsverfassung einzeln aufgezählt. „Der Beaufsichtigung des Reiches und der Gesetzgebung desselben unterliegen die nachstehenden Angelegenheiten,"*) und folgen dann unter sechszehn Nummern Angelegenheiten, auf welche die Beaufsichtigung und die Gesetzgebung des Reiches sich erstreckt. Wozu diese Aufzählung, wenn nicht zu dem Zwecke, um die Befugnisse des Reiches einzeln zu be-

---

*) Reichsverfassung Art. 4. Derselbe enthält indessen keine vollständige Aufzählung aller Befugnisse des Reiches. Vergl. Art. 11, 19, 68, 70, 76, 77 und 78.

zeichnen und dadurch dessen Zuständigkeit von allen Angelegenheiten
auszuschliessen, welche ihm nicht durch seine Verfassung überwiesen
sind?

, Es ist absichtlich gesagt: „alle Befugnisse, welche nicht durch
„die Reichsverfassung dem Reiche überwiesen werden, sind den
„Staaten verblieben;" ohne Erwähnung der Reichsgesetze.
Die Zuständigkeit des Reiches kann durch einfache Gesetze, ohne Beachtung der Formen, welche für die Abänderung der Verfassung
vorgeschrieben sind, weder erweitert noch eingeengt werden. Die
Reichsgesetzgebung steht unter, nicht über oder neben. der
Reichsverfassung. Denn es ist dem Reiche das Recht der Gesetzgebung nur nach Massgabe des Inhalts der Reichsverfassung gegeben.*) Daraus folgt, dass durch Reichsgesetze nur die
Befugnisse, welche der Reichsgewalt durch die Verfassung beigelegt
sind, in Ausführung gebracht werden können. Ein Gesetz, welches
die Zuständigkeit des Reiches ausdehnt oder einschränkt, ist nicht
ein Gesetz nach Massgabe der Reichsverfassung, sondern ein Gesetz
unter Abänderung derselben. Abänderungsgesetze zur Reichsverfassung in den Formen, welche dafür vorgeschrieben sind, haben mit
ihr gleiche Kraft; durch dieselben kann daher die Zuständigkeit des
Reiches erweitert oder eingeengt werden. (Vergl. Kap. IV. unter III.
und insbesondere Kap. VI. unter IV.)

- Da die Zuständigkeit der Staaten die Regel, diejenige des Reiches die Ausnahme bildet, so müssen dessen Befugnisse strikt interpretirt werden. Dieselben dürfen daher nicht ausgedehnt werden
über den Umfang, welcher ihnen nach dem klaren, bestimmten Wortlaute der Reichsverfassung zukommt.

3. Während einerseits anzuerkennen ist, dass die Zuständigkeit
der Staaten die Regel, diejenige des Reiches die Ausnahme ist, muss
andererseits behauptet werden, dass, „wo immer dem Reiche eine
Befugniss gegeben ist, dasselbe alle Gesetze und Verordnungen erlassen darf, welche nothwendig und geeignet
sind, um dieselbe in Ausführung zu bringen." Dieser Satz
ist zwar nirgends ausdrücklich in der Reichsverfassung ausgesprochen,

---

*) Reichsverfassung Art. 2.

aber er folgt aus der Natur der Sache. Wo der Zweck legitim ist,
da sind auch alle an sich erlaubte und nicht verbotene Mittel legitim, welche nothwendig und geeignet sind, diesen Zweck zu erreichen.
Nach diesem Grundsatze ist auch stets verfahren. Zufolge Art. 73
der Verfassung des Norddeutschen Bundes kann im Wege der Gesetzgebung im Falle eines ausserordentlichen Bedürfnisses die Aufnahme einer Anleihe zu Lasten des Bundes erfolgen; aber nirgends
ist dem Norddeutschen Bunde die Befugniss gegeben, eine Behörde
zur Verwaltung der Anleihe und zur Kontrollirung des Verfahrens
bei derselben einzusetzen, wie dies durch Gesetz vom 19. Juni 1868
geschehen ist; und zwar innerhalb der Befugnisse des Norddeutschen
Bundes, da ein solches Gesetz offenbar ein nothwendiges und geeignetes Mittel war, um die Befugniss des Bundes, eine Anleihe aufzunehmen, in Ausführung zu bringen; aber ausserhalb der Befugnisse
desselben, wenn der vorhin aufgestellte Satz unrichtig wäre. Durch
Präsidial-Erlass vom 12. August 1867 ist die Errichtung des Bundeskanzler-Amtes angeordnet, ohne dass dasselbe in der Norddeutschen
Bundesverfassung erwähnt ist; innerhalb der Befugnisse des Bundes,
da die Errichtung dieser Behörde ein nothwendiges und geeignetes
Mittel war, um die Verwaltung und Beaufsichtigung der zu Gegenständen der Bundesverwaltung gewordenen Angelegenheiten auszuüben; aber ausserhalb der Befugnisse des Bundes, wenn der vorhin
aufgestellte Satz unrichtig wäre. Ich unterlasse die Anführung wei-
terer Beispiele, da die Schwierigkeit weniger in der aufgestellten
Regel, als in deren Anwendung liegt. Im Laufe der Zeit werden
heikle Fälle nicht ausbleiben, wo mit Grund darüber gestritten werden kann, ob eine Anordnung des Reiches, welche nicht ausdrücklich
durch die Verfassung autorisirt ist, ein nothwendiges und geeignetes
Mittel ist, um eine Befugniss desselben in Wirksamkeit zu setzen. *)

---

*) Durch die Verfassung der Vereinigten Staaten von Amerika, Art. I,
Sect. VIII, wird dem Kongress Gewalt gegeben: „To make all laws which
„shall be necessary for carrying into execution the foregoing powers, and
„all other powers vested by this Constitution in the Government of the
„United States, or in any department or officer thereof." („Alle Gesetze
„zu machen, welche nothwendig und geeignet sein werden, um die vorher-
„gehenden Befugnisse und alle anderen Befugnisse, welche durch diese Ver-
„fassung der Regierung der Vereinigten Staaten oder einem Departement

4. Die beiden unter 4. und 5. aufgestellten Regeln betreffen das Verhältniss der Reichsgewalt und der Staatengewalten bei denjenigen Angelegenheiten, wo dem Reiche Zuständigkeit gegeben ist. Beide Regeln stehen in naher Verbindung miteinander.

Der vierte Satz ist dahin formulirt:

„Die Befugnisse des Reiches sind in der Regel nicht ausschliesslich; ausschliessliche Zuständigkeit des Reiches besteht nur,

a. wenn demselben ausdrücklich ausschliessliche Zuständigkeit gegeben ist,

b. wenn demselben auf der einen Seite Zuständigkeit gegeben, und auf der andern Seite den Staaten die Ausübung einer gleichen Zuständigkeit untersagt ist,

c. wenn demselben eine Zuständigkeit gegeben ist, mit welcher die Ausübung einer konkurrirenden Zuständigkeit durch die Staaten durchaus unvereinbar ist."

Regel ist demnach, dass die Ueberweisung einer Befugniss an das Reich die Staaten von Ausübung derselben Befugniss nicht ausschliesst. Diese Regel soll zunächst durch einige Beispiele erläutert und dann begründet werden.

Durch Art. 4, Ziffer 2 der Reichsverfassung ist dem Reiche das Besteuerungsrecht gegeben, und zwar ohne Einschränkung dem Gegenstande nach. Das Reich mag daher Grundstücke, Handel, Gewerbe nach seinem Gutbefinden besteuern. Dieselbe Befugniss haben die Staaten, vorbehältlich des Art. 35 der Reichsverfassung.

Zur Zuständigkeit des Reiches gehört zufolge Art. 4, Ziffer 13 der Reichsverfassung die gemeinsame Gesetzgebung über das Obligationenrecht, Strafrecht, Handels- und Wechselrecht und das gerichtliche Verfahren. Hierdurch werden die Staaten nicht gehindert, über diese Gegenstände Gesetze zu erlassen; nur dass dieselben nicht mit denen des Reichs im Widerspruch stehen dürfen.

„oder einem Beamten derselben verliehen sind, in Ausführung zu bringen.") Die berühmtesten Kommentatoren über die amerikanische Verfassung sind darüber einverstanden, dass diese Klausel selbstverständlich ist, dass sie nur eine Wahrheit ausspricht, welche sonst auch gelten würde, und dass sie nur darum in die Verfassung aufgenommen ist, um etwaigen Zweifeln vorzubeugen. Vergl. Federalist, Nro. 33, 38, 44.

Ebenso ist es bei Massregeln der Medizinal- und Veterinairpolizei und bei Bestimmungen über die Presse und das Vereinswesen; diese Angelegenheiten sind durch Art. 4, Ziffer 15 und 16 der Reichsverfassung dem Reiche überwiesen, ohne dass dadurch Zuständigkeit der Staaten bei denselben ausgeschlossen wird.

Die Regel wird begründet durch dieselben Argumente, welche vorhin, bei dem zweiten Satze, benutzt sind. Es handelt sich um Befugnisse, welche bis zum Abschluss der Norddeutschen Bundesverfassung den Staaten ausschliesslich zustanden. Durch dieselbe bezw. die Reichsverfassung sind zwar verschiedene Angelegenheiten dem Reiche überwiesen; aber, abgesehen von den gleich zu erwähnenden Ausnahmen, nur in der Weise, dass es dieselben seiner Beaufsichtigung und Gesetzgebung unterziehen kann, und ohne dass die Staaten sich des Rechts begeben haben, über dieselben Gesetze zu erlassen; jedoch vorbehältlich des Vorzugs der Reichsgesetze vor den Landesgesetzen. Die Ausnahmen bestätigen die aufgestellte Regel, zufolge des alten Rechtsgrundsatzes: Exceptio firmat regulam in casibus non exceptis.

In einigen Fällen hat indessen das Reich ausschliessliche Zuständigkeit.

Der erste Fall ist, wenn dem Reiche ausdrücklich ausschliessliche Zuständigkeit gegeben ist. Art. 35 der Reichsverfassung enthält ein Beispiel. „Das Reich ausschliesslich hat die Gesetzgebung über das gesammte Zollwesen, über die Besteuerung des im Bundesgebiete gewonnenen Salzes und Tabaks u. s. w." Durch das Wort „ausschliesslich" wird offenbar eine Gesetzgebung der Staaten über diese Gegenstände ausgeschlossen.

Ein anderer Fall ausschliesslicher Zuständigkeit des Reiches ist begründet, wenn demselben auf der einen Seite Zuständigkeit gegeben, und auf der andern Seite den Staaten die Ausübung einer gleichen Zuständigkeit untersagt ist. Auch dieser Fall ist einer besonderen Begründung oder Erläuterung nicht bedürftig. Beispiele sind enthalten in Art. 54 der Reichsverfassung, durch welchen dem Reiche verstattet und den Staaten verboten wird, in deutschen Häfen und auf deutschen Wasserstrassen fremde Schiffe und deren Ladungen mit anderen und höheren Abgaben zu belasten als einheimische;

ferner in Art. 56 der Reichsverfassung, durch welchen, in Verbindung mit Art. 4, Ziffer 7, die Anstellung von Konsuln dem Reiche verstattet und den Staaten verboten wird, letzteres von dem Zeitpunkte an, wenn die Organisation der deutschen Konsulate dergestalt vollendet ist, dass die Vertretung der Einzelinteressen aller Bundesstaaten als durch die deutschen Konsulate gesichert von dem Bundesrathe anerkannt wird.

Der letzte Fall ausschliesslicher Zuständigkeit des Reiches ist, wenn demselben eine Zuständigkeit gegeben ist, mit welcher die Ausübung einer konkurrirenden Zuständigkeit durch die Staaten durchaus unvereinbar ist. Dieser Fall gründet sich nicht auf eine ausdrückliche Bestimmung in der Reichsverfassung; er ist begründet in der Natur der Sache; denn die Zuständigkeit des Reiches würde offenbar illusorisch durch konkurrirende Zuständigkeit der Staaten bei solchen Angelegenheiten, bei welchen nach ihrer Beschaffenheit konkurrirende Zuständigkeit nicht möglich ist. Beispiele sind enthalten in den Bestimmungen der Reichsverfassung über das Reichs-Kriegswesen und über die Reichs-Marine. Mit der Vorschrift, dass jeder Deutsche dem Reiche gegenüber zum Dienste im Heere bezw. in der Marine verpflichtet ist (Reichsverfassung Art. 57), würde die Errichtung eines regulairen Heeres oder einer regulairen Marine durch die Staaten durchaus unvereinbar sein. Dagegen ist denselben unbenommen, Bürgerwehren und See-Milizen zu bilden.

Andere Fälle ausschliesslicher Zuständigkeit des Reiches bestehen nicht; jedoch vorbehältlich und unbeschadet des ersten Satzes.

5. Der fünfte Satz:

„Die von dem Reiche, in den vorgeschriebenen Formen, und innerhalb seiner Zuständigkeit erlassenen Gesetze gehen den Landesgesetzen vor,"

beruht auf der Vorschrift des Art. 2 der Reichsverfassung, dass das Reich das Recht der Gesetzgebung nach Massgabe des Inhalts der Reichsverfassung und mit der Wirkung ausübt, dass die Reichsgesetze den Landesgesetzen vorgehen. Wenn daher das Reich einerseits und andererseits die Staaten oder der eine oder andere derselben Gesetze über das Strafrecht, das Obligationenrecht, das Vereinswesen, die Presse oder über einen anderen Gegenstand erlassen, bei welchem sie

konkurrirende Zuständigkeit haben, so haben diejenigen des Reiches
den Vorzug, derogiren daher auch den Landesgesetzen, soweit diese
mit ihnen unvereinbar sind. Auf den Zeitpunkt der Publikation des
Gesetzes kommt nichts an. Das von dem Reiche, in den vorgeschriebenen Formen, und innerhalb seiner Zuständigkeit erlassene Gesetz
derogirt auch dem späteren Landesgesetze. Insoweit gilt nicht der
Rechtssatz: Lex posterior derogat priori, sondern: Lex superior derogat inferiori. (Vergl. übrigens Kap. IV. unter III. und Kap. VI.
unter IV.)

Wo und soweit dagegen das Reich ausschliessliche Zuständigkeit
hat, sei es in Folge ausdrücklicher Bestimmung, sei es wegen Unvereinbarkeit mit konkurrirender Zuständigkeit der Staaten, da dürfen die letzteren gar keine Gesetze oder Verordnungen erlassen.
Denn hierin wäre offenbar ein Eingriff in die ausschliessliche Zuständigkeit des Reiches enthalten. Dieselbe ist daher gleichbedeutend
mit einem Verbote an die Staaten, die betreffenden Angelegenheiten
in den Bereich ihrer Thätigkeit zu ziehen, soweit sie dazu nicht
etwa vom Reiche autorisirt werden. Landesgesetze, welche bereits
bei Verkündung der Bundesverfassung in Geltung standen, werden
dagegen nicht durch das Vorhandensein ausschliesslicher Zuständigkeit
des Reiches, sondern erst dadurch und soweit es die betreffenden
Angelegenheiten gesetzlich ordnet, ausser Kraft gesetzt.

6. Der letzte Satz endlich:

> „Das Reich ist innerhalb der ihm zugewiesenen
> Zuständigkeit, die Staaten sind innerhalb der
> ihnen verbliebenen Zuständigkeit unabhängig
> und souverain,"

ist eine Konsequenz der vorhergehenden Sätze und früherer Ausführungen. Dass das Reich ein unabhängiger souverainer Staat ist,
wurde in dem zweiten Kapitel dargelegt. Aber seine Zuständigkeit
ist eine beschränkte; ihm sind nur einzelne bestimmt begrenzte Befugnisse überwiesen; ausserhalb derselben kann es daher auf Sou-
verainetät keinen Anspruch machen. Dass die Staaten innerhalb der
ihnen verbliebenen Zuständigkeit unabhängig und souverain sind,
folgt daraus, dass sie nur einzelne bestimmt begrenzte Befugnisse
dem Reiche übertragen haben, und dass sie den Rest der staatlichen

Befugnisse in derselben Weise und aus demselben Rechtsgrunde besitzen, wie früher, nämlich als unabhängige souveraine Staaten. Daher ist denn auch weder das Reich den Staaten, noch sind die Staaten dem Reiche Rechenschaft schuldig für ihr Thun und Lassen innerhalb des ihnen zustehenden Theiles des staatlichen Lebens.

II.
Die einzelnen Befugnisse des Reiches.

Diese Untersuchung wird nur eine flüchtige Skizze sein. Es ist unmöglich, vorauszusehen, welche Fragen über Inhalt und Umfang der einzelnen Befugnisse des Reiches im Laufe der Zeit entstehen mögen. Ein Streit über das Wesen der Reichsverfassung und der dadurch begründeten Regierung möchte für die Existenz des Reiches gefährlich werden; von einem Streite über den Inhalt und Umfang einer einzelnen Befugniss des Reiches ist dies weniger zu besorgen. Mit einer genauen Untersuchung hierüber mag daher bis dahin gewartet werden, dass eine praktische Frage dieselbe nothwendig macht.

Die Befugnisse des Reiches können unter folgende Gruppen gebracht werden:

1. Schutz des Bundesgebietes;

2. Verkehr mit fremden Staaten;

3. Erhaltung von Frieden und Eintracht zwischen den Staaten;

4. Bestimmte verschiedenartige Angelegenheiten von allgemeinem Nutzen;

5. Befugnisse im unmittelbaren Verhältnisse zu den Staaten.

1.
Befugnisse des Reiches zum Schutze seines Gebietes.

Die „600jährige Leidensgeschichte Deutschlands" lehrt auf jedem Blatte, dass wir einer nationalen Einigung zum Schutze unseres Gebietes absolut bedürfen. „Einst mächtig, gross und geehrt, weil einig und von starken Händen geleitet, sank das Deutsche Reich nicht ohne Mitschuld von Haupt und Gliedern in Zerrissenheit und

Ohnmacht. Des Gewichtes im Rathe Europas, des Einflusses auf die
eigenen Geschicke beraubt, ward Deutschland zur Wahlstatt der Kämpfe
fremder Mächte, für welche es das Blut seiner Kinder, die Schlacht-
felder und die Kampfpreise hergab."*) Gegen die Wiederkehr des
hier so wahr und so beredt geschilderten Zustandes haben wir nur
eine Garantie: unsere nationale Einigung. Mit Recht wird im Eingange der Reichsverfassung unter den Aufgaben des Reiches voran-
gestellt: Schutz des Bundesgebietes. Sollen wir für irgend
einen Zweck geeinigt sein, so müssen wir es für diesen sein.

Auf den Schutz seines Gebietes beziehen sich folgende Befugnisse
des Reiches: Krieg zu erklären, Frieden zu schliessen;**) Bündnisse
mit fremden Staaten einzugehen;**) ein Heer und eine Marine zu
halten;***) Steuern auszuschreiben, †) und in Fällen eines ausserordentlichen Bedürfnisses eine Anleihe zu Lasten des Reiches aufzunehmen. ††)

Die Kriegserklärung geschieht vom Kaiser, unter Zustimmung
des Bundesrathes. Letztere ist nicht erforderlich, wenn ein Angriff
auf das Bundesgebiet oder dessen Küsten erfolgt. Diese Ausnahme
ist nur scheinbar, da ein Angriff auf das Bundesgebiet oder dessen
Küsten eine Kriegserklärung an das Reich abseiten desjenigen Staates
enthält, welcher den Angriff unternimmt. Mit der friedlichen Mission
des Deutschen Reiches und dem friedliebenden Charakter seiner Bürger steht es im Einklang, dass die Kriegserklärung von der Zustimmung des Bundesrathes abhängig gemacht ist.

Genehmigung des Reichstages ist zur Kriegserklärung nicht erforderlich. Aber derselbe kann nach seinem Ermessen die zur Kriegführung erforderlichen Mittel bewilligen oder versagen. Hierin hat
das Deutsche Volk ausreichende Gewähr, dass unnöthige, von ihm
nicht gewollte Kriege vermieden werden.

Die Befugniss, Frieden zu schliessen, ist eine Prärogative des
Kaisers. Indessen ist Zustimmung der gesetzgebenden Körperschaften

---

*) Thronrede bei Eröffnung des konstituirenden Reichstages, vom
24. Februar 1867.

**) Reichsverfassung, Art. 11.

***) Desgl., Art. 4, Ziffer 14 und Art. 57—68.

†) Desgl., Art. 4, Ziffer 2.

††) Desgl., Art. 73.

des Reiches zu solchen Friedensschlüssen erforderlich, welche eine Abänderung entweder der Reichsverfassung oder eines Reichsgesetzes enthalten; — zu ersteren um deswillen, weil die Befugniss, Frieden zu schliessen, dem Kaiser in der Reichsverfassung gegeben ist, daher unter, nicht über oder noben derselben steht, und darum nur in Uebereinstimmung und im Einklang mit den andern Bestimmungen derselben ausgeübt werden darf; zu den anderen um deswillen, weil ein Reichsgesetz nur im Wege der Reichsgesetzgebung abgeändert werden kann, und weil zu einem Reichsgesetze, nach Art. 5 der Reichsverfassung, ausnahmslos die Uebereinstimmung der Mehrheitsbeschlüsse des Bundesrathes und des Reichstages erforderlich ist.

Eben so ist die Befugniss, Bündnisse mit fremden Staaten zu schliessen, dem Kaiser ausschliesslich übertragen. Jedoch steht diese Befugniss unter der Vorschrift im letzten Absatze des Art. 11 der Reichsverfassung, *) und dann wird sie in ihrem Erfolge beschränkt, einmal durch die Befugniss des Bundesrathes, dass ohne seine Zustimmung ein Reichskrieg nicht begonnen werden darf, und ferner durch die Befugniss des Reichstages, die zur Kriegführung erforderlichen Mittel zu versagen. Hieraus folgt, dass nur solche Bündnisse vom Kaiser mit Erfolg abgeschlossen werden können, welche der Zustimmung der gesetzgebenden Körperschaften des Reiches gewiss sind.

Die nothwendigen Mittel zur Kriegführung sind:

1. Heer und Marine,
2. Finanzen.

An der Spitze der Vorschriften über das Reichs-Kriegswesen steht der wichtige Grundsatz, dass jeder Deutsche wehrpflichtig ist und sich in Ausübung dieser Pflicht nicht vertreten lassen kann.**) Ganz Deutschland ist darüber einverstanden, dass die allgemeine Wehrpflicht die gerechteste Vertheilung der Militairlast ist, und dass sie, nach der Erfahrung der letzten Kriege, unserm Heere Ueber-

---

*) „Insoweit die Verträge mit fremden Staaten sich auf solche Gegenstände beziehen, welche nach Art. 4 in den Bereich der Reichsgesetzgebung gehören, ist zu ihrem Abschluss die Zustimmung des Bundesrathes und zu ihrer Gültigkeit die Genehmigung des Reichstages erforderlich."

**) Reichsverfassung Art. 57.

legenheit gibt im Kampfe mit kriegsgewohnten Nachbarn, deren
Heerwesen auf anderer Grundlage beruht.

Bei Erfüllung der Militairpflicht wird die seemännische und die
andere Bevölkerung des Reiches unterschieden; die erstere ist zum
Dienste in der Marine, die andere zum Dienste im Landheere verpflichtet. *)

Das Landheer wird eingetheilt in 1. das stehende Heer, 2. die
Landwehr; die Marine in 1. die Flotte, 2. die Seewehr. **)

Jeder wehrfähige Deutsche gehört 7 Jahre lang, in der Regel
vom vollendeten 20. bis zum beginnenden 28. Lebensjahre dem stehenden Heere, bezw. der Flotte, — und zwar die ersten 3 Jahre
bei der Fahne, die letzten 4 Jahre in der Reserve — und die folgenden 5 Lebensjahre der Landwehr, bezw. der Seewehr an. ***)

Die Friedenspräsenzstärke des Deutschen Heeres ist durch Art.
60 der Reichsverfassung bis zum 31. December 1871 auf Ein Procent der Bevölkerung von 1867 normirt; sie ist durch Reichsgesetz
vom 9. December 1871 auf 401,659 Mann für die Jahre 1872,
1873 und 1874 festgestellt. Vom 1. Januar 1875 ab muss dieselbe
im Wege der Reichsgesetzgebung neu festgestellt werden; zu diesem
neuen Gesetze ist erforderlich und ausreichend die Uebereinstimmung
der Mehrheitsbeschlüsse des Bundesrathes und Reichstages, ohne Rücksicht auf die Zustimmung des Präsidiums. Denn da die Friedens-
Präsenzstärke in der Reichsverfassung lediglich für eine bestimmte
Zeit, bis 31. December 1871, und durch Reichsgesetz vom 9. December 1871 abermals nur für eine bestimmte Zeit, bis 31. December 1874, festgestellt ist, so kann dieselbe, nach Ablauf der angegebenen
Zeitfristen, nicht für eine bestehende Militaireinrichtung angesehen
werden, und finden darum die Ausnahme-Vorschriften im 2. Absatze
des Art. 5 der Reichsverfassung †) keine Anwendung.

---

*) Reichsverfassung Art. 53, 57 und 59.

**) Gesetz, betr. die Verpflichtung zum Kriegsdienste, vom 9. Novem-
ber 1867. Dasselbe gilt auch in Württemberg, Baden und Südhessen.

***) Reichsverfassung Art. 59 und Kriegsdienstgesetz vom 9. Novem-
ber 1867.

†) „Bei Gesetzesvorschlägen über das Militairwesen . . . . . . gibt,
wenn im Bundesrathe eine Meinungsverschiedenheit Statt findet, die Stimme

Die einzelnen Bundesstaaten haben nach Verhältniss ihrer Bevölkerung die auf sie fallende Quote der Friedens-Präsenzstärke des
Heeres zu gestellen. *) Auf dieselbe kommt der Ersatzbedarf in Ab-
rechnung, welchen sie etwa für die Marine gestellt haben. **)

Die gesammte Landmacht des Reiches bildet ein einheitliches
Heer, welches in Krieg und Frieden unter dem Befehle des Kaisers
steht. ***) Ebenso ist die Marine des Reiches eine einheitliche unter
dem Oberbefehl des Kaisers. †)

Der Kaiser bestimmt den Präsenzstand, die Gliederung und Ein-
theilung der Kontingente des Reichsheeres, sowie die Organisation
der Landwehr, und hat das Recht, innerhalb des Bundesgebietes die
Garnisonen zu bestimmen, sowie die kriegsbereite Aufstellung eines
jeden Theiles des Reichsheeres anzuordnen. Er hat die Pflicht und
das Recht, dafür Sorge zu tragen, dass innerhalb des deutschen
Heeres alle Truppentheile vollzählig und kriegstüchtig vorhanden sind,
und dass Einheit in der Organisation und Formation, in Bewaffnung
und Kommando, so wie in der Qualifikation der Offiziere hergestellt
und erhalten wird. Er ist zu diesem Behufe berechtigt, sich jederzeit durch Inspektionen von der Verfassung der einzelnen Kontingente
zu überzeugen und die Abstellung der dabei vorgefundenen Mängel
anzuordnen. ††)

Ebenso liegt dem Kaiser die Organisation und die Zusammensetzung
der Marine ob. †††)

Alle deutsche Truppen sind verpflichtet, den Befehlen des Kaisers unbedingte Folge zu leisten. Diese Verpflichtung ist in den
Fahneneid aufzunehmen. ††††)

---

des Präsidiums den Ausschlag, wenn sie sich für die Aufrechterhaltung der
bestehenden Einrichtungen ausspricht."

  *) Reichsverfassung Art. 60.
 **) Desgl. Art. 53.
***) Desgl. Art. 63.
  †) Desgl. Art. 53.
 ††) Desgl. Art. 63.
†††) Desgl. Art. 53.
††††) Desgl. Art. 64.

Der Höchstkommandirende eines Kontingents, so wie alle Offiziere, welche Truppen mehr als eines Kontingents befehligen, und alle Festungskommandanten werden vom Kaiser ernannt. Die von demselben ernannten Offiziere leisten ihm den Fahneneid. Bei Generalen und den Generalstellungen versehenden Offizieren innerhalb des Kontingents ist die Ernennung von der jedesmaligen Zustimmung des Kaisers abhängig zu machen.

Der Kaiser ist berechtigt, Behufs Versetzung mit oder ohne Beförderung für die von ihm im Reichsdienste, sei es im Preussischen Heere, oder in anderen Kontingenten zu besetzenden Stellen aus den Offizieren aller Kontingente des Reichsheeres zu wählen.*)

Die Officiere und die Beamten der Marine werden von dem Kaiser ernannt; dieselben und die Mannschaften sind für den Kaiser eidlich in Pflicht zu nehmen.**)

Das Recht, Festungen innerhalb des Bundesgebietes anzulegen, steht dem Kaiser zu, vorbehältlich des Rechts der gesetzgebenden Körperschaften, die dazu erforderlichen ausserordentlichen Mittel zu bewilligen oder zu versagen.***)

Wo nicht besondere Konventionen ein Anderes bestimmen, ernennen die Bundesfürsten, beziehentlich die Senate, die Offiziere ihrer Kontingente, mit der Einschränkung des Art. 64. Sie sind Chefs aller ihren Gebieten angehörenden Truppentheile und geniessen die damit verbundenen Ehren. Sie haben namentlich das Recht der Inspizirung zu jeder Zeit und erhalten, ausser den regelmässigen Rapporten und Meldungen über vorkommende Veränderungen, Behufs der nöthigen landesherrlichen Publikation, rechtzeitige Mittheilung von den die betreffenden Truppentheile berührenden Avancements und Ernennungen.†)

Auch steht ihnen das Recht zu, zu polizeilichen Zwecken nicht blos ihre eigenen Truppen zu verwenden, sondern auch alle anderen Truppentheile des Reichsheeres, welche in ihren Bundesgebieten dislocirt sind, zu requiriren.†)

---

*) Reichsverfassung Art. 64.
**) Desgl. Art. 53.
***) Desgl. Art. 65.
†) Desgl. Art. 66.

Zufolge Art. 61 der Reichsverfassung ist in dem ganzen Reiche die gesammte preussische Militairgesetzgebung, mit Ausnahme der Militair-Kirchenordnung, ungesäumt einzuführen, und zwar sowohl die Gesetze selbst, als die zu ihrer Ausführung, Erläuterung oder Ergänzung erlassenen Reglements, Instruktionen und Reskripte. Hiermit steht in Verbindung die Vorschrift des Art. 63, dass behufs Erhaltung der unentbehrlichen Einheit in der Administration, Verpflegung, Bewaffnung und Ausrüstung aller Truppentheile des deutschen Heeres die bezüglichen künftig ergehenden Anordnungen für die preussische Armee den Kommandeuren der übrigen Kontingente, durch den Ausschuss des Bundesrathes für das Landheer und die Festungen, in geeigneter Weise zur Nachachtung mitzutheilen sind.

Nach gleichmässiger Durchführung der Kriegsorganisation des deutschen Heeres soll ein umfassendes Reichs-Militair-Gesetz dem Reichstage und dem Bundesrathe zur verfassungsmässigen Beschlussfassung vorgelegt werden.*)

Die Kosten und Lasten des gesammten Kriegswesens des Reiches sind von allen Bundesstaaten und ihren Angehörigen gleichmässig zu tragen, so dass weder Bevorzugungen noch Prägravationen einzelner Staaten oder Klassen grundsätzlich zulässig sind.**)

Durch Reichsgesetz vom 9. December 1871 ist der Betrag zur Bestreitung des Aufwandes für das Heer und die zu demselben gehörigen Einrichtungen, ausschliesslich der im Reichshaushalts-Etat für 1872 unter Kapitel 10 der fortdauernden Ausgaben vorgesehenen Gehaltsverbesserungen,***) auf jährlich 90,373,275 Thlr. für die Jahre 1872, 1873 und 1874 festgestellt. Von dem 1. Januar 1875 an finden die Vorschriften des Art. 62 der Reichsverfassung wieder Anwendung, wenn nicht etwas anderes durch Reichsgesetz festgestellt wird. Nach denselben müssen dem Kaiser jährlich sovielmal 225 Thlr., als die Kopfzahl der Friedensstärke des Heeres nach Art. 60 beträgt (1 Procent der Bevölkerung von 1867), zur Verfügung gestellt werden. Die Verausgabung dieser Summe für das gesammte Reichsheer

---

*) Reichsverfassung Art. 61.
**) Desgl. Art. 58.
***) Kapitel 10 der fortdauernden Ausgaben des Reichshaushalts-Etats pro 1872 lautet: Besoldungsverbesserungen ... 1,291,020 Thlr.

und dessen Einrichtungen ist durch das Etatsgesetz festzustellen. Bei der Feststellung des Militair-Ausgabe-Etats ist die auf Grundlage der Reichsverfassung feststehende Organisation des Reichsheeres zu Grunde zu legen.

In dem Reichshaushalts-Etat für 1872 sind für die Marineverwaltung an fortdauernden Ausgaben 3,761,721 Thlr. und an einmaligen und ausserordentlichen Ausgaben 4,573,076 Thlr. bewilligt.

Da nach der Erfahrung aller Länder die grössten Ausgaben eines Staates durch Krieg herbeigeführt werden, und da die Kriegführung Sache des Reiches ist, so ist dasselbe mit Recht in Ansehung der Einnahmemittel unbeschränkt. Nach · Art. 4 Ziffer 2 der Reichsverfassung hat das Reich das Besteuerungsrecht ohne irgend welche Einschränkung; nach Art. 73 kann im Fall eines aussergewöhnlichen Bedürfnisses die Aufnahme einer Anleihe, sowie die Uebernahme einer Garantie zu Lasten des Reiches im Wege der Reichsgesetzgebung erfolgen.

Die Befugnisse des Reiches zum Schutze seines Gebietes sind ausschliesslich (vergl. Kapitel III, unter I, 1 und 4), jedoch mit Ausnahme der finanziellen Befugnisse.

2.

Befugnisse des Reiches im Verkehr mit fremden Staaten.

Die Befugnisse des Reiches zum Verkehr mit fremden Staaten stehen in Verbindung, fallen aber nicht zusammen mit denjenigen zum Schutze seines Gebietes. Die Uebertragung solcher Befugnisse war nothwendig, weil das Deutsche Reich als ein eigener souverainer Staat zur Theilnahme an dem völkerrechtlichen Verkehr zwischen den unabhängigen Staaten der Erde befugt sein muss. Folgende Befugnisse des Reiches fallen unter diese Klasse: Gesandte*) und Konsuln**) zu beglaubigen und zu empfangen, Verträge mit fremden Staaten zu schliessen, ***) die Kolonisation und die Auswanderung nach ausser-

---

*) Reichsverfassung Art. 11.
**) Desgl. Art. 4 Ziffer 7 und Art. 56.
***) Desgl. Art. 11.

deutschen Ländern zu regeln,*) Zölle auf auswärtige Waaren zu
legen und den Handel mit fremden Ländern zu reguliren,**) einen
gemeinsamen Schutz des deutschen Handels im Auslande, der deutschen Schifffahrt und ihrer Flagge zur See zu organisiren.***)

Es bedarf keiner Ausführung, dass es zweckmässig war, diese
Befugnisse dem Reiche zu übertragen. Sie fallen naturgemäss bei
Ueberweisung der nationalen Angelegenheiten an eine allgemeine
Regierung und bei Belassung der partikularen und lokalen Angelegenheiten bei den Einzelregierungen der ersteren zu. Ebenso wird
es nicht nöthig sein, die einzelnen Befugnisse eingehend zu untersuchen.

Das Recht, Gesandte zu beglaubigen und zu empfangen, ist dem
Reiche im Art. 11 der Reichsverfassung überwiesen. Es wird ausschliesslich durch den Kaiser ausgeübt. Unter den allgemeinen Ausdruck „Gesandte" fallen alle Agenten, deren Entsendung an fremde
Regierungen nach dem Völkerrecht üblich ist, namentlich Botschafter,
bevollmächtigte Minister, Geschäftsträger, Spezialbevollmächtigte zu
bestimmten Zwecken, z. B. bei einem internationalen Kongress, jedoch
mit Ausnahme der Konsuln.

Von der Befugniss des Reiches, Konsuln in fremden Ländern
zu beglaubigen, handeln Art. 4 Ziffer 7 und Art. 56 der Reichsverfassung. Die Anstellung der Konsuln geschieht durch den Kaiser.
Dem Reiche ist nirgends ausdrücklich die Befugniss beigelegt, Konsuln fremder Staaten zu empfangen. Die Ausübung einer solchen
Befugniss ist indessen unbedenklich, einmal weil das Konsulatsrecht
auf Gegenseitigkeit beruht, daher das Recht, Konsuln zu beglaubigen,
dasjenige, Konsuln zu empfangen, in Ermangelung eines Verbots in
sich schliesst, und weil dem Reiche ganz allgemein die völkerrechtliche Vertretung fremden Staaten gegenüber zusteht, hierzu aber der
Empfang von Konsuln gehört.

Die Befugniss, Verträge mit fremden Staaten zu schliessen, ist
eine Prärogative des Kaisers, welche jedoch limitirt wird durch die

---

*) Reichsverfassung Art. 4 Ziffer 1.
**) Desgl. Art. 4 Ziffer 2 und Art. 35.
***) Desgl. Art. 4 Ziffer 7.

Vorschrift im letzten Absatz des Art. 11 der Reichsverfassung: „Insoweit die Verträge mit fremden Staaten sich auf solche Gegenstände beziehen, welche nach Art. 4 in den Bereich der Reichsgesetzgebung gehören, ist zu ihrem Abschluss die Zustimmung des Bundesrathes und zu ihrer Gültigkeit die Genehmigung des Reichstages erforderlich." Nach dieser Klausel bedürfen namentlich Handels-, Post-, Eisenbahn- und Telegraphenverträge, so wie Verträge mit fremden Staaten über die Auslieferung von Verbrechern der Genehmigung des Bundesrathes und Reichstages.

Das Reich hat bislang von der ihm nach Art. 4 Ziffer 1 seiner Verfassung zustehenden Befugniss, die Kolonisation und die Auswanderung nach ausserdeutschen Ländern zu regeln, nur geringen Gebrauch gemacht. Wir dürfen wohl hoffen, dass im Laufe der Zeit mit denjenigen Staaten, nach welchen Dentsche wegen Mangels ausreichender Erwerbsgelegenheit im Inlande in grosser Zahl auswandern, Verträge zu deren Schutz abgeschlossen werden.

Das wichtige Recht, Zölle auf auswärtige Waaren zu legen und den Handel mit fremden Ländern zu reguliren, konnte nur dem Reiche überwiesen und nicht den einzelnen Staaten belassen werden. Bei der allgemeinen Uebereinstimmung, einmal über den Werth und die Bedeutung dieser Befugniss, und ferner darüber, dass sie dem Reiche ausschliesslich übertragen werden musste, ist eine weitere Untersuchung wohl unnöthig.

Dasselbe gilt von der letzten unter diese Kategorie fallenden Befugniss des Reiches: einen gemeinsamen Schutz des deutschen Handels im Auslande, der deutschen Schifffahrt und ihrer Flagge zur See zu organisiren. Die vielen Millionen Deutsche, welche im Auslande leben, theils unter Beibehaltung ihrer Nationalität, theils unter Annahme einer anderen, haben in dem richtigen Gefühl, dass ihre Stellung im Auslande von der Machtstellung des Landes ihrer Geburt abhängt, die Begründung der lange und schmerzlich vermissten deutschen Einheit vielleicht noch freudiger begrüsst, als die Deutschen in Deutschland selbst.

Die Befugnisse dieser Klasse stehen theils dem Reiche ausschliesslich zu, theils haben die Staaten konkurrirende Befugnisse. Das Reich ausschliesslich hat das Konsulatsrecht und das Recht,

Zölle auf auswärtige Waaren zu legen und den Handel mit fremden Ländern zu reguliren. Bei den andern Befugnissen haben die Staaten konkurrirende Zuständigkeit, dürfen aber nur im eigenen Namen, nicht für das Reich handeln.

3.

Befugnisse des Reiches zur Erhaltung von Frieden und Eintracht und eines geeigneten Verkehrs zwischen den Staaten.

1. Zu dieser Klasse gehört zunächst die Vorschrift im Art. 3 der Reichsverfassung, dass jeder Angehörige eines Bundesstaates zu allen Rechten eines Staatsangehörigen in jedem anderen Bundesstaate berechtigt, d. i. unter denselben Voraussetzungen wie der Einheimische zuzulassen ist (mit Ausnahme der Armenversorgung und der Aufnahme in den lokalen Gemeindeverband), *) und die hiermit in Verbindung stehende

---

*) Art. 3 der Reichsverfassung ist sehr umständlich und weitläufig. Der ganze Inhalt des ersten Absatzes: „Für ganz Deutschland besteht ein „gemeinsames Indigenat mit der Wirkung, dass der Angehörige (Unterthan, „Staatsbürger) eines jeden Bundesstaates in jedem anderen Bundesstaate als „Inländer zu behandeln und demgemäss zum festen Wohnsitz, zum Gewerbe- „betriebe, zu öffentlichen Aemtern, zur Erwerbung von Grundstücken, zur „Erlangung des Staatsbürgerrechtes und zum Genusse aller sonstigen bür- „gerlichen Rechte unter denselben Voraussetzungen wie der Einheimische „zuzulassen, auch im Betreff der Rechtsverfolgung und des Rechtsschutzes „demselben gleich zu behandeln ist,“ lässt sich in die einfache Formel zu- sammenfassen: „Jeder Angehörige eines Bundesstaates ist zu allen Rechten eines Staatsangehörigen in jedem anderen Bundesstaate berechtigt.“ Der zweite Absatz des Art. 3: „Kein Deutscher darf in der Ausübung dieser „Befugniss durch die Obrigkeit seiner Heimath, oder durch die Obrigkeit „eines anderen Bundesstaates beschränkt werden,“ führt beinahe zu der An- sicht, als ob die Obrigkeit befugt wäre, Deutsche in Ausübung der ihnen durch die Reichsverfassung gegebenen Rechte zu beschränken, und als ob es eines besondern Verbots an dieselbe bedürfte, um ihr eine solche Befug- niss zu nehmen. Das ist natürlich nicht gemeint; unsere Gesetze haben gleichmässig verbindliche Kraft für diejenigen, welche regiert werden, und für diejenigen, welche regieren, wenngleich das letztere bisweilen vergessen sein mag. Aber warum in die Reichsverfassung, das höchste Gesetz des Landes, eine Klausel aufnehmen, deren Bedeutungslosigkeit auf den ersten Blick völlig klar ist? — Die übrigen Klauseln des Art. 3 enthalten admi-

Vorschrift im Art. 4 Ziffer 1, dass die Bestimmungen über Staatsbürgerrecht der Beaufsichtigung und der Gesetzgebung des Reiches unterliegen.

Ohne eine vollständige Auslegung dieser Bestimmungen geben zu wollen, beschränke ich mich auf folgende Bemerkungen.

Dem Reiche als einem selbstständigen Staate musste die Befugniss gegeben werden, die Reichsangehörigkeit durch seine Gesetzgebung zu regeln. Jeder selbstständige Staat hat eine solche Befugniss und bedarf derselben. Da es die Absicht war, die Reichsangehörigkeit von der Staatsangehörigkeit abhängig zu machen, so musste auch die letztere in den Bereich der Reichsgesetzgebung gezogen werden. Aus diesen Gründen ist die Vorschrift des Art. 4 Ziffer 1, dass die Bestimmungen über Staatsbürgerrecht (sowohl im Reiche als in den Staaten) der Beaufsichtigung und der Gesetzgebung des Reiches unterliegen, wohlberechtigt. Dasselbe gilt von dem Grundsatz des Art. 3, dass jeder Angehörige eines Staates zu allen Rechten eines solchen in jedem andern Bundesstaate berechtigt ist. Der Gesetzgebung der einzelnen Staaten zu verstatten, die Angehörigen anderer Staaten schlechter zu stellen als diejenigen des eigenen Staates, und sogar zwischen den Angehörigen der verschiedenen Staaten einen Unterschied machen zu können, würde offenbar mit dem Wesen des Bundesstaates im Widerspruch stehen. Eine Gesetzgebung in der angegebenen Richtung wäre durchaus geeignet, die Eintracht der Staaten zu stören; sie ist darum mit Recht denselben untersagt.

2. Hierher gehören ferner die Vorschriften des Art. 33 der Reichsverfassung:

„Deutschland bildet ein Zoll- und Handelsgebiet, umgeben von „gemeinschaftlicher Zollgrenze. Ausgeschlossen bleiben die wegen ihrer „Lage zur Einschliessung in die Zollgrenze nicht geeigneten einzelnen „Gebietstheile.

---

nistrative Vorschriften und liegen daher ausserhalb des Kreises dieser Untersuchungen. Zu erwähnen ist nur noch die Schlussklausel: „Dem Auslande gegenüber haben alle Deutschen gleichmässig Anspruch auf den Schutz des Reiches."

„Alle Gegenstände, welche im freien Verkehr eines Bundesstaates
„befindlich sind, können in jeden andern Bundesstaat eingeführt und
„dürfen in letzterem einer Abgabe nur insoweit unterworfen werden,
„als daselbst gleichartige inländische Erzeugnisse einer inneren Steuer
„unterliegen."

Es ist nicht nöthig, diese wichtigen Bestimmungen zu vertheidigen, da schwerlich irgend Jemand sie angreifen wird. Mit dem
Wesen des Bundesstaates würde es nicht im Einklange stehen, wäre
es den Staaten verstattet, ihre Gebiete mit Zollgrenzen zu umgeben
und dadurch den freien Verkehr von einem Staate zum anderen zu
erschweren oder wohl ganz zu hindern. Der erste praktische Anfang
zur Einigung Deutschlands liegt in dem Zollverein, welchen Preussen
mit einer grösseren Zahl Deutscher Staaten abgeschlossen hatte.
Art. 33 sichert dem Deutschen Volke für immer eine Wohlthat,
welche früher nur unter mancherlei Einschränkungen bestand und zwölf-
jähriger Kündigung unterlag. Die Ausnahme im Art. 33, dass von
einem Bundesstaate in einen andern eingeführte Gegenstände dort
einer Abgabe unterworfen werden können, wenn und soweit daselbst
gleichartige inländische Erzeugnisse einer inneren Steuer unterliegen,
ist nothwendig, so lange den Staaten das Recht verbleibt, Konsumtionssteuern aufzuerlegen. Dieses Recht ist durch Art. 35 der Reichsverfassung bereits erheblich beschränkt. Die Hansestädte Bremen und
Hamburg werden die Wohlthaten des Art. 33 erst dann geniessen,
wenn sie in die deutsche Zollgrenze aufgenommen sind, was ohne
ihren Antrag nicht geschehen kann. *)

3. Hierher gehört endlich die Vorschrift im ersten Absatze des
Art. 76 der Reichsverfassung: „Streitigkeiten zwischen verschiedenen
„Bundesstaaten, sofern dieselben nicht privatrechtlicher Natur und
„daher von den kompetenten Gerichtsbehörden zu entscheiden sind,
„werden auf Anrufen des einen Theils von dem Bundesrathe erledigt."**)

---

*) Reichsverfassung Art. 34.

**) Die Vorschrift des Art. 76, erster Absatz, bezieht sich lediglich
auf Streitigkeiten zwischen verschiedenen Bundesstaaten, nicht auf Streitigkeiten zwischen dem Reiche und den Staaten. Dies ist völlig klar nach
den Worten im Eingang des ersten Absatzes: „Streitigkeiten zwischen verschiedenen Bundesstaaten," unter welche Streitigkeiten zwischen dem Reiche
und den Staaten nicht subsumirt werden können.

Es war offenbar nothwendig, eine solche Bestimmung in die Reichsverfassung aufzunehmen. Das Zusammenleben der Staaten im Reiche
kann nur dann ein gedeihliches sein, wenn es ein friedliches ist;
nichts stände mit dem Wesen des Bundesverhältnisses mehr in
Widerspruch, als Krieg zwischen den Bundesgliedern. Daher musste
durch die Reichsverfassung für die Erledigung aller Streitigkeiten
unter den Staaten Vorsorge getroffen werden, insoweit die Entscheidung derselben nicht zur Zuständigkeit der ordentlichen Gerichte gehört. Die Erledigung aller anderen Streitigkeiten ist dem Bundesrathe als dem gemeinsamen Organe der Staaten übertragen. Demselben sind über die Art des Verfahrens keine Vorschriften gemacht;
mit Recht, da hierauf der Inhalt der Streitigkeiten von Einfluss sein
muss. Der Bundesrath hat nicht von Amtswegen, sondern nur auf
Anrufen des einen Theils einzuschreiten; es ist daher den in Streit
befangenen Staaten überlassen, zunächst eine Verständigung unter
einander zu versuchen. Dadurch aber, dass die Erledigung der Streitigkeiten dem Bundesrathe überwiesen worden, ist den betheiligten
Staaten implicite die Anwendung von Gewalt verboten. Die Entscheidung des Bundesrathes ist definitiv und für alle Theile verbindlich.

Die hier besprochenen Vorschriften in den Art. 3, 33 und 76
der Reichsverfassung sind nicht allein für die Reichsgesetzgebung,
sondern auch für die Landesgesetzgebungen verbindlich. Bei der
Befugniss des Art. 4 Ziffer 1 haben die Staaten konkurrirende Zuständigkeit.

4.

Bestimmte verschiedenartige Angelegenheiten von allgemeinem Nutzen.

Diese Klasse umfasst folgende Befugnisse des Reiches:

1. Freizügigkeit, Heimaths- und Niederlassungsverhältnisse, Pass-
wesen, Fremdenpolizei und den Gewerbebetrieb mit Einschluss des
Versicherungswesens zu beaufsichtigen und gesetzlich zu regeln.*)

Gleichförmigkeit der Gesetzgebung der verschiedenen Staaten im

---

*) Reichsverfassung Art. 4 Ziffer 1.

Reiche über diese Gegenstände mag zweckmässig sein, aber man kann nicht sagen, dass die Ueberweisung dieser Angelegenheiten an die allgemeine Regierung nothwendig ist. Der vornehmste Grund hierfür lag wohl darin, dass die bezügliche Gesetzgebung einzelner Staaten ungemein engherzig war, und dass begründete Hoffnung bestand, eine Menge willkürlicher und höchst schädlicher Einschränkungen auf dem wirthschaftlichen Gebiete leichter im Wege der Bundesgesetzgebung als in dem der Staatengesetzgebungen zu beseitigen. Es ist das grosse und dauernde Verdienst des Norddeutschen Bundes, dass er die einfachsten natürlichsten Rechte: Freiheit, seinen Aufenthalt zu wählen; Freiheit, eine Ehe zu schliessen; Freiheit, den Unterhalt nach eigener freier Wahl zu erwerben, durch seine Gesetzgebung endlich zur unumwundenen Geltung in Deutschland gebracht hat.

2. Das Maass-, Münz- und Gewichtssystem zu ordnen und die Grundsätze über die Emission von fundirtem und unfundirtem Papiergelde festzustellen. *)

In dem einheitlichen Handelsgebiet, welches das Deutsche Reich bildet, ist ein möglichst lebhafter Verkehr wünschenswerth. Jedermann weiss, ein wie grosses Hinderniss eines solchen Verkehrs die Verschiedenheit des Maass-, Münz- und Gewichtssystems ist. Es war daher zweckmässig, die Ordnung desselben dem Reiche zu überweisen.

Dasselbe gilt von den Grundsätzen über die Emission von fundirtem und unfundirtem Papiergelde. Geldsendungen von einem Ort zum andern geschehen meist in Papiergeld. Gleichförmigkeit in den Grundsätzen über dessen Emission durch das ganze Reich ist daher ein allgemeines Bedürfniss.

3. Allgemeine Bestimmungen über das Bankwesen zu treffen.**)

Was vom Papiergelde oben gesagt ist, findet gleichmässig Anwendung auf Banknoten.

4. Die Erfindungspatente und den Schutz des geistigen Eigenthums gesetzlich zu regeln.***)

So lange die Gesetzgebung dabei bleibt — und das ist gegen-

---

*) Reichsverfassung Art. 4 Ziffer 3.
**) Desgl. Art. 4 Ziffer 4.
***) Desgl. Ziffer 5 und 6.

wärtig der Standpunkt der am meisten civilisirten Nationen —, dass
es weise und gerecht ist, den Schriftstellern und den Erfindern für bestimmte Zeit ein ausschliessliches Recht auf das Resultat ihrer geistigen
Arbeiten zu gewähren; so lange muss ihnen dasselbe gewährt werden
für dasjenige Gebiet, auf welches ihre Arbeiten berechnet sind, und
das ist, bei der Gemeinsamkeit unserer Literatur und bei der Handels-
freiheit innerhalb des Deutschen Reiches, ganz Deutschland. Die
Bestimmungen über Erfindungspatente und über den Schutz des
geistigen Eigenthums sind daher mit Recht der Beaufsichtigung und
der Gesetzgebung des Reiches überwiesen.

5. Das Eisenbahnwesen zu beaufsichtigen und gesetzlich zu
regeln und Land- und Wasserstrassen im Interesse der Landesvertheidigung und des allgemeinen Verkehrs herzustellen.*)

Die grossen Verkehrsmittel unserer Zeit sind Eisenbahnen. Dieselben haben Bedeutung, nicht allein für den Staat, in dessen Gebiete
sie liegen, sondern für alle Staaten im Reiche. Zwischenliegende
Staaten könnten den Verkehr der an den entgegengesetzten Seiten
ihres Gebietes liegenden Staaten leicht erschweren, wenn ihnen, für
das Gebiet ihres Staates, die Gesetzgebung über das Eisenbahnwesen
ausschliesslich zuständе. Ein übereinstimmendes Eisenbahnsystem liegt
zwar gleichmässig im wohlverstandenen Interesse der einzelnen Staaten,
wie in demjenigen des Reiches; aber die Gesetzgebung über dasselbe
musste dem Reiche überwiesen werden, einmal wegen seines eigenen
Interesses an dem Gegenstande, und weil nach aller Erfahrung zu
besorgen war, dass gerade hier in den Staaten Sonderinteressen über
die allgemeinen siegen möchten. Das Eisenbahnwesen ist daher mit
Recht der Beaufsichtigung und der Gesetzgebung des Reiches überwiesen. Besondere Vorschriften über dasselbe sind in den Art. 41
bis 47 der Reichsverfassung enthalten.

Die Befugniss, das Eisenbahnwesen zu beaufsichtigen und gesetzlich zu regeln, umfasst nicht die Befugniss, neue Eisenbahnen
anzulegen oder deren Anlage zu konzessioniren. Diese Befugniss
konnte, ohne Gefahr für das Reich, den Staaten belassen werden.
Es war indessen zweckmässig, dem Reiche eine Befugniss zur Her-

---

stellung solcher Eisenbahnen zu geben, deren Anlage im Interesse
der Landesvertheidigung oder des allgemeinen Verkehrs nothwendig
scheint. Dies ist geschehen durch die letzte Klausel im Art. 4 Ziffer 8
und durch Art. 41 der Reichsverfassung.*) Die erstere Vorschrift bezieht
sich allgemein auf Land- und Wasserstrassen, enthält daher namentlich auch die Befugniss zur Herstellung von Schifffahrtskanälen.

6. Den Flösserei- und Schifffahrtsbetrieb auf den mehreren Staaten
gemeinsamen Wasserstrassen und den Zustand der letzteren, sowie
die Fluss- und sonstigen Wasserzölle zu beaufsichtigen und gesetzlich
zu regeln. **)

Ausführende Bestimmungen zu dieser Vorschrift enthält der
Art. 54 der Reichsverfassung. Dass es zweckmässig war, die angeführte
Befugniss dem Reiche zu übertragen, wird nicht in Zweifel gezogen
werden.

7. Das Post- und Telegraphenwesen zu beaufsichtigen und gesetzlich zu ordnen.***)

Diese wichtige Befugniss wird näher bestimmt und weiter ausgedehnt durch die Vorschriften in den Art. 48 bis 52 der Reichsverfassung. Aus denselben ist hervorzuheben, dass das Postwesen
und das Telegraphenwesen für das gesammte Gebiet des Deutschen
Reiches als einheitliche Staatsverkehrsanstalten bestehen und verwaltet
werden; dass die Einnahmen aus denselben gemeinschaftlich sind;
und dass die Ueberschüsse nach Abzug der Ausgaben in die Reichskasse fliessen. Diese Vorschriften sind gewiss berechtigt, in Anbetracht
der Bedeutung, welche Posten und Telegraphen für den Verkehr
zwischen den verschiedenen Deutschen Staaten haben.

8. Bestimmungen über die wechselseitige Vollstreckung von Er-

---

*) „Eisenbahnen, welche im Interesse der Vertheidigung Deutschlands
„oder im Interesse des gemeinsamen Verkehrs für nothwendig erachtet
„werden, können kraft eines Reichsgesetzes auch gegen den Widerspruch
„der Bundesglieder, deren Gebiet die Eisenbahnen durchschneiden, unbe-
„schadet der Landeshoheitsrechte, für Rechnung des Reiches angelegt oder
„an Privatunternehmer zur Ausführung konzessionirt und mit dem Expro-
„priationsrechte versehen werden.“

**) Reichsverfassung Art. 4 Ziffer 9.

***) Desgl. Art. 4 Ziffer 10.

kenntnissen in Civilsachen und über die Erledigung von Requisitionen
überhaupt, sowie über die Beglaubigung von öffentlichen Urkunden
zu treffen. *)

Die erstere Bestimmung bezieht sich auf die Gewährung von
Rechtshülfe, die andere auf die Wirksamkeit öffentlicher Urkunden.
Die Zweckmässigkeit beider Bestimmungen bedarf, wie mir scheint,
keiner besondern Ausführung.

9. Durch Art. 4, Ziffer 13 der Reichsverfassung wird der Beaufsichtigung und der Gesetzgebung des Reiches ferner überwiesen:
„die gemeinsame Gesetzgebung über das Obligationenrecht, Strafrecht,
„Handels- und Wechselrecht und das gerichtliche Verfahren." (Vergl.
Kap. VI, unter II und VI, 3, Note.)

Kaum irgend eine Bestimmung der Reichsverfassung erfreut
sich so allgemeiner Zustimmung. Im Reichstage ist wiederholt
der Versuch gemacht, dieselbe auf das gesammte bürgerliche Recht
und auf die Gerichtsorganisation auszudehnen. Der vornehmste Grund
dieser Zustimmung liegt wohl darin, dass die Justizgesetzgebung des
Nordddeutschen Bundes eine ungemein glückliche gewesen ist. Durch
dieselbe sind die früher üblichen Beschränkungen in der vertrags-
mässigen Feststellung der Zinsen beseitigt; die Wechselhaft ist aufgehoben; die privatrechtliche Stellung der Erwerbs- und Wirthschafts-
Genossenschaften ist zweckmässig geregelt; die Beschlagnahme des
noch unverdienten Arbeits- und Dienstlohnes ist untersagt. Das
Allgemeine Deutsche Handelsgesetzbuch und die Allgemeine Deutsche
Wechselordnung nebst den Nürnberger Novellen sind zu Bundesgesetzen erklärt; einem obersten Gerichtshofe ist die Rechtsprechung
in Handelssachen in letzter Instanz übertragen. Das vom Norddeutschen Bunde erlassene Strafgesetzbuch zeichnet sich durch
Humanität aus. Vielleicht hat die Justizgebung keines Deutschen
Staates in so kurzer Zeit so Bedeutendes geleistet. Daher der
Wunsch, die Zuständigkeit des Reiches auf das gesammte bürgerliche
Recht und auf die Gerichtsorganisation auszudehnen. — Und doch
sind hiergegen, wie mir scheint, gewichtige Bedenken möglich. Zunächst die Bedürfnissfrage. Ist es wirklich ein Bedürfniss, dass das-

---

*) Reichsverfassung Art. 4 Ziffer 11 und 12.

selbe eheliche Güterrecht und dasselbe Erbrecht in Berlin, Hamburg, München und Stuttgart gilt? Und ist es nicht ebenso bei vielen andern wichtigen Zweigen des bürgerlichen Rechtes? Hängt nicht das Deutsche Volk mit grosser Zähigkeit an manchen Besonderheiten, welche sich auf dem Gebiete des bürgerlichen Rechtes ausgebildet haben? Wird es sich gefallen lassen, dass alle diese Besonderheiten durch nivellirende Rechtsregeln hinweggeschwemmt werden? — Ferner; das Wesen des Bundesstaates besteht in einer Theilung des staatlichen Lebens, und in der Zuweisung eines besimmten Theiles desselben an die allgemeine Regierung und in der Belassung des Restes bei den Staaten.*) Die Grenzlinie kann verschieden gezogen werden. Aber es ist wesentlich für die Selbstständigkeit der Staaten, einmal, dass sie in dem ihnen belassenen Theile des staatlichen Lebens das Recht eigener Gesetzgebung haben, und sodann, dass ihnen die Anwendung und Ausführung der von ihnen gemachten Gesetze aus eigenem Rechte zusteht. — Weiter; die Rechtsprechung in Civil- und Criminalsachen gehört im Bundesstaate, mit einigen Ausnahmen (vergl. Kap. VI), zweckmässig den Staaten, wogegen die Vertretung andern Staaten gegenüber und was damit in Verbindung steht, Sache der allgemeinen Regierung ist. Wird nun das gesammte bürgerliche Recht und die Gerichtsorganisation dem Reiche überwiesen, und eignet sich dasselbe vollständig diese wichtigen Theile des staatlichen Lebens an; werden folgeweise die Staaten der Justizhoheit entkleidet; so ist Gefahr, dass denselben bald wenig mehr bleibt, als die Stellung von Agenten der allgemeinen Regierung. Das würde der Anfang von Mediatisirung sein. — Wer eine solche Entwickelung wünscht, wird die Ausdehnung der Justizbefugnisse des Reiches auf das gesammte bürgerliche Recht und auf die Gerichtsorganisation befürworten; wer dagegen die lokalen und partikularen Angelegenheiten in thunlichster Ausdehnung den Staaten zu belassen wünscht; wer mit dem Fürsten v. Bismarck meint: „Ich glaube, man soll sich in den germanischen „Staaten nicht fragen, wenn man es der Bevölkerung recht machen „will: was kann gemeinsam sein; wie weit kann der grosse Mund

---

*) Vergl. von den deutschen Schriftstellern namentlich Waitz, das Wesen des Bundesstaates. — Grundzüge der Politik, Seite 153 ff.

„des Gemeinwesens hineinbeissen in den Apfel? — sondern man
„muss sich fragen: was muss absolut gemeinsam sein? und
„dasjenige, was nicht gemeinsam zu sein braucht, das
„soll man der speciellen Entwicklung überlassen. Damit
„dient man der Freiheit, damit dient man der Wohl-
„fahrt;" *) der wird bedenklich sein gegen Ausdehnung der Zuständigkeit des Reiches auf das gesammte bürgerliche Recht und auf
die Gerichtsorganisation; der wird empfehlen, dass das Reich von
der Befugniss des Art. 4, Ziffer 13 nur sparsamen Gebrauch macht.
— Dadurch wird natürlich nicht ausgeschlossen, dass die Staaten
unablässig an ihrer Justizgesetzgebung bessern und alle gute, bewährte Einrichtungen aufnehmen, welche sie in ihren Nachbarstaaten
finden. Unnöthige, den Verkehr beeinträchtigende Verschiedenheiten
in den Staatseinrichtungen, — dessen sollten die Staaten immer ein-
gedenk sein —, werden den Wunsch nach einer Konsolidation in
einen Einheitsstaat fördern. Die Staaten werden gut thun, sich den
Geist, welcher in der Justizgesetzgebung des Reiches weht, zum
Muster zu nehmen, wenn sie hindern wollen, dass das Streben nach
Gleichförmigkeit im bürgerlichen Recht und in der Gerichtsverfassung
ein übermächtiges wird.**)

---

*) Rede im Reichstage des Norddeutschen Bundes, vom 16. April 1869.

**) Vorhin, bei Untersuchung des Wesens der Reichsverfassung und der
dadurch begründeten Regierung, ist hervorgehoben, dass der wichtigste
Unterschied und der vornehmste Vorzug der Reichsverfassung im Vergleich
mit den früheren deutschen Verfassungen darin besteht, dass die Reichsgesetzgebung eine Gesetzgebung über und für die einzelnen Bundesangehörigen, nicht über und für die Bundesstaaten ist. Hier möchte ich die Bemerkung, wenn man will, die Warnung beifügen, man möge doch nicht
das Wesen des Bundesstaates darin setzen, eine möglichst grosse Zahl ge-
meinsamer Gesetze zu haben. Wird die Zahl der gemeinsamen Gesetze sehr
weit ausgedehnt, so werden die Staaten verlangen, die Anwendung und
Ausführung der Reichsgesetze aus eigenem Rechte zu haben. Denn sonst
würde für sie ja wenig oder gar nichts übrig bleiben. Und die Staaten sind
geschichtlich und nach der ganzen Beschaffenheit des Deutschen Volkes
ebenso berechtigt wie das Reich. Somit wird eine übermässige Ausdehnung
der Kompetenz des Reiches naturgemäss zu einer grossen Zahl von Reichsgesetzen und zu deren Anwendung und Ausführung durch die Staaten führen.
Aus einem solchen Zustande werden und müssen, nach aller

10. Zur Zuständigkeit des Reiches gehören weiter, zufolge Art. 4, Ziffer 15 der Reichsverfassung, „Massregeln der Medicinal- und

geschichtlichen Erfahrung, im Laufe der Zeit eine Menge Konflicte hervorgehen, welche die Existenz des Reiches und den Frieden in Deutschland gefährden mögen. Ein Staatswesen, welches in bestimmt und eng begrenztem Umfange eigene Gesetzgebung, eigene Gesetzesausführung und eigene Gesetzesanwendung hat, ist nach geschichtlicher Erfahrung weit kräftiger und tüchtiger, als ein Staatswesen mit weit ausgedehnter Gesetzgebung, aber ohne die Befugniss eigener Gesetzesausführung und Gesetzesanwendung. Die am nächsten liegenden und am meisten zutreffenden geschichtlichen Beispiele sind, auf der einen Seite die Vereinigten Staaten von Amerika unter ihrer gegenwärtigen Verfassung, und auf der anderen Seite das frühere Deutsche Reich und die Vereinigten Staaten unter den Articles of Confederation (vergl. Kap. III, unter II, 5, 5 und insbesondere Kap. V, unter IV). — Das Reich ist gegenwärtig in mehreren seiner Organisationen den Staaten voraus. Die Reichsgesetzgebung schreitet gegenwärtig in mancher Beziehung rascher und energischer vorwärts, als die Staatengesetzgebungen. Dies hat seinen Grund in zufälligen, vorübergehenden Umständen. Die Staaten können sich, um ihrer Existenz willen, dem nicht entziehen, die Einrichtungen des Reiches nachzuahmen, so weit dieselben besser sind. (Vergl. Kap. VII.) Es wird eine Zeit kommen und sie mag nicht fern sein, wo die Staaten in allen ihren innern Einrichtungen rascher vorschreiten, als das Reich. Es mag eine Zeit kommen, wo wir ausfinden, dass es viel schwerer ist, eine Reichseinrichtung umzugestalten und zu bessern, als eine Staateneinrichtung. Wer die Verfassung und die Gesetzgebung der Vereinigten Staaten auf der einen Seite und die Verfassung und Gesetzgebung einzelner Unionsstaaten auf der anderen Seite vergleicht, muss zu dem Resultate kommen, dass die letzteren viel rascher, wenn auch nicht besser vorwärts schreiten. Die Gesetzgebung eines kleinern Staatswesens ist ja naturgemäss weit leichter und beweglicher, als die eines grössern. Das enge Zusammenleben der Staaten wird und muss dahin führen, wie schon früher hervorgehoben wurde, dass dieselben im regen Wetteifer mit einander ihre Einrichtungen bessern werden. Zwischen den Staaten im Reiche besteht, wenn ich es so ausdrücken darf, Freihandel und Mitwerbung, und das sind ja gute förderliche Dinge, in weit höherem Grade, als zwischen dem Reiche und den andern Nationen der Welt. Es ist daher, wie mir scheint, weise und zweckmässig, Angelegenheiten, deren Ueberweisung an das Reich nicht nothwendig ist, den Staaten zu belassen. — Ein Beispiel mag vielleicht das Gesagte anschaulicher machen. In dem Deutschen Strafgesetzbuch ist bekanntlich die

Veterinairpolizei." Auch diese Befugniss ist dem Reiche mit Recht
überwiesen, da einige epidemische Krankheiten sich über ein so grosses
Gebiet verbreiten, dass ihnen nur von der Gesammtheit mit Erfolg
entgegengewirkt werden kann. Ein Beispiel enthält das für den Norddeutschen Bund erlassene Gesetz gegen die Rinderpest, welches auch
in Baden und Südhessen gilt.

11. Abweichend von der Norddeutschen Bundesverfassung sind
durch Art. 4, Ziffer 16 der Reichsverfassung „die Bestimmungen
über die Presse und über das Vereinswesen" der Beaufsichtigung und der
Gesetzgebung des Reiches überwiesen. Diese Aenderung ist eine wohl
berechtigte. Wie es vom Menschen heisst: „er lebt nicht allein vom
„Brod," so mag man vom Staate sagen: „er lebt nicht allein von
„Steuern und Soldaten." Der moderne Staat bedarf der herzlichen
freudigen Unterstützung und Förderung durch seine Bürger, wenn
er gedeihen soll. Dies gilt insbesondere von dem jungen Deutschen
Reiche. Die wichtigsten Mittel des öffentlichen Lebens sind eine freie
Presse und das Recht, sich friedlich zu versammeln. Hätten die
Staaten ausschliesslich das Recht der Gesetzgebung über diese An-
gelegenheiten, so würden sie das öffentliche Leben im Reiche ver-
kümmern können; so würden sie hindern können, dass derjenige
Zustand eintritt, welchen Fürst v. Bismarck in einer seiner neuern
Reden dahin kennzeichnet: „Jeder Staatsbürger muss in die Lage
„versetzt werden, sich eine Kritik über die Regierung selbst machen
„zu können.*) Darum ist mit Recht die Zuständigkeit des Reiches

---

Todesstrafe beibehalten und dadurch die Frage wegen Abschaffung derselben
auf lange unbestimmte Zeit vertagt. Vor Einführung desselben war wenigstens in einem grösseren Bundesstaate, Sachsen, durch Gesetz aus dem
Jahre 1868 die Todesstrafe abgeschafft. Wenn diese Frage nicht durch die
Reichsgesetzgebung entschieden, sondern den Staaten überlassen wäre, so
würden wir viel mehr Gelegenheit gehabt haben, Erfahrungen zu einem
befriedigenden endgültigen Abschluss derselben zu sammeln. Wir würden
auf der einen Seite die Erfahrungen von Sachsen, ohne Todesstrafe, und
auf der anderen Seite die Erfahrungen der Staaten mit Todesstrafe gehabt
haben, und beide mit einander haben vergleichen können. Ganz ebenso
liegt die Sache bei einer sehr grossen Zahl anderer wichtiger Fragen.

*) Rede im Abgeordnetenhause, bei Gelegenheit der Berathung über
das Schulaufsichtsgesetz, vom 10. Februar 1872.

auf das Press- und Vereinswesen ausgedehnt. Wir dürfen wohl mit einiger Zuversicht hoffen, dass das Reich durch seine Gesetzgebung bald die Presse und das Vereinswesen von den ihnen anhaftenden polizeilichen Fesseln befreien wird. Das Beispiel von England und den Vereinigten Staaten von Amerika beweist, dass dieselben nicht nöthig sind.*)

*) Ueber Pressfreiheit bestehen in Deutschland noch manche Anschauungen, welche mit den Bedürfnissen unserer Zeit wenig in Einklang stehen. Das noch geltende preussische Pressgesetz vom 12. Mai 1851 scheint auf der Anschauung zu beruhen, dass eine freie Presse zwar nicht ganz zu entbehren und darum zu dulden sei, dass sie aber in thunlichst engen Schranken gehalten werden müsse. Vor der Herausgabe einer Zeitung oder Zeitschrift muss, mit wenigen Ausnahmen, eine beträchtliche Kaution bestellt werden. Von jeder Nummer, jedem Hefte oder Stücke einer Zeitung oder Zeitschrift muss bei Beginn der Vertheilung oder Aussendung ein Exemplar bei der Ortspolizeibehörde hinterlegt werden; dasselbe muss bei kautionspflichtigen Zeitungen mit der Unterschrift des verantwortlichen Redakteurs versehen sein. Die Staatsanwaltschaft und die Polizeibehörden können jede Druckschrift und die zu ihrer Vervielfältigung bestimmten Formen und Platten vorläufig mit Beschlag belegen, wenn sie darin den Thatbestand einer strafbaren Handlung zu finden glauben. Für ungerechtfertigte Beschlagnahmen wird keine Entschädigung geleistet. Preussische Zeitungen unterliegen ausserdem einem beträchtlichen Zeitungsstempel, als ob das Lesen von Zeitungen ein Luxus wäre. — Die richtige Anschauung ist bereits vor reichlich hundert Jahren in England in den berühmten Briefen des Junius (wahrscheinlich Sir Philip Francis — vergl. Macaulay, Critical and Historical Essays, vol. V, pag. 216—249) ausgesprochen. Von der Pressfreiheit wird gesagt, unter Nachbildung einer Sentenz von Blackstone über das Jury-Institut, sie sei „the Palladium of all the civil, political and „religious rights of an Englishman." („Das Palladium aller bürgerlichen, „politischen und religiösen Rechte eines Engländers.") — Aber die Pressfreiheit kann missbraucht werden und ist häufig missbraucht. Unzweifelhaft; aber gibt es irgend eine Freiheit, welche nicht missbraucht werden kann und häufig missbraucht ist? Wenn hierin ein Grund zu polizeilichen Einschränkungen gefunden wird, so muss jede Freiheit mit polizeilichen Schranken umgeben werden, so muss der Staat nicht ein Rechtsstaat, sondern ein Polizeistaat sein. Und ist nicht das Gute, welches unsere Presse gewirkt hat, weit überwiegend über die Nachtheile, welche sie hervorgebracht haben mag? Wenn sie weiter nichts gethan hätte, als Kenntniss von staatlichen Dingen zu verbreiten, so würde das Gute schon ungemein

Bei allen Befugnissen dieser Klasse haben die Staaten konkurrirende Zuständigkeit, im Sinne der in diesem Kapitel unter I,
4 und 5 aufgestellten Regeln.

überwiegen. Aber ich glaube, wir sind ihr zu Dank verpflichtet dafür, dass
sie zur Abhülfe einer grossen Zahl von Missständen beigetragen hat. Dazu
kommen die indirekten Vortheile. Wie Macaulay (Essays vol. I, pag. 211)
mit Recht spricht: „of the innumerable abuses which do not exist solely
„because the House of Commons exists" („von den unzähligen Missbräuchen,
„welche nicht bestehen, allein darum, weil das Unterhaus besteht"), so mögen wir
zuversichtlich sagen, dass bei uns eine grosse Zahl von Missbräuchen nicht
besteht, allein darum, weil wir den Anfang einer freien Presse haben. Aber
freilich, nach dem Worte desselben Schriftstellers (Essays vol. I, pag. 201):
„The press was emancipated from the censorship soon after the Revolution;
„and the Governement immediately fell under the censorship of the press."
(„Die Presse wurde von der Censur bald nach der Revolution befreit; und
„die Regierung fiel sofort unter die Censur der Presse"), wird eine wirklich
freie Presse sofort eine scharfe Censur über die Regierung üben, wie sie
das zu thun bereits begonnen hat, ungeachtet der noch bestehenden polizeilichen Beschränkungen. Aber ist diese Censur ein Uebel? Ist es nicht
vielmehr gut und heilsam, dass Jedermann, welcher im öffentlichen Leben
zu handeln berufen ist, weiss, dass alle seine Handlungen von der Presse
werden censirt werden? Die Kritik durch eine freie Presse mag nicht immer bequem sein; aber der Staat ist eine Einrichtung nicht zur Bequem-
lichkeit Einzelner, sondern zur Wohlfahrt Aller. Aber wir haben Einrichtungen, welche eine freie Kritik nicht aushalten können? Ist dies richtig,
nun warum bessern wir sie nicht, dass sie eine Kritik vertragen können?
Wir werden doch von unserer Regierung nicht sagen wollen, was eines der
Werkzeuge des zweiten französischen Kaiserthums von demselben gesagt
haben soll: „Unsere Regierung ist nicht diskutabel" (Mohl, Politik, Bd. I,
pag. 93). Dass unsere Presse noch nicht Alles leistet, was eine freie Presse
leisten kann und muss, werden unsere Zeitungen bereitwillig zugeben. Es
ist ja nicht allein Aufgabe der Presse, die Begebenheiten des vergangenen
Tages oder der vergangenen Woche zu sammeln und mitzutheilen, sondern
auch die Gedanken des Volkes zu leiten und zu zügeln. Kein Beruf erfor-
dert ein so verschiedenartiges und umfassendes Wissen als derjenige des Zei-
tungsschreibers. Ein solcher kann nicht wohl umhin, nach der Maxime des
Lord Bacon zu handeln: „To make all knowledge his province," („alles
Wissen zu seiner Provinz zu machen"). — Die Remedur gegen Missbrauch
der Pressfreiheit kann im Rechtsstaat nur in der gerichtlichen Klage gefunden werden. Strenge Bestrafung böswilliger und verleumderischer

5.
Befugnisse des Reiches im unmittelbaren Verhältniss zu den Staaten.

Hierher gehören folgende Bestimmungen der Reichsverfassung:

1. Die Vorschrift im Art. 77: „Wenn in einem Bundesstaate „der Fall einer Justizverweigerung eintritt, und auf gesetzlichen „Wegen ausreichende Hülfe nicht erlangt werden kann, so liegt dem „Bundesrathe ob, erwiesene, nach der Verfassung und den bestehen- „den Gesetzen des betreffenden Bundesstaates zu beurtheilende Be- „schwerden über verweigerte oder gehemmte Rechtspflege anzunehmen, „und darauf die gerichtliche Hülfe bei der Bundesregierung, welche „zu der Beschwerde Anlass gegeben hat, zu bewirken."

Justizverweigerung ist vorhanden, wenn ein Bundesstaat die er- forderlichen Gerichte nicht einsetzt bez. besetzt, oder wenn seine Regierung die bestehenden Gerichte rechtswidrig an Ausübung der ihnen zustehenden Gerichtsbarkeit hindert. Der Bundesrath, das gemeinsame Organ der Regierungen, hat in einem solchen Falle auf erhobene Beschwerde, also nicht von Amtswegen, Abhülfe zu bewirken. Die Mittel der Abhülfe sind in der Reichsverfassung nicht näher bestimmt; nöthigenfalls mag der Bundesrath gegen den betreffenden Staat Execution beschliessen.

Die Bestimmung des Art. 77 hat darum ein theoretisches Interesse, weil sie in einem bestimmten Falle das Verhalten der Regierung eines Bundesstaates in einer Angelegenheit, welche an sich nicht zur Zuständigkeit des Reiches gehört, der Kognition des Bundes- rathes unterwirft. Eine analoge Ausdehnung dieser anomalen Be- stimmung würde durchaus unstatthaft sein.

2. Die Vorschrift im zweiten Absatz des Art. 76: „Verfassungs- „streitigkeiten in solchen Bundesstaaten, in deren Verfassung nicht

---

Schmähschriften liegt im dringenden Interesse der Presse selbst. In Eng- land und in den Vereinigten Staaten von Amerika besteht dafür mit gutem Erfolg die actio injuriarum aestimatoria. (Kent, Commentaries on American law, Part IV, lecture XXIV). — Die Pressfreiheit ist gleich manchen an- dern werthvollen Freiheiten englischen Ursprungs. Vergl. Macaulay, the History of England, vol. VII, pag. 160 seq., vol. VIII, pag. 4—6, 64—70, 231 und 232, Tauchnitz Edition.

„eine Behörde zur Entscheidung solcher Streitigkeiten bestimmt ist,
„hat auf Anrufen eines Theiles der Bundesrath gütlich auszugleichen,
„oder, wenn das nicht gelingt, im Wege der Reichsgesetzgebung zur
„Erledigung zu bringen.‟

Auch diese Bestimmung ist durchaus singulair und anomal.
Das Reich ist befugt, innerhalb seiner Zuständigkeit Gesetze für das
Bundesgebiet zu erlassen; hier aber handelt es sich um ein Gesetz
nicht für das Bundesgebiet, sondern für einen Staat im Reiche, zur
Erledigung einer Verfassungsstreitigkeit in demselben. Es besteht keine
Gewissheit, ja es ist nicht einmal wahrscheinlich, dass in dem Falle
des Art. 76 ein Reichsgesetz zu Stande kommen wird, weil der
Bundesrath vermuthlich auf Seite der Landesregierung, der Reichstag
auf Seite der Landesvertretung treten wird. Für die Vorschrift des
Art. 76 lässt sich nur anführen, dass das Reich ein Interesse hat,
dass nicht in einem Bundesstaate endlose Verfassungsstreitigkeiten
bestehen; und dass die dem Reiche in einem solchen Falle zustehende
Einmischung ein starkes Motiv für Landesregierung und Landesvertretung enthält, den Streit im eigenen Hause abzumachen, um
der wenig angenehmen und wenig ehrenvollen Einmischung des Reiches
in Landesverfassungsfragen zu entgehen.

3. Die Vorschrift im Art. 68: ‘„Der Kaiser kann, wenn die
„öffentliche Sicherheit in dem Bundesgebiete bedroht ist, einen jeden
„Theil desselben in Kriegszustand erklären. Bis zum Erlass eines die
„Voraussetzungen, die Form der Verkündigung, und die Wirkungen
„einer solchen Erklärung regelnden Reichsgesetzes gelten dafür die
„Vorschriften des Preussischen Gesetzes vom 4. Juni 1851.‟ Der
zweite Satz macht klar, dass durch den ersten dem Kaiser keine
diskretionaire Gewalt, sondern nur die im Preussischen Gesetze vom
4. Juni 1851 geregelte Gewalt hat übertragen werden sollen. Das
letztere ist, wegen seines engen Zusammenhanges mit der Preussischen
Verfassungsurkunde und mit Preussischen Staatseinrichtungen, in
manchen seiner Vorschriften einer unmittelbaren Anwendung auf die
andern Bundesstaaten nicht fähig. Der Bestimmung im Art. 68 kann
daher bezüglich der oben bezeichneten Vorschriften zur Zeit eine
praktische Bedeutung über das Gebiet des Preussischen Staates hinaus
nicht beigelegt werden. — Durch Art. 68 ist im Prinzip entschieden,

dass dem Kaiser als Chef der vollziehenden Gewalt im Reiche die Erklärung des Kriegszustandes in jedem Bundesstaate zusteht. Eine solche Gewalt ist nothwendig und zweckmässig; aber es ist sehr zu wünschen, dass die Voraussetzungen, die Form der Verkündigung und die Wirkungen der Erklärung des Kriegszustandes bald durch ein Reichsgesetz geregelt werden*)

---

*) In dem Allerhöchsten Erlass vom 22. Juli 1870, betreffend die Errichtung von General-Gouvernements, ist unter Nro. 6 u. A. vorgeschrieben, dass der General-Gouverneur, nach Erklärung des Kriegszustandes für den betreffenden Bezirk durch den Bundesfeldherrn, in den ausserpreussischen Theilen des Bundesgebietes die den Artikeln 5, 6, 7, 27, 28, 29, 30 und 36 der preussischen Verfassungsurkunde analogen Verfassungs- resp. Gesetzesbestimmungen oder einzelne derselben zeit- und distriktsweise ausser Kraft zu setzen befugt ist. Niemand kann diese Bestimmung lesen, ohne der vielen Bedenken gewahr zu werden, welche gegen dieselbe möglich sind. Ist es zulässig, — auf Grund des §. 5 des preussischen Gesetzes vom 4. Juni 1851, welcher bei Erklärung des Belagerungszustandes die zeit- und distriktsweise Suspension der Artikel 5, 6, 7, 27, 28, 29, 30 und 36 der Preussischen Verfassungsurkunde verstattet, und der Vorschrift im Art. 68 der Reichsverfassung, dass dieses Gesetz im Reiche Geltung hat —, den angezogenen Artikeln der preussischen Verfassungsurkunde analoge Bestimmungen der sächsischen, braunschweigischen und oldenburgischen Verfassung und der anderen Gesetze dieser Staaten zeit- und distriktsweise ausser Wirsamkeit zu setzen? Welche Bestimmungen der sächsischen, braunschweigischen und oldenburgischen Verfassung und der sonstigen Gesetzgebung dieser Staaten sind den genannten Artikeln der preussischen Verfassungsurkunde analog? Wer hat über das Vorhandensein der Analogie zu entscheiden? Der Kaiser? Der Reichskanzler? Kann die Entscheidung hierüber, einem General-Gouverneur delegirt werden? Ist dessen Entscheidung, gleich einem Gesetze, bindend für Jedermann? oder kann das Vorhandensein der Analogie in jedem einzelnen Falle zur Kontestation gebracht werden? u. s. w. — Aber Niemand hat gegen den Allerhöchsten Erlass vom 22. Juli 1870 protestirt. Der Grund liegt darin, dass Jedermann dessen Nothwendigkeit fühlte. Wenn ein feindliches Heer im Lande ist, — und das mochte damals befürchtet werden —, so kann die Regierung nicht mit den gewöhnlichen Mitteln geführt werden, so bedarf die Exekutive ausserordentlicher Befugnisse und Gewalten. Es findet Anwendung das Argument des Grafen v. Moltke in seiner Reichstagsrede vom 18. October 1867, bei Berathung des Gesetzes über die Verpflichtung zum Kriegsdienste: „Ich glaube, wir „wünschen Alle aufrichtig, dass die Gesetze gehalten werden; der beste

4. Die Vorschrift im Art. 70: „Insoweit dieselben" (die Ausgaben des Reiches) „durch diese Einnahmen" (Zölle, Verbrauchssteuern u. s. w.) „nicht gedeckt werden, sind sie, so lange Reichs-
„steuern nicht eingeführt sind, durch Beiträge der einzelnen Bundes-
„staaten nach Massgabe ihrer Bevölkerung aufzubringen, welche bis
„zur Höhe des budgetmässigen Betrages durch den Reichskanzler
„ausgeschrieben werden."

Jedermann ist darüber einverstanden, dass das System der
Matrikularbeiträge ein mangelhaftes ist. Zwei Gründe sprechen gleichmässig gegen dasselbe, erstens seine Unbilligkeit, zweitens dass es
das Reich von Geldleistungen der Staaten abhängig macht. Der erste
Grund bedarf keiner Ausführung, da offenbar die Bevölkerung ein
wenig gerechter Massstab für die Vertheilung der Geldleistungen an
das Reich ist. Man denke an die reichen Hansestädte und an die
armen Staaten des Thüringerwaldes. — Hätte das Reich nicht eigene
Einnahmequellen und die Befugniss, dieselben nach Belieben zu vermehren, so wäre Gefahr, dass der eine Staat nach dem andern, aus
diesem oder jenem Vorwande, mit den Matrikularbeiträgen im Rück-
stande bliebe und dadurch dem Reiche die nothwendigen Subsistenz-
mittel entzöge. Das frühere Deutsche Reich ist in dieser Beziehung

---

„Weg dazu ist, die Gesetze so zu geben, dass sie gehalten werden können."
Bis zum Erlass eines Reichsgesetzes über die Verhängung des Kriegszustandes wird die Reichsregierung bei Ausbruch eines Krieges mit einem
mächtigen Nachbarstaate immer ähnliche Anordnungen treffen, wie unter
Nro. 6 des Allerhöchsten Erlasses vom 22. Juli 1870 geschehen ist, ungeachtet die Befugniss dazu mindestens zweifelhaft ist. Liegt hierin nicht
eine dringende Aufforderung für Bundesrath und Reichstag, ein Gesetz über
die Verhängung des Kriegszustandes zu beschliessen? Denn sicherlich,
nichts ist mehr geeignet, die Autorität von Verfassung und
Gesetz zu untergraben, als wenn die dadurch gegebenen Befugnisse um deswillen überschritten werden, weil sie, wie jeder
unparteiische Beurtheiler zugeben muss, ungenügend sind.
Grade Diejenigen, welche einen Rechtsstaat, d. i. eine Herrschaft von Gesetzen, nicht von Menschen, wollen, sollten bei
jedem Gesetzentwurf sorgfältig prüfen, ob die Befugnisse,
welche er der Regierung gewährt, für die verschiedenen Fälle,
welche unter demselben entstehen mögen, ausreichend sind.

ein warnendes Beispiel. Es ist darum dringend wünschenswerth, dass das Reich ein eigenes völlig ausgebildetes Steuersystem erhält, wozu die Befugniss in Art. 4, Ziffer 2 der Reichsverfassung enthalten ist. Matrikularbeiträge sind zu erheben, „so lange Reichssteuern nicht eingeführt sind." Nach dem Wortlaut dieser Klausel würde die blosse Existenz von Reichssteuern die Erhebung von Matrikularbeiträgen ausschliessen; gemeint ist indessen wohl das Vorhandensein ausreichender Reichssteuern.

Die Matrikularbeiträge sind von dem Reichskanzler bis zur Höhe des budgetmässigen Betrages auszuschreiben. Die Verbindlichkeit der Staaten zu deren Zahlung ist somit davon abhängig, dass das im Art. 69 der Reichsverfassung vorgeschriebene jährliche Reichshaushaltsgesetz zu Stande kommt. Ohne Reichshaushaltsgesetz keine Matrikularbeiträge. *)

5. Die Vorschrift des Art. 19: „Wenn Bundesglieder ihre ver-„fassungsmässigen Bundespflichten nicht erfüllen, können sie dazu im „Wege der Exekution angehalten werden. Diese Exekution ist vom „Bundesrathe zu beschliessen und vom Kaiser zu vollstrecken."

Art. 19 der Reichsverfassung bezieht sich auf „Bundesglieder." Dieses Wort begreift nur die Staaten, nicht die einzelnen Reichsangehörigen. Gegen letztere tritt bei Nichterfüllung einer Pflicht, welche ihnen dem Reiche gegenüber obliegt, z. B. bei Nichtzahlung der Reichssteuern oder bei Nichterfüllung der Militairpflicht, das in

---

*) Die Gesammtsumme der Matrikularbeiträge in dem Reichshaushaltsgesetz für 1872 vom 4 December 1871 beträgt 32,115,784 Thlr. Folgende Staaten haben mehr als eine Million Thaler zu zahlen:

1. Preussen mit Lauenburg . . . 17,238,810 Thlr.,
2. Bayern . . . . 5,671,353 „
3. Sachsen . . . . 1,776,807 „
4. Württemberg . . . . 2,121,221 „
5. Baden . . . . 1,633,876 „
6. Elsass-Lothringen . . . . . 1,216,333 „

Die Matrikularbeiträge von Bayern, Württemberg und Baden sind verhältnissmässig höher, als diejenigen der norddeutschen Staaten, weil sie an den zur Reichskasse fliessenden Einnahmen aus der Bier- und Branntweinsteuer, die beiden ersteren auch an denen des Post- und Telegraphenwesens keinen Theil haben.

dem betreffenden Gesetze angeordnete Verfahren ein. Zwischen den
verschiedenen Bundesgliedern ist kein Unterschied gemacht; Reichsexekution ist unter denselben Voraussetzungen gegen Preussen und
gegen Waldeck statthaft.

Voraussetzung der Exekution ist die „Nichterfüllung verfassungs-
„mässiger Bundespflichten." Bundesunfreundliche Haltung eines Staates
rechtfertigt daher keine Exekution. Ob die Bundespflicht, deren Nichterfüllung in Frage steht, unmittelbar oder mittelbar aus der Reichsverfassung originirt, macht keinen Unterschied. Nichtzahlung der
vom Reichskanzler bis zur Höhe des budgetmässigen Betrages aus-
geschriebenen Matrikularbeiträge, Nichtgestellung der nach dem
Gesetze über die Friedenspräsenzstärke des deutschen Heeres auf den
betreffenden Staat fallenden Rekrutenzahl würde z. B. die Verhängung
von Exekution rechtfertigen, obwohl diese Verbindlichkeiten nicht
ausschliesslich aus der Reichsverfassung, sondern aus derselben in
Verbindung mit dem Reichshaushaltsgesetze und dem Gesetze über
die Friedenspräsenzstärke des Deutschen Heeres resultiren. — Exekution
ist nur statthaft bei Nichterfüllung von Bundespflichten, nicht auch
bei Nichtausübung von Bundesrechten. Art. 19 findet daher z. B.
keine Anwendung, wenn ein Staat die Ernennung von Bevollmächtigten
zum Bundesrathe unterlässt.

Die Exekution ist vom Bundesrathe zu beschliessen. Damit ist
demselben Kognition darüber gegeben, ob der Fall des Art. 19 vorliegt. Jedes Mitglied des Bundesrathes kann Exekution in Antrag
bringen; über den Antrag entscheidet einfache Majorität. Der Staat,
gegen welchen Exekution in Antrag gebracht ist, ist mit Recht von
der Theilnahme an der Berathung und Abstimmung nicht ausgeschlossen.

Die Vollstreckung der Exekution ist Recht, aber auch Pflicht
des Kaisers.

Ueber Art und Inhalt der Exekution fehlen Vorschriften in der
Reichsverfassung.*) Dem Bundesrathe, nicht dem Kaiser, steht die

---

*) In Art. 19 der Norddeutschen Bundesverfassung war bestimmt:
„Die Execution kann bis zur Sequestration des betreffenden Landes und
seiner Regierungsgewalt ausgedehnt werden." Diese Klausel fehlt in der

Entscheidung hierüber zu. Denn dem Bundesrathe ist die Beschlussfassung über die Exekution, somit auch über Art und Inhalt derselben, dem Kaiser aber lediglich die Vollstreckung derselben überwiesen.

Die Bestimmungen des Art. 19 sind nothwendig. Die Machtstellung der Staaten ist so bedeutend, ihre Mitwirkung bei den Reichsangelegenheiten ist so erheblich, dass die gewöhnlichen gesetzlichen
Zwangsmittel (Strafen u. dergl.), nicht ausreichen, um die Erfüllung
der ihnen verfassungsmässig obliegenden Bundespflichten vollständig
zu sichern. In den Vereinigten Staaten von Amerika ist vor und bei
Ausbruch des Bürgerkrieges, in den Jahren 1860 und 1861, das
Fehlen einer Bestimmung, wie wir sie im Art. 19 haben, schmerzlich vermisst. Auf der andern Seite aber kann Niemand seine Augen
verschliessen vor den Gefahren eines Exekutionsbeschlusses und der
Folgen, welche daraus entstehen mögen. Ein solcher Beschluss, gerichtet gegen Preussen oder Bayern, oder gar gegen eine grössere
Zahl von Staaten, gefasst vielleicht von einer kleinen Majorität im
Bundesrathe und zu einer Zeit, wo auswärtiger, Krieg droht, könnte
leicht zur gewaltsamen Auflösung des Reiches führen. Ein sehr weitsehender Staatsmann, Alexander Hamilton, einer der Herausgeber des
Federalist, hat von dem Vorschlage, dem amerikanischen Kongress
Gewalt zu geben, Exekution gegen einen oder mehrere Staaten zu
beschliessen, gesagt, er sei damit gleichbedeutend, dem Kongress
Gewalt zu geben, den Bürgerkrieg zu beschliessen.*) Dem früheren
Deutschen Bunde stand das Recht der Execution gegen seine Mitglieder zu, für die Vollziehung der Bundesakte und der übrigen Grundgesetze des Bundes, der in Gemässheit seiner Kompetenz von ihm
gefassten Beschlüsse und für einige andere Fälle.**) Aber dem

---

Reichsverfassung. Der Präsident des Bundeskanzler-Amtes, Staatsminister
Delbrück, sagte in seiner Reichstagsrede vom 5. December 1870, bei Motivirung dieser Abänderung: „Es ist die Aenderung, die dieser Artikel (19)
erhalten hat, eine faktisch in der That nicht wesentliche; die Veranlassung
zu der Aenderung liegt hauptsächlich auf dem Gebiete der internationalen
Konvenienz.“

*) The Federalist on the Constitution of the United States. Philadel-
phia Edition of 1868. Historical Notice, pag. 28 and 29.

**) Wiener Schlussakte, Art. 31.

Executionsbeschlusse gegen Dänemark in der Holsteinischen Sache folgte der dänische Krieg des Jahres 1864. Als ferner die Bundesversammlung durch Beschluss vom 14. Juni 1866 die Mobilmachung einiger Armee-Corps anordnete, im Hinblick auf eine gegen Preussen intendirte Exekution, da war der deutsche Bürgerkrieg unvermeidlich. Nach solchen Erfahrungen, deren Wiederholung Niemand wünschen kann, ist gewiss der Wunsch berechtigt, dass die Berührungspunkte zwischen dem Reiche und den Staaten und damit die Gelegenheit zu Streitigkeiten zwischen denselben und zur Nichterfüllung von Bundespflichten, welche den Staaten obliegen, thunlichst vermindert werden. Man gebe dem Reiche, was des Reiches ist, und lasse den Staaten, was der Staaten ist. Man dehne die Befugniss des Reiches nicht aus über das wirklich Nothwendige. Wer die Gesammtheit der Befugnisse des Reiches sorgfältig überdenkt und sie mit denjenigen anderer Bundesstaaten vergleicht, wird zu dem Resultate kommen, dass sie weit genug gehen. Dadurch aber unterscheidet sich das Reich zu seinem Nachtheil von anderen Bundesstaaten, dass es die Ausübung seiner Befugnisse theilweise den Staaten überlassen und sich dadurch von deren Thätigkeit abhängig gemacht hat. Vollständige Unabhängigkeit des Reiches von den Staaten ist allerdings nicht thunlich; ich erinnere an den aus Bevollmächtigten der Staaten bestehenden Bundesrath, dessen Zustimmung zu jedem Reichsgesetze und bei wichtigen Regierungshandlungen nothwendig ist, so dass die Staaten durch Nichternennung oder durch Nichtinstruktion der Bevollmächtigten zum Bundesrathe das Reich brach legen können. Aber die Unabhängigkeit des Reiches von den Staaten auf der einen Seite und die Unabhängigkeit der Staaten von dem Reiche auf der anderen Seite sollte soweit ausgedehnt werden, wie irgend angänglich ist. Der Grund dieses Wunsches ist kein anderer, als dass jede Regierung die Mittel ihrer Selbsterhaltung in sich selbst haben sollte, und dies ist doch wohl ein Grundsatz, welcher selbstverständlich ist und einer weiteren Begründung nicht bedarf. (Vergl. Kap. V unter IV und Kap. VI unter III und IV).

III.

Sonderrechte der süddeutschen Staaten.

Der Norddeutsche Bund war ein unfertiges Staatswesen. Dem Wesen des Bundesstaates ist es zuwider, dass ein Staat eine solche Uebermacht über die übrigen Staaten hat, wie Preussen damals hatte. Gleichheit zwischen den verschiedenen Gliedern des Norddeutschen Bundes bestand nur dem Namen nach, nicht in Wirklichkeit. Der Norddeutsche Bund beruhte auf der nationalen Idee und hatte in derselben seine Berechtigung; aber er umfasste nur einen Theil der germanischen Stämme im Herzen Europas. In der That, Niemand glaubte und konnte glauben, dass die Ereignisse der Jahre 1866 und 1867 schon einen Abschluss der langen tiefgehenden Bewegung der germanischen Völkerschaften enthielten; der Norddeutsche Bund war ein wichtiger, glücklicher, heilsamer Abschnitt in dieser Entwickelung, aber nicht deren Vollendung.

Der Eintritt der süddeutschen Staaten war in Art. 79 der Norddeutschen Bundesverfassung vorgesehen; er wurde beschleunigt durch den Krieg Frankreichs gegen Deutschland im Jahre 1870.

Es war nicht zu erwarten, dass die süddeutschen Staaten die Verfassung des Norddeutschen Bundes einfach acceptiren würden. Dieselbe ist in der Eile zu Stande gekommen und ist nicht in allen ihren Theilen ein vollendetes Meisterstück.

Zwei Wege waren möglich bei Eintritt der süddeutschen Staaten in das Bundesverhältniss. Entweder es konnte eine neue Bundesverfassung mit ihnen vereinbart, oder es konnte die Bundesverfassung, wie sie bestand, beibehalten und den Wünschen der süddeutschen Staaten durch Zusatzbestimmungen Rechnung getragen werden. Der letztere Weg ist mit Recht gewählt. Es musste der günstige Augenblick, in welchem die süddeutschen Staaten sich zum Eintritt in den Bund bereit erklärten, rasch benutzt werden; es war keine Zeit vorhanden für die eingehenden sorgfältigen Berathungen, ohne welche eine vollendete, auf lange Jahre oder gar auf Jahrhunderte berechnete Verfassung nicht geschaffen werden kann.

Diese Umstände haben, ausser zu einer für alle Staaten gemein-

samen Abänderung mancher Bestimmungen der Bundesverfassung,
meist in föderativer Richtung, zu den Sonderrechten der süddeutschen
Staaten geführt. Dieselben sind in der Reichsverfassung verbrieft; sie
bilden einen Theil derselben und müssen so heilig gehalten werden,
wie jeder andere Theil derselben. Damit ist aber nicht gesagt, dass
nicht, im Laufe der Zeit, der Versuch gemacht werden darf und
soll, zu einer Verfassung zu gelangen, welche allen ihren Theilnehmern gleiche Rechte gibt und gleiche Pflichten auflegt. Sonderrechte
einiger Staaten sind mit dem Wesen des Bundesstaates wenig in
Einklang. Sie haben eine besondere Gefahr bei germanischen Völkerschaften, wegen ihrer Neigung zu partikularen Staatsbildungen,
welche durch Sonderrechte befördert wird. Sonderrechte, ich erinnere
an diejenigen der Kurfürsten, der verschiedenen Religionsgemeinschaf-
ten (corpus catholicorum et corpus evangelicorum), haben sehr zu dem
trostlosen Verfall des früheren deutschen Reiches beigetragen, bis
dieses nur noch ein Gegenstand des Spottes und der Verachtung war.
Sonderrechte führen leicht zur Bildung geographischer Parteien, und
da eine Partei häufig ihr Wohl mehr vor Augen hat, als dasjenige
des Gemeinwesens, zu dessen Zerrüttung oder gar Verfall. Der
fürchterliche, vierjährige Bürgerkrieg in den Vereinigten Staaten von
Amerika hat keinen anderen Grund gehabt, als eine den Südstaaten
eigenthümliche und dort hochgeschätzte, aber in den anderen Staaten
verhasste Einrichtung, nämlich die Sklaverei. Unter freudiger Anerkennung des grossen Fortschrittes, welchen die Deutsche Entwickelung durch den Eintritt der süddeutschen Staaten in den Bund gemacht hat, darf daher wohl der Wunsch ausgesprochen werden, es
möge uns im Laufe der Zeit gelingen, durch freie Vereinbarung
zwischen allen Bundesgliedern zu einer Verfassung zu gelangen, welche
Sonderrechte nicht kennt.

Sonderrechte *) der süddeutschen Staaten finden sich bei einer
grösseren Zahl von Befugnissen des Reiches. Ich will die wesent-

---

*) Der Vollständigkeit halber ist zu erwähnen, dass die Vorschrift im
Art. 31 der Reichsverfassung: „Die Hansestädte Bremen und Hamburg
. . . . bleiben als Freihäfen ausserhalb der gemeinschaftlichen
Zollgrenze, bis sie ihren Einschluss in dieselbe beantragen," ein wirkliches
Sonderrecht für Bremen und Hamburg enthält.

lichern derselben zusammenstellen, in ähnlicher Reihenfolge, in welcher vorhin die Befugnisse des Reiches erörtert sind.

1. Die Schlussbestimmung zum XI. Abschnitt der Reichsverfassung, über das Reichskriegswesen, lautet: „Die in diesem Abschnitt „enthaltenen Vorschriften kommen in Bayern nach näherer Bestim„mung des Bündniss-Vertrages vom 23. November 1870 (Bundesge„setzblatt 1871, Seite 9 unter III, §. 5), in Württemberg nach nä„herer Bestimmung der Militair-Konvention vom 21./25. November „1870 (Bundesgesetzblatt 1870, Seite 658) zur Anwendung."

Der Präsident des Bundeskanzler-Amtes, Staatsminister Delbrück, hat in seiner Reichstagsrede vom 5. December 1870, bei Erörterung der Verträge mit den süddeutschen Staaten, hierüber gesagt:

„Die Grundlagen der Bundes-Kriegsverfassung: die allgemeine „Wehrpflicht ohne Stellvertretung, die Dauer der Wehrpflicht in dem „stehenden Heere, in der Reserve und in der Landwehr, die Be„stimmung der Friedens-Präsenzstärke — diese allgemeinen Grund„lagen sind allseitig dieselben. Auf diesen Grundlagen herauf ist „aufgebaut, auch vollständig übereinstimmend, die Organisation, die „Formation und die Ausbildung. In der Ausbildung steckt zugleich „der Präsenzstand sämmtlicher Kontingente.

„Es sind übereinstimmend die Vorschriften über die Mobilma„chung, und die Anordnung der Mobilmachung liegt allein in der „Hand des Bundesfeldherrn. Es ist ferner übereinstimmend die „Geldleistung, welche von den betreffenden Staaten aufzubringen ist; „es ist auch in dieser Beziehung die vollständige Gleichheit der „Pflichten durchgeführt.

„Dies sind die grossen allgemeinen und durchweg übereinstim„menden Grundlagen, welche unter Hinzutritt anderer Bestimmungen „nach der Ueberzeugung der Männer, denen ich meinerseits das ent„scheidende Urtheil über diese technischen Fragen zuschreiben muss, „die vollste Gewähr dafür geben, dass in Beziehung auf das Bundes„heer dasjenige erreicht ist, was nothwendig ist.

„Ich gehe nun über zu den Abweichungen. Sie liegen zunächst „darin, dass in einzelnen der beitretenden Staaten die Gesetzgebung „über die militairischen Verhältnisse nicht, wie es der betreffende „Artikel der Bundesverfassung vorschreibt, sofort eingeführt werden

„soll. Indessen, meine Herren, dieser Vorbehalt ist weder zu über-
„schätzen noch in seiner Berechtigung in Frage zu stellen. Er ist
„nicht zu überschätzen deshalb, weil das Kriegsdienstgesetz — also
„von den gesetzlichen Bestimmungen, die neben der Verfassung über
„die Militairverhältnisse bestehen, das wichtigste — in Württemberg,
„Baden und Hessen — durch die Verfassung selbst eingeführt wird
„und in Bayern in jedem Augenblick im Wege der Gesetzgebung
„eingeführt werden kann, und ich bemerke dabei, dass das bayerische
„Kriegsdienstgesetz mit dem norddeutschen im Wesentlichen schon
„jetzt übereinstimmt. Es gilt das letztere von dem seit Erlass der
„Bundesverfassung zu Stande gekommenen Gesetz über die Einquar-
„tirung im Frieden. Das Militair-Strafrecht konnte in der That in
„den süddeutschen Staaten jetzt nicht eingeführt werden. Dem Reichs-
„tage ist in Erinnerung, dass bereits in der letzten ordentlichen
„Session zugesagt ist und zugesagt werden musste, dass dem näch-
„sten Reichstage ein Militair-Strafgesetzbuch vorgelegt werden würde
„und zwar in naturnothwendiger Konsequenz der Aenderungen des
„allgemeinen Strafrechts. Es konnte nicht in der Absicht liegen,
„den süddeutschen Staaten zuzumuthen, jetzt das preussische Militair-
„Strafgesetzbuch einzuführen, mit dessen Aufhebung und Ersatz durch
„ein anderes Gesetz man eben umgeht. Damit hängt die Straf-Pro-
„zess-Ordnung zusammen und ganz gleich liegt es mit dem Rayon-
„gesetz. Dem vorigen Reichstage ist schon eine Gesetzvorlage gemacht
„worden, welche damals nicht hat zur Berathung gelangen können;
„ich zweifle nicht daran, dass dem nächsten Reichstage eine gleich-
„artige Vorlage gemacht werden wird.

„Hiermit, meine Herren, haben Sie aus der Enumeration der
„Gesetze, welche sich in den bezüglichen Verfassungsartikeln vorfinden,
„die wesentlichsten und in dem, was ich zu bemerken die Ehre hatte,
„wie ich glaube, den Nachweis, dass es theils unbedenklich, theils
„nothwendig war, die Ausführung dieser Gesetze zu suspendiren. Es
„kommen nun noch andere Gesetze in Betracht, z. B. über Vorspann
„und ähnliche Leistungen; es sind das Vorschriften, auf deren un-
„bedingte Gleichmässigkeit, glaube ich, ein entscheidender Werth von
„keiner Seite gelegt wird; bei denen es im Wesentlichen zunächst
„nur darauf ankommt, dass Vorschriften bestehen.

„Eine erhebliche Abweichung von den Bestimmungen der Bun-
„desverfassung findet sich in dem Vertrage mit Bayern endlich da-
„rin, dass der Oberbefehl im Frieden nicht, wie es die Bundesver-
„fassung will, dem Bundesfeldherrn, sondern Sr. Majestät dem Könige
„von Bayern zusteht. Meine Herren, bei dieser Frage befindet man
„sich wieder vor realen Verhältnissen, vor denen man seine Augen
„nicht verschliessen kann. Das Gewicht, welches ein grösserer Staat
„an sich hat, zugleich aber auch die Fähigkeit, welche ein grösserer
„Staat in Beziehung auf die tüchtige Erhaltung einer selbstständigen
„Armee besitzt, haben dahin geführt, diese Abweichung von der
„Bundesverfassung für zulässig zu erachten, eine Abweichung, die
„durch die im Uebrigen dem Bundesfeldherrn zustehenden Rechte
„ihre Begrenzung und, soweit nöthig, ihr Korrektiv findet."

2. Die unbeschränkte Befugniss des Reiches, Steuern auszuschreiben (Reichsverfassung Art. 4, Ziffer 2), und die Ueberweisung
bestimmter Konsumtionssteuern ausschliesslich an das Reich (Art. 35)
wird limitirt durch die Zusatzbestimmung zum Art. 35 der Reichsverfassung: „In Bayern, Württemberg und Baden bleibt die Be-
„steuerung des inländischen Branntweins und Bieres der Landes-
„gesetzgebung vorbehalten."

Diese Zusatzbestimmung wird von dem Präsidenten des Bundeskanzler-Amtes in der bereits angezogenen Rede mit folgenden Worten
motivirt:

„Einige die Finanzen betreffenden Aenderungen der Bundes-
„verfassung waren nicht zu vermeiden. Sie betreffen die inneren
„Steuern von Bier und Branntwein. Theils ganz besondere staats-
„rechtliche Verhältnisse, wie sie z. B. in Bayern in Betreff der Salz-
„steuer in ihrem Zusammenhange mit der Staatsschuld obwalten,
„theils abweichende Betriebsverhältnisse, wie sie in Süddeutschland
„gegenüber Norddeutschland bestehen, liessen es jedenfalls zur Zeit
„nicht zu, die Besteuerung des Bieres und Branntweins, wie sie jetzt
„im Bunde gesetzlich besteht, auf Süddeutschland auszudehnen. Es
„kam hinzu, dass, wie den Herren Allen bekannt ist, bei uns selbst
„erhebliche Zweifel über die Richtigkeit der Grundlage für die
„Branntweinsteuer und, wie ich glaube, eine ziemlich allgemeine
„Uebereinstimmung darüber obwaltete, dass die Biersteuer, so wie

„sie besteht, nicht lange mehr fortdauern kann, und dass in einem
„Augenblick, wo man bekanntlich sich mit eingehenden Ermittelungen
„darüber beschäftigt, ob an Stelle der Maischraumsteuer eine Fabrikats-
„steuer gesetzt werden soll, sei es so oder so; wo man sich ferner
„mit der Frage beschäftigt, ob die Bierbesteuerung, wie sie in dem
„grössten Theile des Norddeutschen Bundes besteht, einer Abänderung
„zu unterziehen sei, — in einem solchen Augenblicke konnte man
„nicht füglich den Süddeutschen Staaten zumuthen, diese beiden
„Steuerformen anzunehmen.‟

Eine nothwendige Konsequenz der Zusatzbestimmung zum Art. 35
ist diejenige des Art. 38: „Bayern, Württemberg und Baden haben
„an dem in die Reichskasse fliessenden Ertrage der Steuern von
„Branntwein und Bier ...... keinen Theil.‟

Die fernere Klausel im Art. 35: „Die Bundesstaaten werden
„jedoch ihr Betreben darauf richten, eine Uebereinstimmung der
„Gesetzgebung über die Besteuerung auch dieser Gegenstände (in-
„ländischer Branntwein und Bier) herbeizuführen‟ in Verbindung
mit der angeführten Motivirung der Zusatzbestimmung zum Art. 35
rechtfertigen wohl die Ansicht, dass Bayern, Württemberg und Baden
an ihren Sonderrechten bezüglich der Besteuerung von Branntwein
und Bier nicht für immer festhalten werden.

3. Art. 52 der Reichsverfassung lautet:

„Die Bestimmungen in den vorstehenden Artikeln 48 bis 51
„finden auf Bayern und Württemberg keine Anwendung. An ihrer
„Stelle gelten für beide Bundesstaaten folgende Bestimmungen:

„Dem Reiche ausschliesslich steht die Gesetzgebung über die
„Vorrechte der Post und Telegraphie, über die rechtlichen Verhält-
„nisse beider Anstalten zum Publikum, über die Portofreiheiten und
„das Posttaxwesen, jedoch ausschliesslich der reglementarischen und
„Tarif-Bestimmungen für den internen Verkehr innerhalb Bayerns,
„beziehungsweise Württembergs, sowie, unter gleicher Beschränkung,
„die Feststellung der Gebühren für die telegraphische Korrespon-
„denz zu.

„Ebenso steht dem Reiche die Regelung des Post- und Tele-
„graphen-Verkehrs mit dem Auslande zu, ausgenommen den eigenen
„unmittelbaren Verkehr Bayerns, beziehungsweise Württembergs, mit

„seinen, dem Reiche nicht angehörenden Nachbarstaaten, wegen dessen
„Regelung es bei der Bestimmung im Art. 49 des Postvertrages vom
„23. November 1867 bewendet.

„An den zur Reichskasse fliessenden Einnahmen des Post- und
„Telegraphenwesens haben Bayern und Württemberg keinen Theil."

Ueber diese Bestimmungen hat der Präsident des Bundeskanzler-
amtes in der mehrfach angeführten Rede Folgendes gesagt:

„Sodann wurde von Bayern sowohl als von Württemberg
„ein entscheidender Werth auf die Beibehaltung der eigenen
„Verwaltung der Posten und Telegraphen gelegt. Es beruhte der
„Werth, den man der Erhaltung dieser beiden Institutionen in der
„Selbstverwaltung beilegte, auf verschiedenen Motiven. Das finanzielle
„Motiv, wie ich gleich bemerke, war nicht das wesentlich ent-
„scheidende. Man wünschte theils dem Verkehr lieb gewordene Ein-
„richtungen zu erhalten, welche man bei dem Uebergange auf den
„Bund für gefährdet hielt; man wünschte Beamten-Organisationen
„zu erhalten, an die man schon seit langer Zeit gewöhnt war. Es
„konnte diesen Wünschen füglich und ohne Schaden für die Einheit
„und Gemeinsamkeit nachgegeben werden, da sowohl Bayern wie
„Württemberg darüber nicht im Zweifel waren, dass die Gesetz-
„gebung des Bundes in allen diesen Angelegenheiten, sobald sie sich
„nicht lediglich auf die internen Verhältnisse Bayerns und Württem-
„bergs hinsichtlich des Porto's bezieht, sich auf beide Staaten zu er-
„strecken habe."

4. Im Art. 46, Alinea 2 und 3 der Reichsverfassung ist bestimmt:

„Die vorstehend so wie in den Art. 42 bis 45 getroffenen Be-
„stimmungen" (über das Eisenbahnwesen) „sind auf Bayern nicht
„anwendbar.

„Dem Reiche steht jedoch auch Bayern gegenüber das Recht zu,
„im Wege der Gesetzgebung einheitliche Normen für die Konstruktion
„und Ausrüstung der für die Landesvertheidigung wichtigen Eisen-
„bahnen aufzustellen."

Der Präsident des Bundeskanzler-Amtes hat hierüber in der
wiederholt angeführten Rede geäussert:

„Bayern allein hat sich endlich noch zwei Vorbehalte gemacht,
„den einen in Beziehung auf die Vorschriften des Titels über die
„Eisenbahnen, welche eigentlich reglementairer und administrativer
„Natur sind. Der Vorbehalt beruhte darauf, dass es sich in Bayern
„um ein im Grossen und Ganzen völlig geschlossenes Gebiet handelt,
„in welchem Gebiete neben der Staatsverwaltung nur eine einzige
„Privateisenbahn besteht, und dass man wünschte, sich in Beziehung
„auf die Regelung dieser administrativen Verhältnisse freie Hand zu
„behalten.‟

5. Ferner ist die Bestimmung über Heimaths- und Niederlassungsverhältnisse durch eine Zusatzklausel zum Art. 4, Ziffer 1
der Reichsverfassung für Bayern der Beaufsichtigung und der Gesetzgebung des Reiches entzogen.*)

Der Präsident des Bundeskanzler-Amtes hat hierüber in seiner
bereits citirten Rede bemerkt:

„In Bayern hat bis vor zwei Jahren rechts des Rheins in Be-
„ziehung auf diese Materie eine Gesetzgebung bestanden, welche sich
„von der in dem grössten Theile des übrigen Deutschlands bestehen-
„den sehr wesentlich unterschied, welche der freien Bewegung un-
„gemein starke Fesseln anlegte und welche, wie man jetzt auch wohl
„in Bayern davon überzeugt ist, entschieden nicht zum Heile des
„Landes diente. Vor zwei Jahren hat man eine vollkommen neue
„Gesetzgebung in dieser Materie erlassen; diese sogenannte Social-
„Gesetzgebung ist eben erst eingeführt, ihre Resultate sind bisher
„günstig gewesen, und man trug in Bayern Bedenken, den Bestand
„und die Ergebnisse dieser eben erst ins Leben getretenen Gesetz-
„gebung durch die Annahme der im Bunde erlassenen und in dem
„wichtigsten Theile im Bunde noch nicht einmal ausgeführten Gesetz-
„gebung in Frage zu stellen. Es war dies ein Bedenken, welches
„sich unüberwindlich zeigte, und welches zu dem Ausschluss des
„Gegenstandes führte.‟

---

*) „Der Beaufsichtigung Seitens des Reiches und der Gesetzgebung des-
„selben unterliegen die nachstehenden Angelegenheiten: 1. die Bestimmun-
„gen über . . . . . . Heimaths- und Niederlassungsverhältnisse . . . . . . ,
„in Bayern jedoch mit Ausschluss der Heimaths- und Niederlassungsver-
„hältnisse.‟

6. Endlich gehört hierher die Vorschrift im zweiten Absatz des Art. 78 der Reichsverfassung: „Diejenigen Vorschriften der Reichs„verfassung, durch welche bestimmte Rechte einzelner Bundesstaaten „in deren Verhältniss zur Gesammtheit festgestellt sind, können nur „mit Zustimmung des berechtigten Bundesstaates abgeändert werden.“

Diese Vorschrift ist eine nothwendige Konsequenz der Existenz von Sonderrechten. Rechte einzelner Bundesstaaten, welche allein und ausschliesslich von der Gesetzgebung des Reiches abhängen, z. B. die Präsidialrechte Preussens, sind eben keine Sonderrechte. „Sonder„rechte können nur mit Zustimmung des berechtigten Staates abge„ändert werden.“ Es mag gefragt werden, in welcher Form die Zustimmung des berechtigten Staates dem Reiche gegenüber auszudrücken ist. Auf die Zustimmung der Mitglieder des Reichstages, welche in dem berechtigten Staate gewählt sind, kann nichts ankommen, denn diese sind, nach der Reichsverfassung, nicht Vertreter dieses Staates, sondern Vertreter des ganzen Deutschen Volkes. Der Bundesrath ist das gemeinsame Organ der Staaten im Reiche; jeder Staat wird in demselben durch Bevollmächtigte vertreten; die Zustimmung dieser Bevollmächtigten gilt daher als Zustimmung des von ihnen vertretenen Staates. Es mag weiter gefragt werden, ob durch die Gesetzgebung des berechtigten Staates die Zustimmung desselben zur Aenderung von Sonderrechten von der Zustimmung der Landesvertretung abhängig gemacht werden darf. Hiergegen ist gewiss nichts einzuwenden. Denn das Wesen der Sonderrechte besteht eben darin, dass ein Stück des staatlichen Lebens, welches im übrigen Deutschland gemeinsam ist, einem oder einigen Staaten für ihr Gebiet überlassen ist. Sie mögen daher hierüber nach ihrem Belieben Gesetze erlassen. Hiervon verschieden ist die Frage, ob eine solche Gesetzgebung des berechtigten Staates für das Reich bindend ist, in der Weise, dass eine Zustimmung der Bevollmächtigten des berechtigten Staates im Bundesrathe, welche mit der Landesgesetzgebung nicht im Einklang steht, als nicht geschehen gilt. Diese Frage ist zu verneinen; denn der Bundesrath ist weder befugt noch verpflichtet, die Legitimation seiner ordnungsmässig bestellten Mitglieder zu den Erklärungen, welche sie abgeben, zu untersuchen. Endlich mag gefragt werden, ob die Sonderrechte durch Zusatzartikel zur Reichsverfassung, unter

Beachtung der Formen für Aenderung derselben, ohne Zustimmung
des berechtigten Staates aufgehoben oder abgeändert werden können.
Von der einen Seite mag man sagen: dass dem Reiche durch die
Bestimmung im ersten Absatze des Art. 78 der Reichsverfassung:
„Veränderungen der Verfassung erfolgen im Wege der Gesetzgebung.
„Sie gelten als abgelehnt, wenn sie im Bundesrathe 14 Stimmen gegen
„sich haben," ganz allgemein die Befugniss zu Veränderungen der
Reichsverfassung gegeben, und dass hiervon die Sonderrechte nicht
ausgenommen seien; dass daher das Reich, wie es durch Zusatzgesetze
zur Reichsverfassung ihm gehörende Befugnisse den Staaten zurück-
geben, oder den Staaten gehörige Befugnisse an sich nehmen könne,
das letztere auch thun dürfe bei Befugnissen, welche ihm bereits
zustehen, ausser in einem oder einigen Staaten. Von der andern Seite
wird man antworten: dass die Sonderrechte in der Reichsverfassung
verbrieft seien, daher eine Aufhebung oder Abänderung derselben nur
im Wege der Verfassungsänderung statthaft sei; und dass, wenn in
demselben Paragraphen, welcher von Verfassungsänderungen handele,
gesagt sei, dass die Sonderrechte nur mit Zustimmung des berechtigten Staates abgeändert werden können, hierfür eine doppelte Voraussetzung, Beachtung der Formen für Abänderung der Verfassung
und Zustimmung des berechtigten Staates, vorgeschrieben sei. Mit
einer genaueren Untersuchung und mit der Beantwortung dieser
wichtigen Frage mag bis dahin gewartet werden, dass dieselbe eine
praktische wird.

IV.

Das Verhältniss des Reiches zu Elsass und Lothringen.

Durch den Versailler Präliminar-Frieden vom 26. Februar 1871
und durch den Frankfurter Friedensvertrag vom 10. Mai 1871 sind
Elsass und Lothringen von Frankreich an Deutschland abgetreten.
Die politischen und militairischen Gründe, welche die Wiederver-
einigung von Elsass und Lothringen mit Deutschland nothwendig
gemacht haben, sind von dem Reichskanzler mit meisterhafter Geschicklichkeit und Klarheit in der Reichstagsrede vom 2. Mai 1871
entwickelt.

Es ist ein Gegenstand lebhafter Erörterung in Deutschland gewesen, was aus Elsass und Lothringen nach ihrer Abtretung an das
Deutsche Reich werden solle. Einige befürworteten völligen Anschluss
an Preussen, Andere mit der Modifikation, dass ein Theil, nahe der
Rheinpfalz, an Bayern abgetreten werde; Andere wollten aus Elsass
und Lothringen einen selbstständigen Staat machen; noch Andere
schlugen vor, Elsass und Lothringen zunächst dem Reiche als Reichs-
land zu überweisen, und die demnächstige definitive Gestaltung der
Zukunft zu überlassen. Der letztere Plan ist mit Recht adoptirt.
Ganz Deutschland hat gleichen Antheil an dem letzten ruhmvollen
Kriege gegen Frankreich; darum ist der Preis desselben mit Recht
nicht einem einzelnen Deutschen Staate gegeben, oder gar unter einige
Deutsche Staaten vertheilt, sondern ganz Deutschland zugewiesen.
Der gegenwärtige Zustand keines Deutschen Staates bietet ausreichende
Garantie, dass er, im Falle des Anschlusses von Elsass und Lothringen
an denselben, aus deren Einwohnern in kurzer Zeit dasjenige gemacht hätte, wozu wir sie machen müssen, nämlich gute Deutsche
Bürger. Der Zustand von Elsass und Lothringen, unmittelbar nach
dem Kriege, war noch zu wenig abgeklärt, um dieselben schon damals als einen selbstständigen Staat unter die Deutschen Bundesstaaten aufzunehmen. Es blieb daher nur derjenige Weg, welcher,
wir mögen hoffen, gleichmässig zum Heile von Deutschland und von
Elsass und Lothringen eingeschlagen ist.

In dem Reichsgesetz vom 9. Juni 1871 über die Vereinigung
von Elsass und Lothringen mit dem Deutschen Reiche ist bestimmt:

Dass Elsass und Lothringen für immer mit dem Deutschen
Reiche vereinigt werden;

dass in denselben die Reichsverfassung am 1. Januar 1873 in
Wirksamkeit tritt,*) mit denjenigen Aenderungen und Ergänzungen,
welche die gesetzgebenden Körperschaften des Reiches für erforderlich
halten;

dass indessen Art. 3 der Reichsverfassung (welcher den Elsässern
und Lothringern das Deutsche Staatsbürgerrecht gibt), sofort in Wirksamkeit tritt, und dass einzelne Theile der Verfassung durch Ver-

*) Durch Reichsgesetz vom 20. Juni 1872 ist dieser Termin auf den
1. Januar 1874 verlegt.

ordnung des Kaisers, mit Zustimmung des Bundesrathes schon vor dem 1. Januar 1873 eingeführt werden können;

dass der Kaiser die Staatsgewalt in Elsass und Lothringen ausübt;

dass derselbe indessen, bis zum Eintritt der Wirksamkeit der Reichsverfassung, bei Ausübung der Gesetzgebung an die Zustimmung des Bundesrathes, und bei der Aufnahme von Anleihen und Ueber- nahme von Garantien für Elsass und Lothringen, durch welche irgend eine Belastung des Reiches herbeigeführt wird, auch an die Zustim- mung des Reichstages gebunden ist, welchem letzteren für diese Zeit über die erlassenen Gesetze und allgemeinen Anordnungen und über den Fortgang der Verwaltung jährlich Mittheilung gemacht wer- den muss;

dass dem Reiche, nach Einführung der Reichsverfassung, bis zu anderweitiger Regelung durch Reichsgesetz, das Recht der Gesetz- gebung auch in den der Reichsgesetzgebung in den Bundesstaaten nicht unterliegenden Angelegenheiten zusteht;

und dass die Anordnungen und Verfügungen des Kaisers zu ihrer Gültigkeit der Gegenzeichnung des Reichskanzlers bedürfen, welcher dadurch die Verantwortlichkeit übernimmt.

In diesem Gesetze wird unterschieden die Zeit vor und nach dem 1. Januar 1873. Elsass und Lothringen sind Reichsland, bis zum 1. Januar 1873 *) ohne Theilnahme an den politischen Rechten, welche die Reichsverfassung den Reichsangehörigen gewährt, gleich- sam als passives Mitglied, von dem 1. Januar 1873 ab mit allen Rechten, welche die Reichsverfassung gewährt. Sie sind daher, von diesem Zeitpunkt ab, zu einer ihrer Bevölkerung entsprechenden An- zahl von Mitgliedern im Reichstage, und, sofern sie eine eigene staat- liche Organisation erhalten, auch zur Vertretung im Bundesrathe berechtigt.

Da nicht feststeht, ob und wann Elsass und Lothringen eine eigene staatliche Organisation erhalten, so war die Bestimmung noth- wendig, dass nach dem 1. Januar 1873 das Reich in denselben das Recht der Gesetzgebung hat, auch in denjenigen Angelegenheiten,

---

*) Nach dem Reichsgesetze vom 20. Juni 1872 bis zum 1. Januar 1874.

welche in den Bundesstaaten der Reichsgesetzgebung nicht unterliegen. Aber es ist nicht und kann nicht gemeint sein, dass diese Bestimmung auf lange Zeit dauern soll. Elsass und Lothringen haben in der Zusammensetzung der gesetzgebenden Körperschaften des Reiches volle Gewähr, dass dieselben nicht das Recht der Gesetzgebung zu Ungerechtigkeit und Unterdrückung missbrauchen; aber sie haben keine Gewähr, dass dieselben die erforderliche Sachkenntniss besitzen, um für ihre partikularen und lokalen Angelegenheiten weise und passende Gesetze zu machen. Mit Recht sagt der Reichskanzler, in seiner Rede vom 25. Mai 1871, zum Reichstage: „Ich möchte doch „davor warnen, dass Sie sich dem Gedanken ergeben, die Elsässer in „ihren lokalen Angelegenheiten von hier aus bevormunden zu wollen, „den Reichstag gewissermassen als Elsasser Landtag zu substituiren." Die Einrichtung einer eigenen Legislatur für die lokalen und partikularen Angelegenheiten von Elsass und Lothringen ist ein unabweisbares Bedürfniss.

Die anderen Bestimmungen des Reichsgesetzes vom 9. Juni 1871 bedürfen keines Kommentars.

Das Gesetz vom 9. Juni 1871 ist ein einfaches Reichsgesetz, nicht ein Zusatzgesetz zur Reichsverfassung. Es wäre vielleicht besser gewesen, ihm die letztere Form zu geben. Die Befugniss des Reiches, ein solches Gesetz zu erlassen, ohne einen Zusatz zu seiner Verfassung zu machen, ist zwar nicht zu bezweifeln. Denn das Deutsche Reich ist befugt, Krieg zu erklären und Frieden zu schliessen, und es liegt unzweifelhaft innerhalb dieser Befugniss, Landstriche durch Friedensvertrag zu erwerben. Ist aber das Deutsche Reich befugt, auf dem angegebenen Wege neue Gebietstheile zu erwerben, so ist es auch befugt, alle Gesetze zu erlassen, welche nöthig und geeignet sind, diese Befugniss in Ausführung zu bringen. Aus diesem Grunde liegt die Bestimmung, dass die Reichsverfassung in Elsass und Lothringen am 1. Januar 1873 in Wirksamkeit treten soll, nebst den anderen Bestimmungen des Reichsgesetzes über die Vereinigung von Elsass und Lothringen mit dem Deutschen Reiche innerhalb der Zuständigkeit der Reichsgewalt. Aber die Aenderungen und Ergänzungen, unter welchen die Reichsverfassung demnächst in Elsass und Lothringen in Wirksamkeit treten wird, namentlich die Vermehrung der Mitglieder des Reichstages, sind Aenderungen der Reichsverfassung, und müssen darum durch Zusatzartikel zu derselben festgestellt werden. Wäre das Gesetz vom 3. Juni 1871 ein Zusatzgesetz zur Reichsverfassung, und hätte es darum mit derselben gleiche Kraft, so würden diese Ergänzungen und Aenderungen sich darstellen als Ausführungen eines Zusatzgesetzes zur Reichsverfassung, und darum, was gewiss wünschenswerth wäre, im Wege einfacher Reichsgesetzgebung, nicht in dem schwierigeren Wege einer Abänderung der Reichsverfassung haben festgestellt werden können.

„Die Verhältnisse (in Elsass und Lothringen) sind abnorm; sie „mussten abnorm sein — unsere ganze Aufgabe war es — und sie „sind nicht nur abnorm in der Art, wie wir das Elsass erworben „haben, sie sind auch abnorm in der Person des Gewinners. Ein „Bund, aus souverainen Fürsten und freien Städten bestehend, der „eine Eroberung macht, die er zum Bedürfniss seines Schutzes be-„halten muss, die sich also im gemeinsamen Besitze befindet, ist eine „in der Geschichte sehr seltene Erscheinung, und wenn wir einzelne „Unternehmungen von Schweizer Kantonen abrechnen, die doch auch „immer nicht die Absicht hatten, sich die gemeinsam gewonnenen „Länder gleichberechtigt zu assimiliren, sondern sie als gemeinsame „Provinzen zum Vortheil der Eroberer zu bewirthschaften, so glaube „ich kaum, dass sich in der Geschichte etwas Aehnliches findet."*) In der That, man sucht vergeblich nach ähnlichen Fällen in der europäischen Geschichte. Dagegen sind Analogien in der Geschichte und in dem Zustande der Vereinigten Staaten von Amerika häufig. Analogien sind enthalten: in dem Erwerbe von Louisiana (jetzt der Staaten Louisiana, Arkansas und Missouri), durch Kaufvertrag mit Frankreich vom 30. April 1803, mit der Bestimmung, dass die Einwohner Louisiana's in den Bund der Vereinigten Staaten inkorporirt, und sobald als thunlich, nach den Prinzipien der Bundesverfassung, zum Genusse aller Rechte, Vortheile und Freiheiten amerikanischer Bürger zugelassen werden sollten; in dem Erwerbe von Florida durch Vertrag mit Spanien, ferner in demjenigen von Texas (Kongressakte

---

*) Worte des Fürsten v. Bismarck in der Reichstagsrede vom 2. Mai 1871.

vom 2. März 1845), in dem Zustande der Südstaaten, nach beendeter Rebellion bis zu deren Rekonstruktion und dadurch bewirkter Wiederzulassung zur Vertretung im Senate und im Repräsentantenhause; in dem Zustande der amerikanischen Territorien, welche ihre Verfassung durch Kongressakte erhalten, und deren Gouverneur, höhere Richter und Staatsbeamte vom Präsidenten der Vereinigten Staaten mit Beirath und Zustimmung des Senates ernannt zu werden pflegen. In allen diesen Fällen haben die Vereinigten Staaten die Einwohner der neu erworbenen oder neu angesiedelten Gebietstheile, sobald die Einwohnerzahl eine bestimmte Höhe erreicht hatte, veranlasst, sich eine Verfassung zu geben und dieselbe dann, nachdem die Verfassung geprüft und in ihr eine Gewähr für loyales Verhalten gegenüber der Union befunden war, als Staaten mit allen Rechten derselben zugelassen. — Wenn wir dem Beispiele der Vereinigten Staaten folgten, so würden wir den Elsassern und Lothringern etwa sagen: „Wir „haben Euch von Frankreich getrennt und Euch mit Deutschland „vereinigt, ohne um Eure Zustimmung zu fragen. Es war eine po- „litische und militairische Nothwendigkeit für uns, so zu handeln. „Jetzt müsst Ihr Steuern zahlen, ohne sie bewilligt zu haben; jetzt „müsst Ihr Gesetzen gehorchen, ohne bei ihrem Erlass gehört zu „sein. Wir bedauern diesen Zustand aufrichtig, können ihn aber für „den Augenblick nicht abändern. Wie lange derselbe dauern soll, „hängt von Eurem Willen ab. Sobald Ihr Euch erinnert, dass Ihr „gleich uns von deutscher Abkunft seid, sobald Ihr freiwillig Euer „Loos mit dem unsrigen vereinigt, sobald Ihr Gewähr gebt, dass Euer „Verhalten ein nationales und loyales sein wird, mögt Ihr in das „ruhmvolle Deutsche Reich eintreten, als ein eigener Staat, mit einer „Verfassung, bei deren Erlass Ihr gehört werden sollt, mit allen „Rechten und Vortheilen, welche das Deutsche Reich seinen Mitglie- „dern gibt. Ihr habt keine Wahl, ob Ihr Deutschland oder Frank- „reich angehören wollt; aber Ihr habt über Euer Geschick selbst zu „bestimmen. Auf der einen Seite steht Frankreich, mit seinem hin- „welkenden Ruhme, mit Niederlagen und Elend, welche es sich durch „ungerechten Krieg zugezogen hat, mit einer Regierungsform, welche „keine Gewähr für Dauer bietet, mit einer beinahe erdrückenden „Staatsschuld; auf der andern Seite steht Deutschland, früher uneinig

„und in einer so schlechten Verfassung, dass es seiner Pflicht, Euch
„gegen Frankreich zu vertheidigen, nicht genügen konnte, jetzt aber
„wieder vereinigt und stark, reich an Ruhm und Ehren, bereit, sein
„Loos mit dem Eurigen zu verbinden, und Euch mehr Rechte, Frei-
„heiten und Vortheile zu geben, wie irgend einer der kontinentalen
„Staaten Europa's bietet."

Andeutungen in den Reden des Reichskanzlers lassen vermuthen,
dass es in der Absicht der Reichsregierung liegt, in dieser oder ähnlicher Weise zu handeln; und so mögen wir denn hoffen, dass es
uns im Laufe der Zeit gelingen werde, aus unsern Landsleuten in
der Westmark gute Deutsche Bürger zu machen; dass wir in Elsass
und Lothringen dasselbe Resultat erreichen, wie die Vereinigten
Staaten von Amerika, deren neue Staaten mit den alten in Patriotismus und Loyalität wetteifern.

Viertes Kapitel.

Die gesetzgebende Gewalt des Reiches.

I.

Gewaltentheilung. Bedeutung der gesetzgebenden Gewalt im Verfassungsstaate. Bedeutung von Bundesrath
und Reichstag.

Die Trennung der staatlichen Gewalten in eine gesetzgebende, vollziehende und richterliche Gewalt, und die Ueberweisung einer jeden
derselben an eine verschiedene Person oder Körperschaft, wie solche
zuerst von Montesquieu*) wissenschaftlich begründet ist, wie solche

---

*) Montesquieu, Esprit des lois, livre XI, insbesondere chapitre VI. —
Es mag zweckmässig sein, mit wenigen Worten an die Theorie von Montesquieu zu erinnern. Er sucht Schutz gegen Gewaltherrschaft, er will Freiheit, in dem Sinne, dass Jedermann mit Sicherheit Alles thun darf, was
die Gesetze verstatten. Er findet das vornehmste Hinderniss der Freiheit
in der ewigen Erfahrung, dass Jedermann, welcher Gewalt hat, geneigt ist,
dieselbe zu missbrauchen. („Car c'est une expérience éternelle, que chaqu'un
qui a du pouvoir est porté à en abuser." — Chapitre IV.) Er empfiehlt
zum Schutze gegen Gewaltherrschaft die Trennung von gesetzgebender,
vollziehender und richterlicher Gewalt, und die Ueberweisung einer jeden
derselben an eine verschiedene Person oder Körperschaft; indem er sagt:
„Wenn in derselben Person oder Körperschaft die gesetzgebende Gewalt
„mit der vollziehenden vereinigt ist, dann gibt es keine Freiheit, weil man·
„befürchten muss, dass derselbe Monarch oder dieselbe Körperschaft tyran-
„nische Gesetze macht, um sie tyrannisch auszuführen. — Es gibt auch keine
„Freiheit, wenn die richterliche Gewalt nicht getrennt ist von der gesetz-
„gebenden und vollziehenden Gewalt. Wäre sie verbunden mit der gesetz-
„gebenden Gewalt, so würde die Gewalt über das Leben und die Freiheit
„der Bürger willkürlich sein, denn der Richter wäre zugleich Gesetzgeber.

thatsächlich besteht in England, in den Vereinigten Staaten von
Amerika und in jedem zur Union gehörigen Staate, ist, wie mir
scheint, weise und zweckmässig; das Lob, welches dieser Trennung
der Gewalten in den berühmtesten englischen und amerikanischen
Rechtsbüchern, *) von sehr berühmten amerikanischen Staatsmännern**)

„Wäre sie vereinigt mit der vollziehenden Gewalt, so würde der Richter die
„Gewalt eines Unterdrückers haben. — Alles wäre verloren, wenn derselbe
„Mensch, oder dieselbe Körperschaft, entweder von Adeligen oder des Vol-
„kes, die drei Gewalten ausübte, nämlich diejenige, Gesetze zu machen, die-
„jenige, öffentliche Beschlüsse zu vollziehen, und diejenige, bei Verbrechen
„und Streitigkeiten der Privatpersonen Recht zu sprechen." — Gemeint ist
indessen wohl nicht eine vollständige, mit der Einheit des Staates in Widerspruch stehende Trennung der drei Gewalten — hiergegen ist von der
deutschen Staatswissenschaft mit Recht Widerspruch erhoben —, sondern
nur eine solche Mischung derselben, dass jede die andere in den gesetzlichen
Schranken hält. Nur in diesem Sinne ist die Theorie, weniger vollständig
in England, aber mit grosser Bestimmtheit und mit klarem Bewusstsein in
den Vereinigten Staaten ausgeführt. — In deutschen Verfassungen finden
sich Anklänge an die Montesquieu'sche Theorie. Ich erwähne die Verfassung der freien und Hansestadt Hamburg, vom 28. September 1860, in
welcher gesetzgebende, vollziehende und richterliche Gewalt bestimmt unterschieden werden. — Ueber die Stellung der deutschen Staatswissenschaft
vergleiche Mohl, Geschichte und Literatur der Staatswissenschaften, Band I,
Seite 271 ff., mit welchem ich indessen in mehrfacher Beziehung nicht über-
einstimme.

    *) Blackstone, Commentaries on English law, I, 146; The Federalist
on the Constitution, Nri. 22, 47, 48, 49, 50, 51; Kent, Commentaries on
American law, part II, lecture XI; Story, Commentaries on the Constitution
of the United States, I, §§. 518—544, und die dort zahlreich angeführten
englischen und amerikanischen Schriftsteller.

    **) John Adams aus Massachusetts, Präsident der Vereinigten Staaten
von Amerika vom 4. März 1797 bis 4. März 1801: „It is by balancing
„each of these powers — the legislative, the executive, and the judicial —
„against the other two that the efforts in human nature toward tyranny
„can alone be checked and restrained and any degree of freedom preserved
„in the constitution." („Nur dadurch, dass jede dieser Gewalten — die gesetzgebende, die vollziehende und die richterliche — gegen die beiden anderen im Gleichgewichte gehalten wird, kann die Neigung in der menschlichen Natur nach einer Gewaltherrschaft gehindert und zurückgehalten,

und in amerikanischen Verfassungen*) so reichlich gespendet wird,
findet seine Begründung in einer langjährigen, durch keine Gewalt-
akte (ausser der Sezession der Südstaaten) unterbrochenen Verfassungsgeschichte; die bundesstaatliche Entwickelung wird uns, wie mir
scheint, zu einer ähnlichen Trennung der Gewalten führen; ich werde
darum nach einander die gesetzgebende, die vollziehende und die
richterliche Gewalt des Reiches untersuchen.

Ich spreche zunächst von der gesetzgebenden Gewalt und von
den gesetzgebenden Körperschaften des Reiches, wegen der Bedeutung,
welche denselben in allen Verfassungsstaaten zukommt. Wir sind

---

und irgend ein Grad von Freiheit in der Verfassung erhalten werden.")
John Adams' Works, vol. IV, pag. 186.

James Madison aus Virginia, Präsident der Vereinigten Staaten von
Amerika vom 4. März 1809 bis 4. März 1817: „The accumulation of all
„powers, legislative, executive, and judiciary, in the same hands, whether
„of one, a few, or many, and whether hereditary, self-appointed, or elective,
„may justly be pronounced the very definition of tyranny." („Die Verei-
„nigung aller Gewalten, der gesetzgebenden, vollziehenden und richterlichen,
„in denselben Händen, einerlei, ob in denjenigen eines Einzigen, Einiger
„oder Vieler, und einerlei, ob diese erblich sind, sich selbst erwählen, oder
„gewählt werden, mag mit Recht gerade die Definition von Gewaltherrschaft
„genannt werden.") — Federalist, Nro. 47.

*) Constitution of Massachusetts from 1780, bill of rights, art. 30:
„In the government of this commonwealth the legislative department shall
„never exercise the executive and judicial powers or either of them; the
„executive shall newer exercise the legislative and judicial powers or either
„of them; the judicial shall never exercise the legislative and executive
„powers or either of them; to the end it may be a government of
„laws and not of men." („In der Regierung dieses Gemeinwesens soll das
„gesetzgebende Departement niemals die vollziehende und richterliche Ge-
„walt oder eine derselben ausüben; das vollziehende Departement soll nie-
„mals die gesetzgebende und richterliche Gewalt oder eine derselben aus-
„üben; das richterliche Departement soll niemals die gesetzgebende und
„vollziehende Gewalt oder eine derselben ausüben; zu dem Endzwecke,
„dass es eine Regierung von Gesetzen und nicht von Menschen
„sein mag.") Aehnliche Klauseln finden sich in den Verfassungen anderer
amerikanischer Staaten. Vergl. Rede des Senator Charles Sumner aus
Massachusetts im Senate der Vereinigten Staaten, vom 31. Mai 1872.
(New-York Weekly Tribune vom 5. Juni 1872.)

zur Zeit kaum in der Lage, uns aus unserer eigenen Erfahrung ein
zutreffendes Bild über die Einwirkung gesetzgebender Körperschaften
auf das ganze Staatsleben zu machen. Was wir an Verfassungsleben in den einzelnen Deutschen Staaten bis etwa zum Jahre 1860
gehabt haben, hatte nicht viel zu bedeuten. Der frühere Deutsche
Bund war ein bequemes und stets bereites Mittel für die Deutschen
Regierungen, ein wirkliches Verfassungsleben zu hindern. Jedermann
weiss, mit welcher Leichtigkeit Deutsche Regierungen sich in früherer
Zeit über einzelne Verfassungsbestimmungen, ja über ganze Verfassungen hinweggesetzt haben. Ich erinnere an die Verfassungswirren
in Hannover und Kurhessen. Zudem ist der gegenwärtige Zustand
unserer öffentlichen Verhältnisse durch die vollziehende Gewalt geschaffen, ohne erhebliches Zuthun der gesetzgebenden Körperschaften.
Die preussische Regierung hat den Krieg des Jahres 1866, auf welchem die spätere Entwickelung basirt, ohne die Zustimmung der
preussischen Volksvertretung begonnen. Die gesetzgebenden Körperschaften in den Deutschen Staaten haben zwar die Resultate dieses
Krieges acceptirt; aber der Ruhm für die Neugestaltung Deutschlands gebührt der vollziehenden Gewalt, namentlich im preussischen
Staate. Darum tritt gegenwärtig, wo wir unter dem unmittelbaren
Eindruck der Ereignisse des Jahres 1866 leben, die vollziehende
Gewalt mehr in den Vordergrund, als ihr nach ihrer Bedeutung für
das Staatsleben zukommt. Wollen wir uns klar machen, was die
gesetzgebenden Körperschaften bei uns im Laufe der Zeit bedeuten
werden, so müssen wir, glaube ich, auf die Einwirkung des englischen Parlaments auf das englische Staatsleben und diejenige des
amerikanischen Kongresses auf das amerikanische Staatsleben sehen.
Die drei grossen konstitutionellen Grundsätze in England: 1. Der
König kann kein Gesetz machen ohne Zustimmung seines Parlaments;
2. er kann keine Steuern auflegen ohne Zustimmung seines Parlaments; 3. er ist verpflichtet, die Verwaltung nach den Gesetzen des
Landes zu führen, und, wenn er dieselben bricht, so sind seine Rathgeber und Agenten verantwortlich, *) — gelten im Wesentlichen
auch in den Deutschen Staaten. Auf ein Mehr oder Minder in den

---

*) Macauly, History of England, vol. I, pag. 29. Tauchnitz edition.

Rechten der gesetzgebenden Körperschaften kommt weniger an, als auf das Bewusstsein des Volkes von seinen Rechten und auf dessen zweckmässige Organisation zu deren Ausübung. Hierin sind uns England und die Vereinigten Staaten von Amerika weit voraus. Natürlich; denn sie haben eine lange Verfassungsgeschichte hinter sich, wir aber befinden uns erst im Anfange eines wirklich konstitutionellen Zustandes.

Die Bedeutung der gesetzgebenden Körperschaften des Reiches beruht auf zweierlei: einmal auf der Wichtigkeit der gesetzgebenden Gewalt, und sodann auf ihrer Zusammensetzung.

Die gesetzgebende Gewalt ist die höchste im Staate. Sie besteht aus der Befugniss, Gesetze zu geben, d. i. Regeln für die Regierung der Staatsangehörigen vorzuschreiben. Die gesetzgebende Gewalt des Reiches ist dem Gegenstande nach beschränkt, indem nur bestimmte Befugnisse dem Reiche durch seine Verfassung überwiesen sind. Aber die Reichsverfassung selbst ist der Einwirkung der gesetzgebenden Körperschaften des Reiches nicht entzogen. Dieselben mögen nach ihrem Belieben die Reichsverfassung abändern; sie mögen daher auch nach ihrem Belieben ihre eigenen Befugnisse, sowie diejenigen der vollziehenden und der richterlichen Gewalt ausdehnen, einschränken oder unausgeführt lassen; nur dass im Bundesrathe der Widerspruch von vierzehn Stimmen hinreicht, um eine Verfassungsänderung zu hindern.*) Diese Bestimmung sichert einmal die Staaten gegen übermässige Ausdehnung der Bundesbefugnisse, und sodann gibt sie dem mächtigsten Deutschen Staate, welcher zugleich die wichtigsten Funktionen der vollziehenden Gewalt hat, ein Veto gegen Verfassungsveränderungen.**) Bei einigen Zweigen der Reichsgesetzgebung ist dem Präsidium ein Veto eingeräumt;***) die süddeutschen Staaten haben ein Veto zum Schutz ihrer Sonderrechte;†) im Uebrigen ist die Uebereinstimmung der Mehrheitsbeschlüsse des Bundesrathes und des Reichstages zu einem Reichsgesetz erforderlich und ausreichend. Die Reichsgesetzgebung bezieht sich nicht allein auf

---

*) Reichsverfassung Art. 78, 1. Absatz.
**) Preussen hat im Bundesrathe 17 Stimmen.
***) Reichsverfassung Art. 5, 2. Absatz.
†) Desgl. Art. 78, 2. Absatz.

allgemeine Regeln von dauerndem Charakter, sondern auch auf vor-
übergehende, zum Theil periodisch wiederkehrende Massregeln, von
denen die Existenz des Reiches abhängen mag, namentlich die
jährliche Feststellung des Reichshaushaltsetats, die Feststellung der
Friedens-Präsenzstärke des Reichsheeres, welche nach der bisherigen
Praxis für einige Jahre zu geschehen pflegt, und die Bewilligung
von Anleihen im Falle eines ausserordentlichen Bedürfnisses. Von
dem Ermessen der gesetzgebenden Körperschaften des Reiches, und
zwar, vorbehältlich der angeführten Ausnahmen, der einfachen Majorität derselben, hängen somit ab: der Inhalt der Reichsverfassung,
die organischen Einrichtungen des Reiches, die Reichsbeamten, die
Reichsanleihen, die Friedens-Präsenzstärke des Reichsheeres und die
jährliche Ordnung des Reichshaushalts.

Der Bundesrath besteht aus Bevollmächtigten der Bundesstaaten;
der Reichstag aus Vertretern des Deutschen Volkes. Die gesetzgebenden
Körperschaften des Reiches vertreten somit die Deutschen Staaten und
das Deutsche Volk. Was Bundesrath und Reichstag übereinstimmend
beschliessen, gilt als und ist übereinstimmender Wille der Deutschen
Staaten und des Deutschen Volkes.

Wenn man sieht, einmal auf die Bedeutung der gesetzgebenden
Gewalt für sich, und sodann auf die Zusammensetzung der gesetzgebenden Körperschaften des Reiches, so mag man ohne Uebertreibung
sagen, dass die übereinstimmende Majorität im Bundesrathe und
Reichstage das Reich beherrscht. Wenn dieses zur Zeit in unserem
öffentlichen Leben noch nicht bestimmt und scharf hervortritt, so hat
das, wie schon bemerkt, seinen Grund in zufälligen, vorübergehenden
Umständen, namentlich in der noch mangelhaften Organisation
des Deutschen Volkes zur Ausübung seiner politischen Rechte, in
dem ganz hervorragenden Verdienst der vollziehenden Gewalt an der
Neugestaltung Deutschlands und in dem bedeutenden Einfluss, welchen
der gegenwärtige Reichskanzler durch seine eminente Persönlichkeit
und seine grossen Verdienste mit Recht nach allen Seiten hin ausübt.

Nach diesen einleitenden Bemerkungen gehe ich über zu einer
Untersuchung der einzelnen hier in Betracht kommenden Fragen.
Ich werde nach einander sprechen:

1. Von den gesetzgebenden Körperschaften des Reiches, von der Weise ihrer Zusammensetzung, von ihren Vorrechten und von ihrem Verhältniss zu einander;

2. Von der Weise, Gesetze zu machen, von deren Erfordernissen und von deren Gültigkeit.

II.

Von den gesetzgebenden Körperschaften des Reiches, von der Weise ihrer Zusammensetzung, von ihren Vorrechten und von ihrem Verhältniss zu einander.

1. Alle legislativen Befugnisse, welche durch die Reichsverfassung gegeben werden, sind dem Bundesrathe und dem Reichstage übertragen. „Die Reichsgesetzgebung wird ausgeübt durch den Bundesrath und den Reichstag. Die Uebereinstimmung der Mehrheits- „beschlüsse beider Versammlungen ist zu einem Reichsgesetze er- „forderlich und ausreichend."*) Dem Kaiser steht kein Veto zu bei Gesetzesvorschlägen, weder ein absolutes noch ein qualifizirtes; doch gibt im Bundesrathe bei Gesetzesvorschlägen über das Militairwesen, die Kriegsmarine, Zölle und bestimmte Verbrauchssteuern (Art. 35 der Reichsverfassung) die Stimme des Präsidiums den Ausschlag, wenn sie sich für Aufrechterhaltung der bestehenden Einrichtungen ausspricht.**)

2. Der erste Umstand, welcher Aufmerksamkeit erheischt, ist die Vertheilung der gesetzgebenden Gewalt zwischen zwei Körperschaften, so dass jeder derselben ein Veto gegen die Beschlüsse der andern zusteht. Das Zweikammersystem besteht in den grösseren Deutschen Staaten, in England, in den Vereinigten Staaten von Amerika und den zur Union gehörigen Staaten und in vielen anderen Ländern. Das Einkammersystem hat zu wiederholten Malen in Frankreich bestanden und besteht dort gegenwärtig. Für dasselbe wird angeführt, dass der gesetzgebende Körper die Nation vertrete; dass, wie der Wille der Nation untheilbar sei, so es auch der Mund sein müsse, welcher diesen Willen ausspricht; dass, wenn zwei Kam-

---

*) und **) Reichsverfassung Art 5.

mern bestehen, jede mit einem Veto gegen Beschlüsse der andern,
in manchen Fällen ein Stillstand in der Gesetzgebung eintreten werde,
wegen unlöslicher Meinungsverschiedenheit zwischen denselben, und
gerade zu einer Zeit, und bei solchen Gegenständen, wo Gesetzgebung absolut nothwendig sei. Alle diese Gründe werden widerlegt
durch langjährige Erfahrungen der Staaten mit wirklichem Verfassungsleben. Die Erfahrung beweist unwiderleglich, dass das Zweikammersystem für umsichtige, weise, stabile Gesetzgebung förderlicher
ist, als das Einkammersystem. Mit Recht wird in amerikanischen
Rechtsbüchern hervorgehoben, dass, wenn man schon bei der Rechtsprechung Berufung von einem Gerichte an ein anderes zulasse, dies
in noch viel höherem Grade bei der Gesetzgebung erforderlich sei.
Auch bei der Gesetzgebung handelt es sich um die gerechte Entscheidung zwischen widerstreitenden Interessen; auf der einen Seite
steht das Interesse der Gläubiger, auf der anderen das der Schuldner;
auf der einen Seite das Interesse der Arbeitgeber, auf der andern das der
Arbeiter; auf der einen Seite das Interesse der Reichen, auf der andern
das der Armen; auf der einen Seite das Interesse der Grundbesitzer,
auf der andern das der Handel- und Gewerbetreibenden u. s. w.*)
Dagegen beweist aber auch die Erfahrung, dass das Nebeneinander-
stehen zweier Körperschaften, von denen jede die andere kontrollirt,
eine ausreichende Gewähr gegen rasche, unüberlegte, ungerechte und
schwankende Gesetzgebung ist. Die drei Stände, welche in früherer
Zeit häufig bestanden haben, auch auf dem früheren Deutschen Reichstage, haben sich ebenso wenig bewährt, als das Einkammersystem.
Wir mögen demnach überzeugt sein, dass in dieser hochwichtigen
Frage die Reichsverfassung gerade das Richtige getroffen hat; jede
Aenderung in dieser Beziehung würde, nach der Erfahrung aller
Länder mit freier Verfassung, eine Verschlechterung sein.

*) Dieser Charakter der Gesetzgebung, nämlich derjenige einer Ent-
scheidung zwischen widerstreitenden Interessen, sollte nicht aus den
Augen gelassen werden, wenn es sich um die Zusammensetzung gesetzgebender Körperschaften handelt. Dem allgemeinen Interesse des Ganzen,
nicht Sonderinteressen einzelner Personen oder einzelner Klassen, sollte eine
Vertretung in denselben gegeben werden. Bei der in Deutschen Staaten
üblichen Zusammensetzung der ersten Kammern scheint hierauf wenig oder
gar keine Rücksicht genommen zu sein. Vergl. Kap. VII unter I.

3. Der **Bundesrath** besteht aus Bevollmächtigten der Bundesstaaten. Es entspricht durchaus dem Wesen des Bundesstaates, den
zu ihm gehörenden Staaten eine gesonderte Vertretung in einer der
gesetzgebenden Körperschaften zu geben. Geschähe dies nicht, so wäre
Gefahr, dass der Bund allmählig die Befugnisse der Staaten absorbiren
möchte. In dem Bundesrathe führt Preussen 17 Stimmen, Bayern 6,
Sachsen 4, Württemberg 4, Baden 3, Hessen 3, Mecklenburg-Schwerin
2, Sachsen-Weimar 1, Mecklenburg-Strelitz 1, Oldenburg 1, Braunschweig 2, Sachsen-Meiningen 1, Sachsen-Altenburg 1, Sachsen-
Koburg-Gotha 1, Anhalt 1, Schwarzburg-Rudolstadt 1, Schwarzburg-
Sondershausen 1, Waldeck 1, Reuss älterer Linie 1, Reuss jüngerer
Linie 1, Schaumburg-Lippe 1, Lippe 1, Lübeck 1, Bremen 1, Hamburg 1, zusammen 58 Stimmen.*) Diese Stimmenvertheilung ist etwas
willkürlich, aber sie ist ebenso gerecht, wie jede andere, die erfunden
werden könnte. Die Verschiedenheit zwischen den verschiedenen
Bundesstaaten nach Grösse und Einwohnerzahl ist so beträchtlich,
dass die Zuweisung einer gleichen Stimmenzahl an jeden der 25
Staaten durchaus ungerecht wäre. Wie es daher nöthig war, auf der
einen Seite, dass jeder Bundesstaat im Bundesrathe vertreten wird,
so war es auf der anderen Seite erforderlich, bei der Stimmenvertheilung der Verschiedenheit der Staaten Rechnung zu tragen. Dies
ist geschehen nach Analogie der Bestimmungen für das Plenum der
früheren Deutschen Bundesversammlung, welche immerhin, in Ermangelung eines besseren Analogon, benutzt werden mochten.

Die Ernennung der Bevollmächtigten zum Bundesrathe geschieht
ausschliesslich durch die Regierungen der Bundesstaaten, ohne Mitwirkung der Landtage in denselben. Dies entspricht dem gegenwärtigen Zustande unserer öffentlichen Verhältnisse. Im Laufe der
Zeit mögen die Landtage ausfinden, dass die Ernennung und die
Instruktion von Bevollmächtigten zum Bundesrathe etwa das wichtigste Geschäft der Regierung ist; sie mögen daher nach einer Einwirkung hierauf streben. Die Diskussion einer solchen Frage wäre
indessen wohl vorzeitig, wenngleich in den Landtagen einzelner Staaten
bereits Bestrebungen hervorgetreten sind, auf die Abstimmung der

---

*) Reichsverfassung Art. 6.

Bevollmächtigten ihrer Staaten im Bundesrathe eine Einwirkung auszuüben.*)

Mit der Ernennung der Bevollmächtigten zum Bundesrathe ausschliesslich durch die Regierungen steht in Verbindung, dass dieselben in ihren Abstimmungen und in Allem, was sie thun, von
ihren Vollmachtgebern abhängig sind, auch von denselben jederzeit
abberufen werden können. Diese Abhängigkeit ist indessen ein inneres
Verhältniss; nach aussen hin ist für den Staat verbindlich, was seine
Bevollmächtigten im Bundesrathe gethan haben, ohne Rücksicht, ob
es ihrer Instruktion entspricht.

---

*) Die Mitglieder des Senates der Vereinigten Staaten werden von den
legislativen Körperschaften der einzelnen Staaten auf 6 Jahre erwählt. Die
Senatoren stimmen ohne Instruktionen. So nach der gegenwärtigen Verfassung. Bis zum Jahre 1789, unter den articles of confederation, waren
die Bevollmächtigten der Staaten zum Kongress von ihren Vollmachtgebern
abhängig. „For the more convenient management of the general interests
„of the United States, delegates shall be annually appointed in such manner
„as the legislature of each State shall direct, to meet in Congress on the
„first Monday in November, in every year, with a power reserved to every
„State, to recall its delegates, or any of them, at any time within the
„year, and to send others in their stead, for the remainder of the year."
(„Zur bessern Leitung der allgemeinen Interessen der Vereinigten Staaten
„sollen Delegirte jährlich in einer solchen Weise ernannt werden, wie die
„Legislatur eines jeden Staates anordnen wird, um am ersten Montage des
„November jeden Jahres sich im Kongress zu versammeln, mit Befugniss
„für jeden Staat, seine Delegirte oder einige derselben zu jeder Zeit inner-
„halb des Jahres zurückzurufen und andere anstatt ihrer für den Rest des
„Jahres zu senden.") — Articles of confederation, art. V. — Der Ständerath der Schweiz — Art. 44 bis 47 der schweizerischen Verfassung vom
8. April 1848 — besteht aus 44 Abgeordneten der Kantone, 2 für jeden
Kanton. Dieselben stimmen ohne Instruktionen. — Das Staatenhaus der
Frankfurter Reichsverfassung vom 28. März 1849, §§. 86—92, sollte aus
192 Vertretern der Deutschen Staaten bestehen, welche zur Hälfte durch
die Regierung und zur Hälfte durch die Volksvertretung der betreffenden
Staaten zu ernennen waren. Die Mitglieder des Staatenhauses sollten an
Instruktionen nicht gebunden sein. — Aehnlich nach dem Entwurf der
Verfassung des Deutschen Reiches, auf Grund des Bündnisses vom 26. Mai
1849, §§. 84—90, jedoch unter Beschränkung der Zahl der Mitglieder des
Staatenhauses auf 167.

Dieser Zustand hat unverkennbare Nachtheile. Die Erfahrung beweist, sowohl diejenige unseres Landes als diejenige anderer Staaten, dass die freie eingehende allseitige Erörterung der Gesetzesvorschläge in den parlamentarischen Körperschaften für die Gesetzgebung ungemein förderlich ist. Nun wird aber eine eingehende Diskussion und Debatte ungemein dadurch erschwert, dass die Mitglieder einer gesetzgebenden Körperschaft an Instruktionen gebunden sind, dass ihre Abstimmung daher durch die Berathung nicht beeinflusst werden darf, sondern im Voraus feststeht. Unsere Gesetzgebung ist eine Majoritätsgesetzgebung, wie diejenige aller freien Staaten; häufige Kompromisse sind nothwendig; dieselben werden dadurch nicht gefördert, dass die Mitglieder einer gesetzgebenden Körperschaft kein freies Ermessen haben, sondern von Instruktionen abhängen. Indessen muss bei ruhiger Betrachtung der Entwickelung unserer öffentlichen Verhältnisse zugegeben werden, dass der gegenwärtige Zustand des Bundesrathes mit denselben übereinstimmt und in denselben seine Begründung findet; die vorbezeichneten Nachtheile sind daher zur Zeit unvermeidbar.

Jeder Bundesstaat ist befugt, aber nicht verpflichtet, so viele Bevollmächtigte zum Bundesrathe zu ernennen, wie er Stimmen hat; doch kann die Gesammtheit der zuständigen Stimmen nur einheitlich abgegeben werden.*)

Dem Kaiser steht es zu, den Bundesrath zu berufen, zu eröffnen, zu vertagen und zu schliessen. Die Berufung des Bundesrathes muss alljährlich erfolgen. Der Bundesrath kann zur Vorbereitung der Arbeiten ohne den Reichstag berufen werden. Die Berufung des Bundesrathes muss geschehen, sobald sie von einem Drittel der Stimmen verlangt wird.**)

Der Vorsitz im Bundesrathe und die Leitung der Geschäfte in demselben steht dem Reichskanzler zu, welcher vom Kaiser zu ernennen ist.***) Der Reichskanzler kann sich durch jedes andere Mitglied des Bundesrathes vermöge schriftlicher Substitution vertreten lassen;†) er muss daher selbst Mitglied des Bundesrathes sein, und

---

*) Reichsverfassung Art. 6.
**) Desgl. Art. 12, 13 und 14.
***) und †) Desgl. Art. 15.

zwar, da er vom Kaiser zu ernennen ist, einer der 17 Bevollmächtigten, zu welchen Preussen im Bundesrathe berechtigt ist. Bayern
hat im Schlussprotokoll vom 25. November 1870 (unter IX) —
welches im §. 3 des Einführungsgesetzes zur Reichsverfassung angezogen ist — ausbedungen, dass sein Vertreter im Falle der Be-
hinderung Preussens (nicht allein des Reichskanzlers, sondern auch
der anderen Bevollmächtigten Preussens im Bundesrathe) zum Vorsitz
im Bundesrathe berechtigt sei.

Jedes Bundesglied ist befugt, Vorschläge zu machen und in
Vortrag zu bringen, und das Präsidium ist verpflichtet, dieselben der
Berathung zu übergeben.*)

Die Beschlussfassung im Bundesrathe erfolgt mit einfacher Mehrheit. Nicht vertretene oder nicht instruirte Stimmen werden nicht
gezählt. Ein Quorum ist nicht vorgeschrieben. Der Bundesrath ist
daher bei Anwesenheit auch nur eines einzigen Mitgliedes, nach gehörig angesagter Sitzung, beschlussfähig. Bei Stimmengleichheit gibt
die Präsidialstimme den Ausschlag.**)

Ausnahmen von der Regel, dass die Beschlussfassung im Bundesrathe mit einfacher Mehrheit erfolgt, sind in den Art. 5, 7, 37 und
78 der Reichsverfassung enthalten.

Art. 5, zweiter Absatz, betrifft das Veto des Präsidiums bei
einigen Zweigen der Gesetzgebung, von welchem bereits die Rede
gewesen ist.

Der letzte Absatz des Art. 7 lautet: „Bei der Beschlussfassung
„über eine Angelegenheit, welche nach den Bestimmungen dieser Ver-
„fassung nicht dem ganzen Reiche gemeinschaftlich ist, werden die
„Stimmen nur derjenigen Bundesstaaten gezählt, welchen die Angelegen-
„heit gemeinschaftlich ist."

Diese Vorschrift ist veranlasst durch die Sonderrechte der Südstaaten. Sie bezieht sich nur auf solche Angelegenheiten, welche
nach den Bestimmungen der Reichsverfassung nicht dem
ganzen Reiche gemeinschaftlich sind. Sie findet daher keine Anwendung bei solchen Gesetzesvorschlägen, welche das Reich zwar für
sein ganzes Gebiet zu erlassen befugt ist, deren Wirksamkeit es aber,

---

*) und **) Reichsverfassung Art. 7.

aus dem einen oder anderen Grunde, auf einen Theil seines Gebietes beschränkt. Nur dann ist ein Staat und nur derjenige Staat ist von der Abstimmung ausgeschlossen, für welchen das Reich die gesetzliche Bestimmung, um welche es sich handelt, gar nicht zu erlassen befugt ist. Die Ausschliessung geht nur auf die Abstimmung, nicht auf die derselben vorhergehende Berathung. — Die Gründe, welche zu dieser Vorschrift geführt haben, sind offensichtlich. Es sollte nicht Staaten ein vielleicht entscheidender Einfluss bei der Gesetzgebung über solche Angelegenheiten gegeben werden, bei welchen sie nicht betheiligt sind. Aber es mag bezweifelt werden, ob es nicht weiser gewesen wäre, in dem Interesse, welches alle Staaten an dem Gedeihen des Reiches haben, einen ausreichenden Grund zu finden, um diese Ausnahme nicht zu machen. Die Reichsgesetzgebung ist eine Majoritätsgesetzgebung. Durch die Vorschrift im letzten Absatz des Art. 7 kann bewirkt werden, dass die Majorität bei der Gesetzgebung über bestimmte Angelegenheiten in einer ganz anderen Richtung geht, wie bei den übrigen Angelegenheiten. Zudem ist die Grenzlinie zwischen den Angelegenheiten, welche allen Staaten gemeinschaftlich sind, und denjenigen, an welchen einer oder einige Staaten nicht Theil nehmen, nicht überall völlig sicher. In der Vorschrift des Art. 7, letzter Absatz, tritt eine recht bedenkliche Konsequenz der Sonderrechte hervor.

Art. 37*) gibt dem Präsidium ein Veto bei Verwaltungsvorschriften und Einrichtungen auf dem Gebiete des Zollwesens und der in Art. 35 angeführten indirekten Steuern.

Art. 78, erster Absatz, betrifft Verfassungsänderungen. Dieselben gelten als abgelehnt, wenn sie im Bundesrathe 14 Stimmen gegen sich haben.

Art. 78, zweiter Absatz, enthält die bereits besprochene Vorschrift, dass Sonderrechte nur mit Zustimmung des berechtigten

---

*) „Bei der Beschlussnahme über die zur Ausführung der gemeinschaft-„lichen Gesetzgebung (Art. 35) dienenden Verwaltungsvorschriften und „Einrichtungen giebt die Stimme des Präsidiums alsdann den Ausschlag, „wenn sie sich für Aufrechterhaltung der bestehenden Vorschrift oder Ein-„richtung ausspricht."

Staates aufgehoben werden können. (Vergl. Kap. III, unter III, am Ende.)

Der Bundesrath bildet aus seiner Mitte dauernde Ausschüsse

1. für das Landheer und die Festungen ;
2. für das Seewesen ;
3. für Zoll- und Steuerwesen ;
4. für Handel und Verkehr ;
5. für Eisenbahnen, Post und Telegraphen ;
6. für Justizwesen ;
7. für Rechnungswesen.

In jedem dieser Ausschüsse werden ausser dem Präsidium mindestens vier Bundesstaaten vertreten sein, und führt innerhalb derselben jeder Staat nur Eine Stimme. In dem Ausschuss für das Landheer und die Festungen hat Bayern einen ständigen Sitz, die übrigen Mitglieder desselben, sowie die Mitglieder des Ausschusses für das Seewesen, werden vom Kaiser ernannt; die Mitglieder der anderen Ausschüsse werden von dem Bundesrathe gewählt. Die Zusammensetzung dieser Ausschüsse ist für jede Session des Bundesrathes resp. mit jedem Jahre zu erneuern, wobei die ausscheidenden Mitglieder wieder wählbar sind.

Ausserdem wird im Bundesrathe aus den Bevollmächtigten der Königreiche Bayern, Sachsen und Württemberg und zwei, vom Bundesrath alljährlich zu wählenden, Bevollmächtigten anderer Bundesstaaten ein Ausschuss für die auswärtigen Angelegenheiten gebildet, in welchem Bayern den Vorsitz führt.

Den Ausschüssen werden die zu ihren Arbeiten nöthigen Beamten zur Verfügung gestellt.*)

Die Bildung anderer Ausschüsse ist dem Bundesrathe unbenommen.

Dem Bundesrathe ist nicht ausdrücklich die Befugniss gegeben, die Legitimation seiner Mitglieder zu prüfen, und über seine Geschäftsordnung zu beschliessen. Diese Befugnisse sind wohl als selbstverständlich angesehen.

Ebenso ist in der Reichsverfassung keine Bestimmung darüber

---

*) Reichsverfassung Art. 8.

enthalten, ob die Sitzungen des Bundesrathes öffentlich oder geheim sein sollen. Der Bundesrath hat daher auch hierüber zu entscheiden. Bislang sind alle seine Sitzungen, sowohl die legislativen als auch die exekutiven, geheim gewesen. Dies ist gewiss zweckmässig bei exekutiven Geschäften, schwerlich dagegen bei legislativen Berathungen.

Dem Kaiser liegt es ob, den Mitgliedern des Bundesrathes den üblichen diplomatischen Schutz zu gewähren. *) Diese Bestimmung ist wohl eine Reminiscenz von dem früheren Deutschen Bundestag. Nachdem Deutschland endlich Ein Staat geworden, sollten die Vertreter der Staaten im Bundesrathe nur die Vorrechte haben, welche bei Mitgliedern legislativer Versammlungen hergebracht sind, nicht aber die Stellung von Exterritorialen, d. i. aus Gründen des Völkerrechts besonders bevorzugter Ausländer.

4. Der **Reichstag** **) geht aus allgemeinen und direkten Wahlen mit geheimer Abstimmung hervor. Er besteht gegenwärtig aus 382 Abgeordneten. Von diesen kommen auf Preussen 235, auf Bayern 48, auf Sachsen 23, auf Württemberg 17, auf Baden 14, auf Hessen 9, auf Mecklenburg-Schwerin 6, auf Sachsen-Weimar 3, auf Mecklenburg-Strelitz 1, auf Oldenburg 3, auf Braunschweig 3, auf Sachsen-Meiningen 2, auf Sachsen-Altenburg 1, auf Sachsen-Koburg-Gotha 2, auf Anhalt 2, auf Schwarzburg-Rudolstadt 1, auf Schwarzburg-Sondershausen 1, auf Waldeck 1, auf Reuss älterer Linie 1, auf Reuss jüngerer Linie 1, auf Schaumburg-Lippe 1, auf Lippe 1, auf Lauenburg 1, auf Lübeck 1, auf Bremen 1, auf Hamburg 3.

Wähler für den Reichstag des Deutschen Reiches ist jeder Deutsche, welcher das fünfundzwanzigste Lebensjahr zurückgelegt hat, in dem Bundesstaate, wo er seinen Wohnsitz hat; mit folgenden Ausnahmen:

1. für Personen des Soldatenstandes des Heeres und der Marine ruht die Berechtigung zum Wählen so lange, als dieselben sich

---

*) Reichsverfassung Art. 10.

**) Reichsverfassung Art. 20 bis 32. Wahlgesetz für den Reichstag des Norddeutschen Bundes, vom 31. Mai 1869. Reglement zur Ausführung dieses Gesetzes, vom 28. Mai 1870. Das Wahlgesetz vom 31. Mai 1869 gilt auch in den süddeutschen Staaten, zufolge Vereinbarung mit denselben in den Beitrittsverträgen.

bei der Fahne befinden. Diese Bestimmung bezieht sich lediglich auf Personen des Soldatenstandes, nicht auf andere zum Heere oder zur Marine gehörenden Personen. Sie ist darum getroffen, weil es für unzweckmässig gehalten ist, die bei der Fahne befindlichen Soldaten und Offiziere in den Streit der politischen Parteien zu ziehen.

2. Von der Berechtigung zum Wählen sind ausgeschlossen:

Personen, welche unter Vormundschaft oder Kuratel stehen;

Personen, über deren Vermögen Konkurs- oder Fallitzustand gerichtlich eröffnet worden ist, für die Dauer dieses Zustandes;

Personen, welche eine Armenunterstützung aus öffentlichen oder Gemeinde-Mitteln beziehen, oder im letzten der Wahl vorhergegangenen Jahre bezogen haben;

Personen, denen in Folge rechtskräftigen Erkenntnisses der Vollgenuss der staatsbürgerlichen Rechte entzogen ist, für die Dauer der Entziehung, sofern sie nicht in diese Rechte wieder eingesetzt sind.

Wählbar zum Abgeordneten ist im ganzen Bundesgebiet jeder Deutsche, ohne Rücksicht auf Wohnsitz im Wahlkreise oder auch im Reiche, welcher das fünfundzwanzigste Lebensjahr zurückgelegt und einem zum Reiche gehörigen Staate seit mindestens einem Jahre (zur Zeit der Wahl) angehört hat, sofern er nicht zu denjenigen Personen gehört, welche vom Wählen ausgeschlossen sind. Somit besteht kein Unterschied zwischen dem aktiven und passiven Wahlrecht, ausser dass zur Wählbarkeit Angehörigkeit zu einem Bundesstaate seit Jahresfrist gehört, und dass Personen des Soldatenstandes des Heeres und der Marine gewählt werden können. Die erstere Abweichung findet darin ihren Grund, dass mit Recht von Fremden, welche in unser Land einwandern, eine bestimmte, im Reichswahlgesetz gewiss kurz genug bemessene Dauer des Aufenthalts verlangt wird, um mit unsern Zuständen und Einrichtungen vertraut zu werden. Die andere Abweichung besteht darum, weil kein ausreichender Grund vorhanden ist, Personen des Soldatenstandes von dem Reichstage auszuschliessen, wenn sie das zur Wahl erforderliche Vertrauen ihrer Mitbürger haben.

Vom aktiven und passiven Wahlrecht sind ausgeschlossen:

1. Frauen. Dieselben nehmen in der ganzen civilisirten Welt, mit wenigen Ausnahmen, an den politischen Rechten keinen Theil.

In England und Amerika besteht eine lebhafte Agitation, um Frauen zum Stimmrecht zuzulassen. Bei uns besteht eine solche Frage nicht und ist darum die Diskussion derselben unnöthig.

2. Personen unter 25 Jahren. In England und den Vereinigten Staaten von Amerika beginnt das aktive und meist*) auch das passive Wahlrecht mit vollendetem einundzwanzigsten Lebensjahre. Für das Alter, welches in unserem Wahlgesetz vorgeschrieben ist, lässt sich anführen, dass eine gewisse Reife und Erfahrung erforderlich ist, um zu den wichtigsten politischen Rechten zugelassen zu werden. Männer von so frühreifer Entwickelung, wie der jüngere William Pitt, welcher mit 23 Jahren englischer Premier-Minister wurde, sind eine so seltene Erscheinung, dass darauf bei der Gesetzgebung keine Rücksicht genommen werden kann.

Andere Einschränkungen des Wahlrechts, wie vorstehend angegeben, bestehen nicht. Namentlich ist das Wahlrecht nicht abhängig: von einer bestimmten Art oder Umfang des Besitzes, von der Zahlung von Steuern, von einer bestimmten geistigen Ausbildung, oder von einem religiösen Glaubensbekenntniss.

Das Wahlverfahren ist durch das Wahlgesetz für den Reichstag des Norddeutschen Bundes und durch das zu dessen Ausführung erlassene Reglement, welches nur im Wege der Gesetzgebung abgeändert werden darf, zweckmässig geordnet. Die Namen aller Wähler werden registrirt; gegen Richtigkeit des Verzeichnisses kann binnen bestimmter Frist Einsage geschehen. Die Wahlhandlung ist öffentlich; behufs Vornahme derselben wird der Wahlkreis in kleinere Bezirke eingetheilt. Die Abstimmung ist geheim; sie geschieht durch bedruckte oder beschriebene Wahlzettel, welche in die Wahlurne gelegt werden. Bei Stimmengleichheit zwischen zwei Kandidaten entscheidet das Loos. Im Falle die erste Wahl keine absolute Majorität ergiebt, findet eine engere Wahl Statt zwischen den beiden Kandidaten, welche die relativ grösste Stimmenzahl gehabt haben. Der ordnungsmässig Gewählte wird als erwähltes Mitglied des Reichstages proklamirt.

---

*) Alter von 25 Jahren ist erforderlich, um Mitglied des amerikanischen Repräsentantenhauses, Alter von 30 Jahren, um Mitglied des amerikanischen Senates zu werden.

Die Legislaturperiode des Reichstages dauert drei Jahre. Jedes Mitglied hat für drei Jahre zu fungiren, es sei denn, dass während der Legislaturperiode eine Auflösung des Reichstages eintritt, wodurch sein Amt erlischt, oder dass es gewählt ist an Stelle eines ausgeschiedenen Mitgliedes, in welchem Falle es ganz an dessen Stelle tritt, also auch nur für den Rest von dessen Dienstzeit zu fungiren hat.

Die Bestimmungen der verschiedenen Verfassungen über die Dauer der Legislaturperiode weichen sehr von einander ab. Die Mitglieder des preussischen Abgeordnetenhauses werden für drei Jahre, diejenigen des englischen Unterhauses für sieben Jahre, diejenigen des amerikanischen Repräsentantenhauses für zwei Jahre, diejenigen des amerikanischen Senats für sechs Jahre erwählt, letztere mit der Modification, dass alle zwei Jahre ein Drittel ausscheidet. Die Bestimmung der Reichsverfassung über die Dauer der Legislaturperiode ist gewiss eine weise. Der dreijährige Zeitraum ist auf der einen Seite lang genug, dass die Mitglieder des Reichstages die für ihr wichtiges Amt erforderliche Umsicht und Geschäftskenntniss erwerben können, und auf der anderen Seite nicht so lang, dass sie das Gefühl der Abhängigkeit von ihren Wählern und der Verantwortlichkeit gegen dieselben verlieren können. Gemeint ist hier natürlich nicht juristische, sondern moralische Abhängigkeit und Verantwortlichkeit, welche darin hervortritt, dass die Wähler nach Ablauf von je drei Jahren darüber zu befinden haben, ob das Mitglied, welches sie bislang im Reichstage vertreten hat, ferner ihres Vertrauens würdig ist.

Die Gesammtzahl der Mitglieder des Reichstages ist geringer, als diejenige der Mitglieder des preussischen Abgeordnetenhauses, oder diejenige des englischen Unterhauses, dagegen grösser als diejenige des amerikanischen Repräsentantenhauses. Jedes Mitglied wird von einem besonderen Wahlkreise gewählt. Die Bildung der Wahlkreise ist im Norddeutschen Bunde in der Weise geschehen, dass auf durchschnittlich 100,000 Seelen derjenigen Bevölkerungszahl, welche den Wahlen zum verfassunggebenden Reichstage zu Grunde gelegen hat, ein Abgeordneter erwählt wird. Ein Ueberschuss von mindestens 50,000 Seelen der Gesammtbevölkerung eines Bundesstaates ist vollen 100,000 Seelen gleichgerechnet; ein geringerer Ueberschuss ist nicht berücksichtigt. In einem Bundesstaate, dessen Bevölkerung 100,000 Seelen nicht erreicht, wird ein Abgeordneter gewählt. Den süddeutschen Staaten ist bei ihrem Eintritt in das Bundesverhältniss eine ihrer Bevölkerung entsprechende Anzahl von Mitgliedern zum Reichstage (je Einer für 100,000 Seelen) bewilligt. Die einzelnen Wahlbezirke sollen durch Gesetz festgestellt werden; und es ist sehr zu wünschen, dass dies bald geschehen möge. Jedes Mitglied des Reichstages ist nach dem Gesetze nicht Vertreter des Wahlkreises, welcher es erwählt hat, sondern Vertreter des ganzen Deutschen Volkes,*) muss daher in allen seinem Thun mehr auf dessen Wohl, als auf dasjenige seines Wahlkreises sehen.

Auch diese Bestimmungen sind zweckmässig. Auf der einen Seite ist erforderlich, dass jedes Mitglied des Reichstages mit dem wirthschaftlichen und sozialen Zustande des von ihm vertretenen Wahlkreises, sowie mit den Wünschen und Bedürfnissen seiner Wähler vertraut ist; die Wahlkreise dürfen daher nicht zu gross sein. Auf der anderen Seite darf aber auch die Gesammtzahl der Mitglieder des Reichstages nicht zu gross sein, da erfahrungsmässig gesetzgebende Körperschaften nicht mit der Zahl der Mitglieder an Umsicht, Weisheit und Mässigung zunehmen. Die Gesammtzahl der Mitglieder des Reichstages mag bereits eher zu gross, als zu klein sein.

---

*) Reichsverfassung Art. 29. Burke sagte seinen Wählern in Bristol, im Jahre 1774: „Parliament is not a congress of ambassadors from diffe-„rent and hostile interests, which interest each must maintain, as an agent „or advocate, against other agents and advocates. But Parliament is a „deliberative assembly of one nation, with one interest, that of the whole; „where not local purposes, not local prejudices, ought to guide, but the ge-„neral good, resulting from the general reason of the whole. You choose „a member indeed; but when you have chosen him, he is not a member „of Bristol, but he is a member of Parliament." („Das Parlament ist nicht „ein Kongress von Gesandten verschiedener und feindlicher Interessen, „welches Interesse Jeder als ein Agent oder Advokat gegen andere Agen-„ten und Advokaten aufrecht erhalten muss. Sondern das Parlament ist „die berathende Versammlung einer Nation, mit einem Interesse, „demjenigen des Ganzen; wo nicht lokale Bestrebungen, nicht lokale „Vorurtheile leiten sollten, sondern das allgemeine Gute, wie es von der „allgemeinen Vernunft des Ganzen entspringt. Sie wählen allerdings ein „Mitglied; aber wenn sie ihn gewählt haben, ist er nicht ein Mitglied für „Bristol, sondern er ist ein Mitglied des Parlaments.") Dasselbe gilt vom Deutschen Reichstage.

Dem Kaiser steht es zu, den Reichstag zu berufen, zu eröffnen, zu vertagen und zu schliessen.*) Die Berufung des Reichstages muss alljährlich stattfinden.**) Da der Reichshaushalt jährlich durch Gesetz festgestellt werden muss, so darf die Schliessung des Reichstages erst nach der Beschlussfassung desselben über das Reichshaushaltsgesetz geschehen. Die Vertagung des Reichstages darf, ohne dessen Zustimmung, die Frist von 30 Tagen nicht übersteigen und während derselben Session nicht wiederholt werden.***)

Der Reichstag prüft die Legitimation seiner Mitglieder und entscheidet darüber. Diese Entscheidung sollte geschehen in richterlichem Geiste, unter Berücksichtigung der vorhandenen Präcedenzfälle. Der Reichstag regelt seinen Geschäftsgang und seine Disciplin durch seine Geschäftsordnung und erwählt seinen Präsidenten, seine Vicepräsidenten und Schriftführer. †)

Die Beschlussfassung im Reichstage geschieht nach absoluter Stimmenmehrheit. Zur Gültigkeit derselben ist die Anwesenheit der Mehrheit der gesetzlichen Anzahl der Mitglieder erforderlich. ††)

Bei der Beschlussfassung über eine Angelegenheit, welche nach den Bestimmungen der Reichsverfassung nicht dem ganzen Reiche gemeinschaftlich ist, werden die Stimmen nur derjenigen Mitglieder gezählt, die in Bundesstaaten gewählt sind, welchen die Angelegenheit gemeinschaftlich ist. †††)

Ueber den Grund und die Bedeutung dieser Bestimmung ist bereits vorhin gesprochen, bei Untersuchung der korrespondirenden Vorschrift für den Bundesrath. ††††)

---

*) Reichsverfassung Art. 12.
**) Desgl. Art. 13.
***) Desgl. Art. 26.
†) Desgl. Art. 27.
††) Desgl. Art. 28, Absatz 1.
†††) Desgl. Art. 28, Absatz 2.
††††) Der Reichstag hat in seiner Sitzung vom 4. Juni 1872 in zweiter Lesung und demnächst auch in dritter Lesung auf Antrag des Abgeordneten von Hoverbeck und Genossen folgenden Zusatzartikel zur Reichsverfassung: „Der Absatz 2 des Art. 28 der Reichsverfassung ist aufgehoben," angenommen. Dieser Zusatzartikel ist, wie mir scheint, eine erhebliche

Die Mitglieder des Reichstages sind an Aufträge und Instruktionen nicht gebunden. Die Verhandlungen des Reichstages sind öffentlich. Wahrheitsgetreue Berichte über dieselben bleiben von jeder Verantwortlichkeit frei. *)

Den Mitgliedern des Reichstages stehen die Vorrechte zu, welche bei Mitgliedern legislativer Körperschaften hergebracht sind. Kein Mitglied des Reichstages darf zu irgend einer Zeit, wegen seiner Abstimmung oder wegen der in Ausübung seines Berufes gethanen Aeusserungen gerichtlich oder disciplinarisch verfolgt oder sonst ausserhalb der Versammlung zur Verantwortung gezogen werden.**) Kein Mitglied des Reichstages darf ohne dessen Genehmigung während der Sitzungsperiode wegen einer mit Strafe bedrohten Handlung zur Untersuchung gezogen oder verhaftet werden, ausser wenn es bei Ausübung der That oder im Laufe des nächstfolgenden Tages ergriffen wird. Gleiche Genehmigung ist bei einer Verhaftung wegen Schulden erforderlich. Jedes Strafverfahren gegen ein Mitglied des Reichstages und jede Untersuchungs- oder Civilhaft muss auf Verlangen des Reichstages für die Dauer der Sitzungsperiode aufgehoben werden.***) Diese Vorrechte bestehen, etwa in demselben Umfange, für die Mitglieder des Reichstages, des preussischen Landtages, des englischen Parlaments und des amerikanischen Kongresses.†) Die Erfahrung beweist, dass sie nöthig sind, um den Mitgliedern grosser gesetzgebender Körperschaften die unabhängige und vollständige Erfüllung ihrer mannichfachen Pflichten zu ermöglichen.

Die Mitglieder des Reichstages dürfen als solche keine Besoldung oder Entschädigung beziehen.††) Mehrfache Versuche im Reichstage, diese Bestimmung abzuändern, sind bislang an dem Widerspruch des Bundesrathes gescheitert. Die Mitglieder beider Häuser des englischen

---

Verbesserung der Reichsverfassung. Aber gleichzeitig müsste die mit dem 2. Absatz des Art. 28 korrespondirende Vorschrift für den Bundesrath im letzten Absatz des Art. 7 aufgehoben werden.

　*) Reichsverfassung Art. 22.

　**) Desgl. Art. 30.

　***) Desgl. Art. 31.

　†) Vergl. Jefferson, Manual of Parliamentary Practice, Sect. III.

　††) Reichsverfassung Art. 32.

Parlaments versehen ihr Amt unentgeltlich, diejenigen des preussischen Abgeordnetenhauses und beider Häuser des amerikanischen Kongresses erhalten eine Vergütung.*)

Beamte bedürfen keines Urlaubes zum Eintritt in den Reichstag. Wenn ein Mitglied des Reichstages ein besoldetes Reichsamt oder in einem Bundesstaat ein besoldetes Staatsamt annimmt oder im Reichs- oder Staatsdienste in ein Amt eintritt, mit welchem ein höherer Rang oder ein höheres Gehalt verbunden ist, so verliert es Sitz und Stimme in dem Reichstag und kann seine Stelle in demselben nur durch neue Wahl wieder erlangen.**)

Nach eingehender Prüfung aller Bestimmungen, welche den Reichstag des Deutschen Reiches betroffen, wird jeder einsichtige Beurtheiler sagen, dass sie alle darauf abzwecken, den Reichstag zu dem zu machen, was er sein soll, nämlich zum Organ und Vertreter des Deutschen Volkes. Auch wird man sagen dürfen, dass der Reichstag diejenige Institution ist, welche dem jungen Deutschen Reiche den festesten Halt im Volke gibt. Denn der Reichstag, weil er unmittelbar aus dem Volke hervorgeht und von demselben abhängig ist, wird stets dessen Bedürfnisse und Beschwerden kennen, wird stets dessen Rechte und Interessen vertreten, und wird durch die ausgedehnten Befugnisse, welche ihm zustehen, die Reichsregierung immer mehr zu einer volksthümlichen machen.

5. Es erübrigt, das Verhältniss und die Beziehungen zwischen Bundesrath und Reichstag zu untersuchen.

Bundesrath und Reichstag sind gesetzgebende Körperschaften. Beide stehen einander gleich, in Anschauung ihrer legislativen Befugnisse, indem beide das Recht haben, Gesetze vorzuschlagen, und indem Zustimmung beider zu jedem Reichsgesetze erforderlich ist. Der Zusatz im Art. 23 der Reichsverfassung, der Reichstag habe das Recht, innerhalb der Kompetenz des Reiches Gesetze vorzuschlagen, begründet keinen Unterschied zwischen Reichstag und

---

*) Die Mitglieder des preussischen Abgeordnetenhauses erhalten Reisekosten und täglich 3 Thlr. Diäten; die Vergütung eines jeden Mitgliedes beider Häuser des amerikanischen Kongresses beträgt jährlich 5000 Dollars und Meilengelder. Jahresvergütung ist gewiss Diäten vorzuziehen.

**) Reichsverfassung Art. 21.

Bundesrath, da auch der letztere nicht befugt ist, Gesetze ausserhalb der Kompetenz des Reiches vorzuschlagen, und da Zusatzartikel zur Reichsverfassung nicht ausserhalb, sondern innerhalb der Kompetenz des Reiches liegen, somit sowohl in dem Bundesrathe als auch in dem Reichstage originiren können. In beiden Körperschaften wird die Minorität von der Majorität beherrscht; der Wille der Majorität gilt, gleichmässig im Bundesrath und im Reichstage, als Wille der ganzen Versammlung. Dass im Bundesrathe bei Zusatzartikeln zur Reichsverfassung der Widerspruch von 14 Stimmen unter den ·vorhandenen 58 Stimmen hinreicht, um die Abänderungsvorschläge abzulehnen; dass im Bundesrathe bei Gesetzentwürfen über das Militairwesen, die Kriegsmarine, über Zölle und bestimmte Verbrauchssteuern die Stimme des Präsidiums den Ausschlag gibt, wenn sie sich für Aufrechterhaltung der bestehenden Einrichtungen ausspricht; dies sind Eigenthümlichkeiten des Bundesrathes, Einschränkungen der Regel, dass die Majorität die Minorität beherrscht, welche aber die Gleichstellung zwischen Bundesrath und Reichstag, in Ansehung ihrer legislativen Befugnisse, weder aufheben noch einschränken.

Der Bundesrath vertritt die Deutschen Staaten, der Reichstag das Deutsche Volk. Indem vorgeschrieben ist, dass zu jedem Reichsgesetze Zustimmung der Mehrheit des Bundesrathes und des Reichstages erforderlich und ausreichend sei, ist erklärt, dass nur Dasjenige in Deutschland als Gesetz gelten soll, worüber die Mehrheit der Deutschen Staaten im Bundesrathe und diejenige des Deutschen Volkes im Reichstage übereinstimmen. Dem Deutschen Volke ist somit ein völlig gleicher Antheil mit den Deutschen Staaten bei der Reichsgesetzgebung eingeräumt; beider Stimmen wiegen hierbei gleich schwer. Somit besteht auch Gleichstellung zwischen Bundesrath und Reichstag, in Ansehung der Vollmachtgeber, indem jeder derselben einen bei der Reichsgesetzgebung gleichmässig berechtigten Faktor vertritt.

Der Bundesrath hat ausgedehnte exekutive Befugnisse. Der Reichstag ist in dieser Beziehung mehr beschränkt, was gewiss zweckmässig ist, da nach aller Erfahrung grosse gesetzgebende Körperschaften zur unmittelbaren Besorgung von Verwaltungsgeschäften wenig geeignet sind.*) Zwar ist dem Reichstage nicht verwehrt, Fragen der Reichsverwaltung zu diskutiren, und darauf, namentlich durch Geldbewilligungen oder durch Versagung von solchen, einen entscheidenden Einfluss auszuüben; zwar ist dem Reichstage ausdrücklich verstattet, Petitionen, ohne Unterschied, ob sie die Reichsgesetzgebung oder die Reichsverwaltung betreffen, anzunehmen und dem Bundesrathe bez. Reichskanzler zu überweisen;**) zwar ist dem Reichstage, ebenso wie dem Bundesrathe, über die Verwendung aller Einnahmen des Reiches jährlich durch den Reichskanzler zur Entlastung Rechnung zu legen;***) aber der Reichstag nimmt keinen fortdauernden regelmässigen Antheil an der Reichsverwaltung, wie dies der Bundesrath thut. In dieser Beziehung hat somit der Bundesrath grössere Befugnisse. Indessen wird hierdurch die Gleichstellung beider Körperschaften bezüglich der Gesetzgebung nicht berührt.

Bundesrath und Reichstag sind demnach gleichberechtigte legislative Körperschaften.

Wo immer zwei gleichberechtigte legislative Körperschaften neben einander bestehen, da müssen die Beziehungen zwischen ihnen geregelt werden.

Dies ist in England und in den Vereinigten Staaten von Amerika in der Weise geschehen, dass jedes Haus die Gesetzesvorschläge, welche in ihm originiren, dem anderen Hause zur Berathung und Beschlussfassung übersendet; dass dieses das Ergebniss seiner Berathungen und Beschlüsse dem Hause mittheilt, in welchem der Gesetzesvorschlag seinen Ursprung genommen hat; dass dieses hinwiederum über die Abänderungsvorschläge des anderen Hauses in Berathung tritt und darüber Beschluss fasst; und dass, wenn auf diesem Wege eine Uebereinstimmung nicht zu erreichen ist, eine gemeinschaftliche Konferenz aus Mitgliedern beider Häuser zum Versuch einer Verständigung über die Differenzpunkte beschlossen wird, welche

---

*) Vergl. z. B. Macaulay, History of England, vol. VII, pag. 246 bis 248.
**) Reichsverfassung Art. 23.
***) Desgl. Art. 72.

dann, und zwar die Mitglieder jedes Hauses getrennt, über das Ergebniss der gemeinsamen Berathung Bericht erstatten. *)

Diese Art der Geschäftsverbindung zwischen zwei gleichberechtigt neben einander stehenden legislativen Körperschaften ist durch
langjährige Erfahrung bewährt; sie wird zwar durch die Reichsverfassung nicht geradezu unmöglich gemacht; vielmehr ist in derselben,
im Art. 7 Ziffer 1: „Der Bundesrath beschliesst über die dem
„Reichstage zu machenden Vorlagen und die von demselben gefassten
„Beschlüsse," eine Vorschrift enthalten, welche auf Beziehungen
zwischen Bundesrath und Reichstag hinweist, die den eben beschrie-
benen zwischen den beiden Häusern des englischen Parlamentes und
des amerikanischen Kongresses ähnlich sind; indessen sind in der
Reichsverfassung andere Bestimmungen über das Verhältniss des
Bundesrathes zum Reichstage enthalten, welche eigenthümlich sind,
meines Wissens keine Analogie in dem Verfassungszustande anderer
Länder haben, und deren Weisheit, wie mir scheint, bezweifelt werden kann.

Nach Art. 9 der Reichsverfassung hat jedes Mitglied des Bundesrathes das Recht, im Reichstage zu erscheinen, und muss daselbst
auf Verlangen jeder Zeit gehört werden, um die Ansichten seiner
Regierung zu vertreten, auch dann, wenn dieselben von der Majorität
des Bundesrathes nicht adoptirt worden sind.

Es ist nicht schwer, sich die Motive zu vergegenwärtigen, welche
zu dieser Bestimmung geführt haben mögen.

Wohl in allen Verfassungsstaaten kann dieselbe Person nicht
gleichzeitig Mitglied mehrerer gleichberechtigt neben einander stehender legislativer Körperschaften sein. Diese Regel gilt auch für
das Deutsche Reich, in dessen Verfassung ausdrücklich vorgeschrieben
ist, dass dieselbe Person nicht gleichzeitig Mitglied des Bundesrathes
und des Reichstages sein kann. **) Hervorragende Mitglieder des

---

*) Jefferson, Manual of Parliamentary Practice, Sect. 44—48. In
Barcley's Digest, Seite 121—129 sind sowohl die in England als auch die
in Amerika geltenden Regeln mitgetheilt. Eine mehr detaillirte Angabe
derselben liegt ausserhalb der Zwecke dieses Buches. Vergl. auch Story,
Constitution of the United States, §§. 896 ff.

**) Reichsverfassung Art. 9.

Bundesrathes, namentlich der gegenwärtige Reichskanzler, mochten
das Bedürfniss empfinden, ihre Ansichten persönlich im Reichstage
zu vertreten, zumal die Sitzungen des Bundesrathes nicht öffentlich
sind. Sie mochten bedenken, dass es sich empfehle, die Beziehungen,
welche zwischen den Bevollmächtigten der Deutschen Regierungen
und dem konstituirenden Reichstage bestanden hatten, unverändert
fortbestehen zu lassen, auch dann, nachdem die Bevollmächtigten der
Deutschen Staaten eine Organisation im Bundesrathe erhalten hatten,
welcher bekanntlich erst durch die Norddeutsche Bundesverfassung
geschaffen ist. Sie mochten von der Idee geleitet werden, die Beziehungen zwischen Bundesrath und Reichstag möglichst intim zu
halten, um jedes Hinderniss, welches etwa auf dem uns neuen bundesstaatlichen Wege entstehen möchte, leichter beseitigen zu können.
Sie mochten mit Rücksicht auf das bedeutende Uebergewicht, welches
Preussen im Norddeutschen Bunde besass, erwarten, dass immer ein
gutes Einvernehmen zwischen den verbündeten Regierungen bestehen
werde. Wie aber, wenn ein solches Einvernehmen zwischen den
Regierungen nicht besteht?

Der Bundesrath ist eine gesetzgebende Körperschaft, welcher
ausserdem exekutive Befugnisse beigelegt sind. Er ist kein Kabinet
oder Ministerium. Ihm fehlen alle charakteristischen Eigenschaften
eines solchen. Seine Mitglieder werden nicht von derselben Person
oder Körperschaft ernannt; sie sind nicht derselben Person oder
Körperschaft verantwortlich; sie brauchen nicht derselben politischen
Richtung anzugehören; es ist zufällig, wenn unter ihnen Meinungsübereinstimmung besteht. Wir mögen zuversichtlich hoffen und erwarten, dass wir das schreckliche Schauspiel eines Krieges Deutscher
gegen Deutsche zum letzten Male gesehen haben; aber es wäre utopisch,
für alle Zeit Meinungsübereinstimmung zwischen den verschiedenen
Deutschen Regierungen zu erwarten. Die Interessen derselben gehen
offenbar in erheblichen Punkten auseinander. Preussen hat den natürlichen Wunsch der Stärkung der Präsidialrechte; die anderen
Staaten, namentlich die grösseren unter denselben, haben den natürlichen
Wunsch der Schwächung dieser Rechte.*) Die süddeutschen Staaten

---

*) „Power controlled or abridged is almost always the rival and

werden an ihren Sonderrechten festhalten; die norddeutschen mögen dieselben mit dem Wesen des Bundes wenig vereinbar finden. In den süddeutschen Staaten, mit Ausnahme von Württemberg, überwiegt das katholische Glaubensbekenntniss, in den norddeutschen das evangelische. Diese und andere Gründe werden und müssen dahin führen, dass im Bundesrathe verschiedene politische Parteien zur Entstehung kommen, ebenso wie sich solche im Reichstage bereits finden.

Aber, so mag man einwenden, zugegeben, dass die Interessen der Regierungen verschieden sind, so haben sie doch ein gemeinsames Interesse, ihre Rechte gegen das Volk zu vertheidigen, und dieses gemeinsame Interesse wird sie zusammenhalten. Dieser Einwand hat viel Schein, wenn man auf die Geschichte des früheren Deutschen Bundes sieht. In der That, der frühere Deutsche Bund hat von diesem vermeintlich gemeinsamen Interesse der Regierungen gegen das Volk lange Jahre gelebt, und sich von demselben in beinahe Allem, was er that, bestimmen lassen. Noch kurz vor Ausbruch des Krieges des Jahres 1866 bezeichnete der preussische Ministerpräsident in einer amtlichen Depesche für die österreichische Regierung *) als die gemeinsame Aufgabe beider Staaten den Kampf gegen die Revolution, d. h. gegen die nationalen Ideen und gegen die Zulassung des Volkes zur Theilnahme an der Regierung. Aber die Zeiten haben sich geändert, und werden sich immer mehr ändern. Die Regierungen sind von Jahr zu Jahr volksthümlicher geworden, und werden es immer mehr werden. Ich erinnere an das Wort von Hamilton über die Wirkung des Bundesverhältnisses, welches im ersten Kapitel angezogen ist; ich erinnere an die Botschaft des Präsidenten der Vereinigten Staaten von Amerika, welche in der Einleitung erwähnt ist; ich erinnere an alle Reden und Kundgebungen des Fürsten v. Bismarck

---

„enemy of that power by which it is controlled or abridged." Hamilton im „Federalist, nro. 15. („Macht, die kontrollirt oder beschränkt wird, ist „beinahe immer der Nebenbuhler und Feind derjenigen Macht, durch welche „sie kontrollirt oder beschränkt wird").

*) Preussische Depesche vom 26. Januar 1866, die Lösung der schleswig-holsteinschen Frage betreffend.

nach dem Jahre 1866, und bitte, dieselben zu vergleichen mit der
Weise, wie er vor dem Jahre 1866 sich zu äussern pflegte. Wir
mögen zuversichtlich hoffen, dass bald in Deutschland von widerstreitenden Interessen der Regierungen und des Volkes nicht mehr
die Rede ist, und dass allgemein, nicht allein in der Theorie, sondern
auch in der praktischen Behandlung der politischen Fragen, anerkannt
wird, dass Beider Interessen zusammenfallen.

Ich erachte es daher für erwiesen, dass im Laufe der Zeit im
Bundesrathe verschiedene politische Parteien zur Entstehung kommen
werden. Dieselben werden um die Mehrheit streiten, wie sie das in
allen legislativen Körperschaften thun. Die Mittel, die man anwenden
wird, um eine Mehrheit im Bundesrathe zu gewinnen, werden allerdings etwas verschieden sein von den Mitteln, die sonst zu diesem
Zwecke angewendet werden, wegen der Abhängigkeit der Bevollmächtigten zum Bundesrathe von ihren Vollmachtgebern. Wie wird
auf diesen Streit der politischen Parteien im Bundesrathe einwirken,
einmal die Heimlichkeit der Berathungen desselben, und sodann die
Vorschrift im Art. 9, dass jedes Mitglied des Bundesrathes jederzeit
im Reichstage gehört werden muss? Werden nicht diese Umstände
dahin führen, dass der Streit der politischen Parteien im Bundesrathe wenigstens theilweise aus demselben in den Reichstag verlegt
wird? Wozu im Bundesrathe streiten, dessen Verhandlungen geheim
sind, wozu im Bundesrathe Gründe auseinandersetzen, da dort nicht
nach Gründen, sondern nach Instruktionen abgestimmt wird, und da
Gelegenheit ist, die Gründe im Reichstage, vor den Vertretern des
gesammten Deutschen Volkes, zu entwickeln, sobald die Sache vom
Bundesrathe dorthin gelangt sein wird? Man denke an eine lebhafte
Debatte im Reichstage, wo die eine Gruppe Deutscher Regierungen die
eine Ansicht, die andere Gruppe derselben die entgegengesetzte Ansicht
durch die Bevollmächtigten zum Bundesrathe vertreten lässt. Man be-
rücksichtige, dass nach der Erfahrung aller grösseren legislativen Körperschaften die verschiedenen Ansichten in denselben nicht immer in einer
freundlichen, ruhigen, objektiven Weise entwickelt werden, dass vielmehr gegenseitige Vorwürfe häufig sind, und dass die Motive ver-
dächtigt werden. Besteht eine ausreichende Garantie, dass die Vertreter der Deutschen Staaten, wenn sie an einer solchen Debatte Theil

nehmen, nicht auch in dieser Weise verfahren und sich gegenseitig mit Vorwürfen überhäufen? Entspricht ein solcher Zustand der Würde und der Autorität Deutscher Regierungen? Ist derselbe nicht geeignet, das gute Einvernehmen zwischen den Regierungen, welches vielleicht für den Fortbestand des Reiches wesentlich sein mag, in erheblicher Weise zu erschüttern? Enthält die Vorschrift im Art. 9 wirklich einen Vorzug des Bundesrathes vor dem Reichstage? Hat es nicht wenigstens den Anschein, als ob der Reichstag Richter sei über den Streit zwischen den Bevollmächtigten zum Bundesrathe? Wird nicht gerade durch die Vorschrift im Art. 9 diejenige Gruppe Deutscher Regierungen, welche im Bundesrathe in der Minderheit geblieben ist, angeregt, nun durch alle und jede Mittel um eine Mehrheit im Reichstage zu werben? Ist es nicht besser, wenn die Streitigkeiten der Deutschen Regierungen im Bundesrathe zum Austrage gebracht werden? Was würden die Mitglieder des englischen Oberhauses und des amerikanischen Senates dazu sagen, wenn ihnen angeboten würde, im andern Hause zu erscheinen, um dort ihre Ansicht zu vertreten, auch wenn sie im eigenen Hause in der Minderheit geblieben wären? Würden sie nicht vorziehen, die zwischen ihnen bestehenden Meinungsverschiedenheiten im eigenen Hause zum Austrage zu bringen? Würden sie nicht antworten, das Anerbieten, ihre Ansicht im andern Hause zu vertreten, dort um eine Mehrheit zu werben, welche sie im eigenen Hause vergeblich gesucht haben, sei geeignet, die zwischen beiden Häusern bislang bestandene Gleichstellung zu ihrem Nachtheil abzuändern?

In Verbindung mit der Vorschrift im Art. 9 steht diejenige des Art. 16 der Reichsverfassung: „Die erforderlichen *) Vorlagen „werden nach Massgabe der Beschlüsse des Bundesrathes im Namen „des Kaisers an den Reichstag gebracht, wo sie durch Mitglieder des

---

*) Das Beiwort: „erforderlichen" ist bedeutungslos. Die Vorschrift gilt von jeder Vorlage, welche der Bundesrath an den Reichstag zu bringen für gut findet. — In der Reichsverfassung findet sich eine grössere Zahl von Worten, welche bedeutungslos sind, welche aber leicht zu Missverständnissen führen können, weil man im Laufe der Zeit sich bemühen mag, ihnen auf künstliche Weise eine Bedeutung zu geben.

„Bundesrathes oder durch besondere von letzterem zu ernennende „Kommissarien vertreten werden." Nach Art. 9 ist, wie bereits hervorgehoben, jedes Mitglied des Bundesrathes befugt, jederzeit im Reichstage zu erscheinen, um dort die Ansichten seiner Regierung zu vertreten. Hat die Klausel im Art. 16: Die Vorlagen des Bundesrathes werden durch Mitglieder desselben im Reichstage vertreten, eine besondere Bedeutung, so kann es nur die sein, dass der Bundesrath ein oder mehrere Mitglieder mit der Vertretung der in ihm originirenden Vorlagen im Reichstage beauftragen kann, wie er auch Kommissarien zu diesem Behufe dorthin entsenden darf. Demnach kann es vorkommen, dass im Reichstage erscheinen, einmal Mitglieder des Bundesrathes oder Kommissarien, beauftragt zur Vertretung der Vorlagen desselben, welche daher auch befugt sind, in dessen Namen zu sprechen, und zugleich andere Mitglieder, welche eine solche Autorität nicht haben, deren Ansicht abweicht von derjenigen der Majorität im Bundesrathe, und welche daher im Reichstage bekämpfen, was dort Namens und im Auftrage des Bundesrathes gesagt wird. Ich frage abermals: entspricht ein solcher Zustand der Würde und der Autorität Deutscher Regierungen? Ist er nicht vielmehr geeignet, die Autorität, welche der Bundesrath gleich jeder anderen legislativen Körperschaft bedarf, und das gute Einvernehmen zwischen den Regierungen, auf dessen Fortbestand soviel ankommen mag, in erheblicher Weise zu erschüttern?

Weiter gehören hierher die Vorschriften der Art. 24 und 25 der Reichsverfassung: „Zur Auflösung des Reichstages während der-„selben (der dreijährigen Legislaturperiode desselben) ist ein Beschluss „des Bundesrathes unter Zustimmung des Kaisers erforderlich. — Im „Falle einer Auflösung des Reichstages müssen innerhalb eines Zeit-„raumes von 60 Tagen nach derselben die Wähler und innerhalb „eines Zeitraumes von 90 Tagen nach der Auflösung der Reichstag „versammelt werden."

Der Bundesrath ist demnach befugt, jederzeit die Auflösung des Reichstages zu beschliessen, vorausgesetzt, dass der Kaiser zu diesem Beschlusse seine Zustimmung gibt. Ein solcher Beschluss wird durch einfache Majorität gefasst.

Zweck dieser Vorschrift ist offenbar, die fehlende Meinungsübereinstimmung zwischen Bundesrath und Reichstag herzustellen.
Wenn zwischen dem Bundesrath und dem Reichstage über erhebliche
Fragen Meinungsverschiedenheit besteht, so soll der Bundesrath die
Mitglieder des Reichstages an ihre Wähler zurückschicken können,
damit diese über das Verhalten ihrer Vertreter durch eine Neuwahl
entscheiden. Wie aber, wenn die Wähler, was doch in der Regel der
Fall sein wird, das Benehmen ihrer Vertreter billigen? Wenn sie
dieselben Mitglieder oder doch Männer derselben politischen Richtung
wählen? Wie, wenn der Bundesrath bei seiner Ansicht bleibt, unter
Nichtberücksichtigung des durch die Neuwahl manifestirten Volkswillens? Wird nicht in einem solchen Falle der Konflikt durch die
Neuwahl ungemein verstärkt? Wirkt nicht in einem solchen Falle
die Neuwahl das Gegentheil dessen, was sie wirken soll? — Sehen
wir auf unsere eigene Erfahrung. Haben die häufigen Auflösungen
des Abgeordnetenhauses in Preussen während Dauer des inneren
Konflikts irgend etwas zu dessen Milderung beigetragen? Ist nicht
der alte Streit nach jeder Neuwahl schärfer und herber wiedergekehrt,
bis endlich die Siege des Jahres 1866 zum innern Frieden geführt
haben? Und liegt nicht der vornehmste Grund der Verschärfung des
Konflikts darin, dass das Abgeordnetenhaus sich auf den durch wieder-
holte Neuwahl manifestirten Volkswillen berief und dessen Berücksichtigung verlangte? — Ferner, es ist bereits vorhin hervorgehoben,
dass und warum im Laufe der Zeit im Bundesrathe verschiedene
Parteien entstehen werden. Der Beschluss, den Reichstag aufzulösen, wird vermuthlich lediglich ein Majoritätsbeschluss sein. Bei
der Neuwahl mag die eine Gruppe Deutscher Regierungen die Wiederwahl der bisherigen Mitglieder, die andere die Wahl von Männern
einer andern politischen Richtung befürworten und befördern. Wie
wird eine solche Verschiedenheit in der Handlungsweise der Regierungen auf deren Verhältniss zu einander und auf deren Autorität
einwirken? — Endlich; es ist zwar Regel des konstitutionellen Staats-
rechtes, dass der Chef der exekutiven Gewalt dasjenige Haus, welches
unmittelbar aus dem Volke originirt, auflösen kann. Aber es hat
meines Wissens keine Analogie in dem Verfassungszustande irgend
eines Landes, dass die eine gesetzgebende Körperschaft befugt ist,

die andere gleichberechtigt neben ihr stehende aufzulösen? Ist nicht
eine solche Befugniss eine Anomalie in sich selbst?

Aber, so werden Diejenigen fragen, welche mit diesen Bemerkungen übereinstimmen, was an die Stelle der Art. 9, 16, 24 und
25 der Reichsverfassung setzen? Wer soll die Ansichten der Deutschen
Regierungen im Reichstage darlegen? Wer soll dort das Budget und
die anderen Vorlagen des Bundesrathes vertreten? Ich glaube, eine
solche Vertretung ist weder nothwendig noch nützlich. Die Vorlagen,
welche vom Bundesrathe an den Reichstag gelangen, sollten so beschaffen sein, dass sie sich selbst vertreten. Wie der Reichstag keine
Mitglieder oder Kommissarien in den Bundesrath entsendet, um dort
die in ihm originirenden Gesetzentwürfe zu vertreten, so braucht auch
der Bundesrath, glaube ich, keine Mitglieder oder Kommissarien mit
der Vertretung seiner Vorlagen im Reichstage zu beauftragen. Aber,
wird man sagen, die Deutschen Regierungen haben ein Recht, ihre
Ansichten öffentlich bekannt zu machen, und dazu gewährt Art. 9
die Mittel. Gewiss; aber gibt es dazu nicht einen einfacheren Weg,
nämlich, dass die legislativen Berathungen des Bundesrathes zu öffentlichen gemacht oder doch die Protokolle über dieselben veröffentlicht
werden?*) Ich vermag nicht einzusehen, wozu Heimlichkeit bei legislativen Berathungen gut ist. Heimlichkeit der Berathungen einer
legislativen Körperschaft ist gewiss kein Vortheil derselben vor einer
andern legislativen Körperschaft, deren Verhandlungen öffentlich sind.
Der Senat der Vereinigten Staaten hat für einige Zeit seine legislativen
Berathungen bei geschlossenen Thüren gehalten;**) er ist davon bald

---

*) Nachschrift. Nach einer Mittheilung des Reichsanzeigers hat der
Bundesrath in seiner Sitzung vom 28. Juni 1872 auf Antrag des württem-
bergischen Bevollmächtigten behufs Veröffentlichung der Bundesrathsverhandlungen beschlossen, seiner Geschäftsordnung folgende Paragraphen hinzuzu-
fügen: §. 22. Unmittelbar nach jeder Bundesrathssitzung wird ein die Gegenstände der Verhandlung und den wesentlichen Inhalt der Beschlüsse
kurz zusammenfassender Bericht durch den Reichsanzeiger veröffentlicht.
§. 23. In grösseren Zeitabschnitten wird eine für die Oeffentlichkeit bestimmte Ausgabe der Bundesrathsverhandlungen, enthaltend den Inhalt der
Protokolle und sonstigen Drucksachen, durch das Reichskanzleramt veran-
staltet.

**) Kent, Commentaries on American law, part II, lect. XI.

genug in seinem eigenen Interesse zurückgekommen. Der Deutsche
Bundesrath ist vielleicht die einzige grössere legislative Körperschaft
auf der Welt, deren legislative Berathungen geheim sind. — Man
überlasse den Reichstag sich selbst, er wird die Wege und Mittel
schon zu finden wissen, welche zum Besten Deutschlands führen.
Nachdem die politische Mündigkeit des Deutschen Volkes dadurch
anerkannt ist, dass demselben ein voller Antheil an der Gesetzgebung
gegeben ist, brauchen seine Vertreter im Reichstage nicht mehr über-
wacht und beeinflusst zu werden, wenn das etwa, was indessen kaum
anzunehmen ist, Zweck der hier besprochenen Vorschriften der Reichsverfassung sein sollte.   Man gebe dem Reichstage die volle Verantwortlichkeit für alle seine Handlungen und Unterlassungen; man
gestatte ihm namentlich nicht, seine Verantwortlichkeit auf die Regierungen abzuwälzen, indem er sich damit entschuldigt, dieselben
hätten gar keine oder keine genügende Vorlage gemacht; darum sei
nichts in der Sache geschehen.   Man führe eine Geschäftsverbindung
ein zwischen Bundesrath und Reichstag, ähnlich der vorhin beschrie-
benen, welche durch langjährige Erfahrungen in England und in den
Vereinigten Staaten von Amerika bewährt ist. Man verzichte auf das,
wie mir scheint, recht gefährliche Recht, den Reichstag während
Dauer seiner Legislaturperiode auflösen zu können. Besteht eine
Meinungsverschiedenheit zwischen Bundesrath und Reichstag, so überlasse man die Ausgleichung des Gegensatzes der Zeit; dieses Mittel
wird in der Regel besser wirken, als eine Auflösung des Reichtages
und deren vermuthliche Folgen, nämlich ein lebhafter Wahlkampf
und eine Rückkehr der früheren Majorität, welche in ihren Anforderungen durch die Neuwahl natürlich nicht bescheidener wird.
Bei dem Reichshaushaltsgesetze und dem Gesetze über die Friedens-
präsenzstärke des Reichsheeres kann allerdings nicht auf den heilenden Einfluss der Zeit verwiesen werden, da das erstere jährlich zu
Stande kommen muss, und das andere nach Ablauf der Zeit, für
welche die gesetzgebenden Körperschaften des Reiches das Heer bewilligt haben. Indessen sind wohl alle namhaften politischen Parteien
bei uns darin einverstanden, dass jeder Verwaltung, so lange sie die
Verfassung respektirt, die nothwendigen Mittel zur Fortführung der
Geschäfte bewilligt werden müssen, wenn auch das grössere oder ge-

ringere Vertrauen, welches die gesetzgebenden Körperschaften der Verwaltung schenken, natürlich auf den Umfang der Bewilligungen von Einfluss sein wird. Und besteht wirklich eine erhebliche Differenz bezüglich des Reichshaushaltsgesetzes, des Gesetzes über die Friedens-präsenzstärke des Reichsheeres oder eines andern dringlichen Gesetzes, so wird immer eine freie Konferenz zwischen den leitenden Mitgliedern beider Körperschaften ein besseres Mittel zur Ausgleichung sein, als wenn die Vertreter der Staaten, welche vielleicht unter sich uneins sind, nach Art von Ministern dem Reichstage gegenüber treten, in welchem Falle gegenseitige Vorwürfe, die nur dazu dienen können, den Streit zu verschärfen, nicht ausbleiben werden.

Alle diese Erörterungen laufen darauf hinaus, die Beziehun-gen, welche gegenwärtig zwischen Bundesrath und Reichs-tag bestehen, zu lösen; den Bundesrath allein zu lassen und den Reichstag allein zu lassen, jeden innerhalb der Sphäre, welche ihm durch die Reichsverfassung ange-wiesen ist; und nur solche Beziehungen zwischen ihnen einzuführen, wie zwischen dem englischen Unterhause und Oberhause und zwischen dem amerikanischen Senate und Repräsentantenhause bestehen. Die Gründe, welche bislang für diese Ansicht angeführt sind, sind meist entnommen aus der Ver-wirrung, welche zur Entstehung kommen mag, sobald im Bundesrathe politische Parteien entstehen oder nur die Deutschen Regierungen über eine wichtige politische Frage uneins sind. Es ist etwas pein-lich, aber es mag nützlich sein, diese Gründe durch ein Beispiel an-schaulich zu machen. Jedermann erinnert sich des innern Konflikts in Preussen. Haben wir irgend eine Garantie gegen die Wiederkehr eines ähnlichen Streites? Würden die Deutschen Regierungen in dem-selben zusammenstehen? Würden nicht einige, ja viele derselben auf diejenige Seite treten, welche das Volk leidenschaftlich ergreift, in dem Gefühl, dass sie der Unterstützung des Volkes bedürfen, und in der Hoffnung, so eine Majorität im Bundesrathe und Reichstage und dadurch die Leitung im Reiche zu gewinnen? Würde das junge Deutsche Reich, in seiner jetzigen Beschaffenheit, bei dem gegen-wärtig bestehenden Verhältniss zwischen Bundesrath und Reichstag einen solchen Konflikt ertragen können?

Eine andere Reihe von Gründen führt, glaube ich, zu demselben Resultate. Bei Feststellung der Beziehungen, welche bei uns zwischen Regierung und Landesvertretung üblich sind, hat das englische Vorbild vorgeschwebt. Alle repräsentative Versammlungen, diesseits und jenseits des Meeres, haben ja schliesslich ihr Vorbild in dem englischen Parlamente.*) Man sah, dass dem englischen Parlament ein Ministerium gegenüberstand. Also stellte man unsern Landesvertretungen auch ein Ministerium gegenüber. Aber man machte unsere Ministerien nicht zu dem, was das englische Ministerium ist, nämlich zu einem leitenden Ausschuss hervorragender Mitglieder beider Häuser des Parlamentes, welche vom Amte zurücktreten, so wie ihnen das Parlament seine Unterstützung und sein Vertrauen entzieht; man wies ihnen vielmehr unter anderen Aufgaben auch diejenige zu, die Regierung gegen den immer wachsenden Einfluss**) der Landesvertretung zu vertheidigen. Daraus ist, was jeder voraussehen mochte, viel Streit und Verwirrung entstanden, ebenso wie in England viel Streit und Verwirrung bestanden hat, bis die gegenwärtig noch fortbestehenden Beziehungen zwischen Parlament und Ministerium sich gebildet haben.***) Die mit Recht beklagte unnatürliche Trennung zwischen „dem Lande der Abgeordneten und dem der Regierungen,"†) welche weder in England noch in den Vereinigten Staaten von Amerika besteht, hat ihren vornehmsten Grund in der unzweckmässigen

---

*) Vergl. Macaulay, History of England, vol. 1, pag. 17; und Macaulay on Hallam's Constitutional History; Critical and Historical Essays, vol. 1, pag. 134. Tauchnitz Edition.

**) Wer die Geschichte unserer Zeit aufmerksam betrachtet, kann darüber nicht im Zweifel sein, dass der Einfluss der Landesvertretungen bei uns in raschem Steigen ist. Das preussische Abgeordnetenhaus erlitt eine grosse Niederlage durch den Krieg und die Siege des Jahres 1866. Es trat durchweg das Gegentheil von dem ein, was es vorhergesagt hatte. Die von ihm so lebhaft und so hartnäckig bekämpfte Militair-Reorganisation bewährte sich vortrefflich. Aber die Niederlage des Abgeordnetenhauses endete damit, dass die Regierung um Indemnität nachsuchte und sie erhielt, — also mit einem Siege des Abgeordnetenhauses und mit einem Anerkenntniss des von ihm beanspruchten Budgetrechts.

***) Vergl. hierüber die sehr beachtenswerthe Darstellung in Macaulay's History of England, vol. VII, pag. 246—248. Tauchnitz Edition.

†) Reichstagsrede des Fürsten v. Bismarck, vom 21. Mai 1869.

Regulirung der Beziehungen zwischen den Abgeordneten und den
Regierungen. Den Anforderungen der Landesvertretungen lag immer
schliesslich das Argument zu Grunde: Wir sind die gesetzlichen
Vertreter des Volkes; der Wille, welchen wir aussprechen, ist der
Wille des Volkes; man hört den Willen des Volkes nicht, um ihn
zu missachten, sondern um ihn auszuführen. Nun ist es schwerlich
richtig, den Willen der Landesvertretung vorbehaltlos mit dem Willen des Volkes zu identifiziren, und es ist gewiss nicht zweckmässig,
jedem Willen der Landesvertretung sofort zu genügen; es ist gewiss
zweckmässig, eine vollziehende Gewalt zu haben, welche einen eigenen
Plan, einen eigenen Willen und die Fähigkeit hat, denselben ungeachtet einer augenblicklichen Opposition der Landesvertretung zur
Ausführung zu bringen. Der beste Beleg dafür liegt in unserer
neuesten Geschichte. Das Deutsche Volk, in seiner grossen Majorität,
ist der preussischen Regierung dafür dankbar, dass sie nicht in ihrer
auswärtigen Politik dasjenige gethan hat, was das preussische Abgeordnetenhaus in den Jahren 1864 bis 1866 immer und immer
wieder verlangt hat. Will man aber eine vollziehende Gewalt, welche
von der Volksvertretung wirklich unabhängig ist, und will man keine
die Existenz oder doch die Entwickelung des Staatwesens gefährdende
Konflikte, so gibt es dazu schliesslich nur ein Mittel, nämlich die
vollziehende Gewalt, soweit thunlich, ausserhalb Berührung mit der
Volksvertretung zu bringen. Die vollziehende Gewalt ist in den Vereinigten Staaten von Amerika weit unabhängiger von dem Willen
des Kongresses, als in England von dem Willen des Parlamentes.*)
Der Grund liegt darin, dass der Präsident der Vereinigten Staaten
und die Mitglieder seines Kabinets keinen Sitz in einem der beiden
Häuser des Kongresses haben, während die Mitglieder des englischen
Ministeriums zugleich Mitglieder eines der beiden Häuser des Parla-

---

*) Für diesen Satz könnten eine Menge Belege angeführt werden. Ich
erwähne nur einen. Der König von England hat seit länger als 170 Jahren von dem ihm gegen Beschlüsse des Parlaments zustehenden Veto niemals Gebrauch gemacht; der Präsident der Vereinigten Staaten, eben so
die Gouverneure der einzelnen Staaten haben von dem ihnen zustehenden
qualificirten Veto gegen Beschlüsse der gesetzgebenden Körperschaften bis
auf die neueste Zeit sehr häufig Gebrauch gemacht.

ments sind. Nun ist zwar der Bundesrath des Deutschen Reiches eine wesentlich gesetzgebende Körperschaft; aber die Mitglieder des Bundesrathes, welche im Reichstage erscheinen, um dort die Ansichten ihrer Regierungen zu vertreten, sind nicht der Bundesrath als gesetzgebende Körperschaft; sie erscheinen im Reichstage als Organe der vollziehenden Gewalt des Reiches oder als Vertreter besonderer Interessen einzelner Staaten. Ist es aber wünschenswerth, eine von dem Willen der Volksvertretung unabhängige vollziehende Gewalt zu haben, und ist dazu das beste Mittel, die vollziehende Gewalt thunlichst ausserhalb Kontakts mit der Volksvertretung zu bringen; ist es ferner richtig, dass die Mitglieder des Bundesrathes im Reichstage vorzugsweise als Organe der vollziehenden Gewalt des Reiches erscheinen; — nun, so ist es gewiss zweckmässig, die Beziehungen, welche gegenwärtig zwischen Bundesrath und Reichstag bestehen, zu lösen; den Bundesrath allein zu lassen und den Reichstag allein zu lassen; und nur solche Beziehungen zwischen ihnen einzuführen, wie zwischen dem englischen Unterhause und Oberhause und zwischen dem amerikanischen Senate und Repräsentantenhause bestehen.*)

---

*) Der Fürst v. Bismarck sagte in seiner Reichstagsrede vom 24. Februar 1870, bei Berathung über den Lasker'schen Antrag wegen Aufnahme Badens in den Norddeutschen Bund: „Ich kam heute hierher, noch im „Zweifel, ob ich es mir überhaupt gefallen lassen sollte, über Fragen der „auswärtigen Politik in dieser Weise öffentlich interpellirt zu werden, ob „ich dem Missbrauch Vorschub leisten sollte, dass beliebig aus irgend einem „äusseren Grunde bei einer Frage über Jurisdiktion die grosse Politik — „ich sage nicht nur die deutsche, sondern die europäische — zum Gegen„stand öffentlicher Diskussion gemacht wird. Ich kann das nicht hindern, „aber dass dabei der Vertreter der auswärtigen Politik interpellirt wird „und, wenn er nicht falsch beurtheilt werden will und sich nicht falsche „Motive unterschieben lassen will, gezwungen ist, zu antworten, scheint mir „befremdlich. Ich kam halb und halb mit der Neigung her, mich diesem „Zwang zu widersetzen, und anzunehmen, dass der Antrag, den Sie gestellt „haben, in der Absicht gestellt sei, dass Sie Ihre eigene Ansicht ausspre„chen wollen, aber nicht nothwendig die Absicht einschliesse, die meinige „an den Tag zu fördern. Nichtsdestoweniger hat die Rede, mit der der „erste Herr Redner den Antrag einleitete, es mir ganz unmöglich gemacht, „dazu zu schweigen; u. s. w." Diese Bemerkungen sind gewiss richtig; aber

Wer aber diesen Vorschlag für zu kühn hält, der wird, wie
mir scheint, dem gegenwärtig bestehenden Zustande vorziehen müssen, dass die Vertretung der Staaten im Reichstage einer einzigen
Regierung übertragen wird, da dann doch wenigstens demselben ein
einheitlicher fester Wille gegenüber steht.*)

---

gegen die Wiederkehr der hier vom Reichskanzler so lebhaft beklagten
Missstände gibt es schliesslich nur ein Mittel, nämlich dass derselbe nicht
mehr im Reichstage erscheint.

*) Die Trennung zwischen gesetzgebender und vollziehender Gewalt
geht wohl nirgends so weit, wie in den Vereinigten Staaten von Amerika.
Der Präsident derselben hat, abgesehen von seinem qualifizirten Veto, nur
dadurch eine Einwirkung auf die Verhandlungen der beiden Häuser des
Kongresses, dass er denselben, von Zeit zu Zeit, von dem Zustande der
Union Kenntniss geben und ihrer Erwägung solche Massregeln empfehlen
soll, als er für nothwendig und nützlich hält. Dasselbe Recht hat der
Deutsche Kaiser. Er übt es aus, durch die Thronrede, bei Eröffnung des
Reichstages. Es ist kein Grund ersichtlich, warum der Kaiser nicht bei
anderen Gelegenheiten eine Botschaft an Bundesrath und Reichstag oder
den einen oder andern derselben richten sollte. — Die Mitglieder des amerikanischen Kabinets (Chefs der einzelnen Verwaltungszweige) pflegen alljährlich dem Kongresse einen Bericht über die Lage der von ihnen vertre-
nen Departements abzustatten und darin besonders hervorzuheben, ob und
welche Aenderungen in der Gesetzgebung sie für diensam halten. Auch
stehen dieselben regelmässig mit einem Mitgliede in jedem der beiden Häuser des Kongresses in enger Verbindung; dieser gilt als ihr Organ und ist
diese seine Eigenschaft bekannt. — Die Verbindung zwischen gesetzgebender
und vollziehender Gewalt würde bei uns auch nach Aufhebung der Art. 9,
Satz 1, 16, 24, Satz 2 und 25 der Reichsverfassung eine viel engere bleiben, als in den Vereinigten Staaten von Amerika. Denn der Reichskanzler,
das Organ des Kaisers für die Reichsverwaltung, ist Vorsitzender im Bundesrathe und hat dort Sitz und Stimme. — Das amerikanische System hat
Proben durchgemacht, so gefährlich, wie sie in irgend einem Staatswesen
vorkommen können. Es hat die schwere Probe eines vierjährigen Bürgerkrieges glücklich bestanden. Ein System, welches eine solche Probe aushalten kann, ist jeder Gefahr gewachsen.

III.

Von der Weise, Gesetze zu machen, von deren Erfordernissen und von deren Gültigkeit.

1. Jede der beiden gesetzgebenden Körperschaften des Reiches hat, wie schon bemerkt, das Recht des Gesetzesvorschlags. Die meisten Gesetze des Norddeutschen Bundes und des Deutschen Reiches haben ihren Ursprung im Bundesrathe genommen. Zwei Gründe können für diese Thatsache angeführt werden. Einmal hat der Bundesrath alles Wissen und alle Erfahrungen der Deutschen Regierungen, welche die Mitglieder desselben ernennen. Die Mitglieder des Reichstages haben zwar ein sehr reiches und verschiedenartiges Wissen, aber nicht immer die genaue Kenntniss der Thatsachen, auf welche es beim Entwurf eines Gesetzes ankommt. *) Und sodann sind die Landesvertretungen in den Deutschen Staaten gewohnt, auf die Handlung der Regierungen zu warten und sich darauf zu beschrän-

---

*) Von allen Hülfsmitteln, welche gesetzgebende Körperschaften zur Vorbereitung und zur Prüfung von Gesetzentwürfen haben, ist das wichtigste, nach Papieren und Personen zu senden, d. h. die Vorlegung solcher Aktenstücke, deren Bekanntwerdung nicht dem Staatswohl zuwider ist, zu fordern und Zeugen und Sachverständige eidlich zu vernehmen. Beide Häuser des englischen Parlamentes und des amerikanischen Kongresses haben diese Befugniss, ebenso diejenigen ihrer Komitee's, welchen dieselbe durch Beschluss des Hauses, welchem sie angehören, übertragen ist. Wenn einer Körperschaft das Recht des Gesetzesvorschlags und der Zustimmung zu Gesetzen gegeben ist, so sollten ihr, zum Besten des Landes und behuf Förderung der Gesetzgebung, alle Mittel gewährt werden, welche erfahrungsmässig geeignet sind, dasjenige Wissen zu erwerben, dessen Besitz bei der Gesetzgebung wünschenswerth ist. Bei einem Gesetzentwurf, welcher das Verhältniss zwischen Fabrikanten und Fabrikarbeitern betrifft, wäre es gewiss für den Reichstag wünschenswerth, intelligente Fabrikanten und Arbeiter über die einschlagenden Verhältnisse zu vernehmen. Ebenso, wenn es sich um die Frage handelt, ob und welchen Schutzes ein Industriezweig bedarf. Fälle, in denen die Vernehmung von Personen und die Vorlegung von Papieren dringend wünschenswerth ist, liessen sich in Menge anführen. Es ist darum sehr zu bedauern, dass der Reichstag bis jetzt nicht die Befugniss hat, nach Papieren und nach Personen zu senden.

ken, die ihnen vorgelegten Gesetzentwürfe zu kritisiren und zu ver-
bessern. Diese Gewöhnung hat gewiss überwiegende Nachtheile. Die
Macht einer Landesvertretung beruht in dem Volke, dessen Vertreter
sie ist. Es ist darum für sie von der grössten Wichtigkeit, dass
stets das Volk weiss, nicht allein, was sie nicht will, sondern auch,
was sie will. Das letztere ist in Deutschland bisweilen nicht leicht
zu ermitteln, wegen der wesentlich negativen Haltung der Landesvertretungen. Es ist darum sehr zu wünschen, dass der Reichstag
immer mehr von dem Rechte des Gesetzesvorschlags Gebrauch macht.*)

Zufolge Art. 7 Ziffer 1 der Reichsverfassung beschliesst der
Bundesrath über die dem Reichstage zu machenden Vorlagen und
über die von demselben gefassten Beschlüsse. Ueber das Verfahren

---

*) Senator Carl Schurz aus Missouri hat in Unterredungen mit dem
Verfasser wiederholt und nachdrücklich auf die Verschiedenheit in der Handlungsweise des amerikanischen Kongresses und der Deutschen Volksvertretungen hingewiesen. Der amerikanische Kongress wartet nicht auf Anheim-
geben des Präsidenten oder der Minister der Vereinigten Staaten, dieses
oder jenes Gesetz zu machen; er lässt sich nicht von den Inhabern der vollziehenden Gewalt nach dieser oder jener Richtung drängen; er ist sich
dessen bewusst, dass er das amerikanische Staatsleben zu leiten berufen
ist. Die Deutschen Volksvertretungen warten gern, bis sie einen Impuls
von der Regierung erhalten. Bei dem lebhaften Interesse, welches der berühmte amerikanische Staatsmann und Redner an dem Gedeihen des Landes seiner Geburt nimmt, ist diese Notiz wohl am Platze. — Es ist er-
staunlich, in welchem Umfange die beiden Häuser des amerikanischen Kongresses, namentlich gegen Schluss der Session, arbeiten. Während der Verfasser in Washington war, haben dieselben beinahe täglich etwa vierstün-
dige Morgensitzungen und ausserdem der Senat sehr häufig bis zu sechs
Stunden dauernde Nachtsitzungen gehabt. Vor der Morgensitzung waren
Komiteesitzungen, in der Regel ebenfalls mehrstündig. — Die Theilnahme
der Mitglieder beider Häuser des Kongresses an dessen Sitzungen ist
durchweg eine sehr regelmässige und andauernde. Von dem Senator
Charles Sumner aus Massachusetts, Mitglied des Senates seit dem 1. December 1851, wird erzählt, dass er mit Ausnahme einer zeitweisen Behinde-
rung vor 16 Jahren, einer Abwesenheit von 6 Tagen, als er vor etwa 6
Jahren seine Mutter in ihrer letzten Krankheit besuchte, und einer Krankheit im Frühling 1871 niemals auf längere Zeit als 20 Minuten aus dem
Senatszimmer während der Sitzungen des Senates abwesend gewesen ist.
New-York Weekly Tribune vom 20. März 1872.

des Bundesrathes bei Vorbereitung der Vorlagen für den Reichstag
sind Vorschriften in der Reichsverfassung nicht enthalten. Bei umfassenden Gesetzesvorlagen wird wohl eine Kommission zu deren Aus-
arbeitung eingesetzt, und werden die Deutschen Staaten oder doch
die grösseren derselben von dem Präsidium eingeladen, Mitglieder
dieser Kommission zu ernennen. Der von der Kommission ausgear-
beitete Gesetzentwurf wird dann wohl den Deutschen Staaten zur
gutachtlichen Aeusserung mitgetheilt. Oder es wird ein Gesetzentwurf von der Regierung eines Staates, namentlich des preussischen
Staates, ausgearbeitet und dann den andern Staaten zur Begutach-
tung übersandt. Dieses Verfahren ist demjenigen ähnlich, welches
vor Errichtung des Norddeutschen Bundes, bei gemeinschaftlicher
Gesetzgebung der Deutschen Staaten (z. B. der Deutschen Wechsel-
Ordnung und dem Deutschen Handelsgesetzbuch) üblich war. Es hat
den Nachtheil, dass es den Schwerpunkt der Vorbereitung der Vorlagen für den Reichstag in die Verhandlungen ausserhalb des Bundesrathes verlegt. Gegen die Ernennung von Kommissionen zur Aus-
arbeitung von Gesetzentwürfen durch den Bundesrath, mit der Befugniss, auch während Vertagung desselben zu sitzen, ist natürlich
nichts einzuwenden; aber es wäre wohl besser, wenn diese Kommissionen in näherer Beziehung zu dem Bundesrathe und in keiner Beziehung zu den einzelnen Deutschen Regierungen ständen. Bei dem
gegenwärtigen Verfahren ist, wenn nicht ein so energischer Reichskanzler, wie wir ihn gegenwärtig haben, im Hintergrunde steht,
Gefahr, dass die Verhandlungen sich sehr lange hinschleppen oder
wohl gar im Sande verlaufen.

Die vom Bundesrath genehmigten Vorlagen werden im Namen
des Kaisers an den Reichstag gebracht.*)

Der Reichstag hat über die Behandlung der Gesetzentwürfe, sowohl der in ihm originirenden als auch der vom Bundesrathe über-
sandten, durch seine Geschäftsordnung Bestimmung getroffen. Es
findet eine dreimalige Berathung Statt, ebenso wie in jedem Hause
des englischen Parlamentes und des amerikanischen Kongresses. Die
erste Berathung ist auf eine allgemeine Diskussion zu beschränken,

---

*) Reichsverfassung Art. 16.

nach deren Schlusse der Reichstag beschliesst, ob eine Kommission mit der Vorbereitung zu betrauen ist. Die zweite Berathung hat namentlich den Zweck, den Gesetzentwurf in allen seinen Einzelheiten zu prüfen; Abänderungsanträge bedürfen in diesem Stadium keiner Unterstützung. Nach dem Schlusse der zweiten Berathung stellt der Präsident des Reichstages mit Zuziehung der Schriftführer die gefassten Beschlüsse zusammen. Eine dritte Berathung findet nicht Statt, wenn der Entwurf in allen seinen Theilen bei der zweiten Berathung abgelehnt ist. Abänderungsvorschläge bedürfen bei der dritten Berathung der Unterstützung von mindestens dreissig Mitgliedern; am Schlusse derselben wird über die Annahme oder Ablehnung des Gesetzentwurfes abgestimmt. Verweisung an eine Kommission kann in jedem Stadium der Berathung beschlossen werden. Gesetzentwürfe, die im Reichstage originiren, bedürfen der Unterstützung von mindestens fünfzehn Mitgliedern.

Die Gesetzentwürfe, über welche der Reichstag Beschluss gefasst hat, werden von dessen Präsidenten an den Reichskanzler, welcher Vorsitzender des Bundesrathes ist, übersandt.

Die vom Bundesrathe und Reichstage genehmigten Gesetzentwürfe bedürfen der Verkündigung, um Gesetz zu werden. Art. 17 der Reichsverfassung bestimmt: „Dem Kaiser steht die Ausfertigung und „Verkündigung der Reichsgesetze ...... zu." Es ist somit Recht des Kaisers, die vom Bundesrathe und Reichstage genehmigten Gesetzentwürfe zu verkündigen; aber es ist auch Pflicht desselben, dies zu thun. Denn zu einem Reichsgesetze ist, vorbehältlich einiger Ausnahmen, Zustimmung der Mehrheit des Bundesrathes und des Reichstages ausreichend. Hätte der Kaiser ein Ermessen, ob er vom Bundesrathe und Reichstage genehmigte Gesetzentwürfe publiziren wollte oder nicht, so würde ihm ein Veto bei der Reichsgesetzgebung zustehen. Dasselbe ist ihm nur bei einigen Zweigen derselben (Art. 5, Absatz 2 der Reichsverfassung) gegeben und ihm dadurch, nach der Rechtsregel: Unius positio est alterius exclusio, sowie durch die Vorschrift im ersten Absatz des Art. 5 bei allen andern Zweigen der Reichsgesetzgebung entzogen.

Aber wie, wenn der Kaiser, aus dem Grunde, dass ein Gesetzentwurf unter einen der Fälle im 2. Absatz des Art. 5 fällt, und dass seine Vertreter im Bundesrathe gegen denselben gestimmt haben, die Publikation ablehnt? Hat der Bundesrath oder der Kaiser darüber zu entscheiden, ob ein Gesetzentwurf unter einen der Fälle im 2. Absatz des Art. 5 fällt? Diesem Falle ist der andere ähnlich: wenn einer der süddeutschen Staaten gegen einen Gesetzentwurf Widerspruch erhebt, um deswillen, dass derselbe eines seiner Sonderrechte berührt und darum seiner Zustimmung bedarf. Ist ein solcher Widerspruch für den Bundesrath bindend, oder hat derselbe darüber zu entscheiden, ob einer der Fälle im 2. Absatz des Art. 5 oder des Art. 78 vorliegt? Die richtige Antwort scheint zu sein: der Bundesrath hat in beiden Fällen darüber zu entscheiden, ob er den Gesetzentwurf genehmigen darf, ohne Rücksicht, in dem ersten Falle auf den Widerspruch Preussens, und im anderen Falle des betreffenden süddeutschen Staates. Denn der Bundesrath hat gleich jeder andern gesetzgebenden Körperschaft zu untersuchen und zu entscheiden, ob die Voraussetzungen vorhanden sind, unter denen er einem Gesetzentwurf seine Zustimmung geben kann, oder ob ein Hinderniss besteht, welches ihn daran hindert. In den Fällen des Art. 5, 2. Absatz und des Art. 78, 2. Absatz, ist der Widerspruch Preussens bez. des süddeutschen Staates ein Hinderniss gegen die Zustimmung des Bundesrathes zu dem Gesetzentwurf. Der Bundesrath hat darum zu untersuchen und zu entscheiden, ob dieses Hinderniss wirklich besteht oder nicht. Das Recht der Gesetzesverkündigung ist dagegen ein formales Recht; es gewährt kein Richteramt bezüglich der Legalität der vom Bundesrathe oder Reichstage gefassten Beschlüsse.

Wie aber, wenn der Kaiser aus irgend einem Grunde oder ohne Grund die vom Bundesrathe und Reichstage genehmigten Gesetzentwürfe nicht verkündigt? Der Kaiser ist nicht verantwortlich. Die Verantwortlichkeit des Reichskanzlers ist bis jetzt eine lediglich theoretische, nicht eine praktische; es mag daher dahingestellt bleiben, ob die Nichtverkündigung eines solchen Gesetzentwurfes den Reichskanzler verantwortlich macht. Art. 19 der Reichsverfassung, welcher von der Reichsexekution handelt, findet keine Anwendung, da die Verkündigung der Reichsgesetze nicht eine verfassungsmässige Pflicht des Bundesgliedes Preussen, sondern Recht und Pflicht des Deutschen Kaisers ist. Eine formale Gewähr für die Verkündigung der vom

Bundesrathe und Reichstage genehmigten Gesetzentwürfe besteht daher
gegenwärtig nicht. · Dagegen besteht hierfür eine materielle Gewähr
darin: dass jede Verletzung der Reichsverfassung deren Autorität erschüttert und dadurch alle Rechte, auch diejenigen des Kaisers,
schwächt, welche durch dieselben gegeben werden; und dass ferner
jede Verletzung der Reichsverfassung geeignet ist, eine Entfremdung
des Volkes von seinen Regierern herbeizuführen und denselben das
zu einer gedeihlichen Fortführung der Regierung erforderliche Vertrauen zu entziehen.

2. Jedes Reichsgesetz hat drei Erfordernisse:

1. Zustimmung des Bundesrathes und des Reichstages,
2. Verkündigung,
3. Uebereinstimmung mit der Reichsverfassung (Verfassungsmässigkeit).

Das erste Erforderniss beruht auf der Vorschrift des Art. 5,
Absatz 1, der Reichsverfassung: „Die Reichsgesetzgebung wird aus-
„geübt durch den Bundesrath und den Reichstag. Die Ueberein-
„stimmung der Mehrheitsbeschlüsse beider Versammlungen ist zu
„einem Reichsgesetze erforderlich und ausreichend." In einigen Fällen
(vergl. Kap. IV, unter II, 3) ist die einfache Mehrheit im Bundesrathe nicht ausreichend und ist dann Zustimmung desselben nur vorhanden, wenn den besondern, für den betreffenden Fall gegebenen
Vorschriften genügt ist. Zustimmung des Bundesrathes und des Reichstages ist zu jedem Reichsgesetze, ohne irgend eine Ausnahme, erforderlich.*)

Das zweite Erforderniss ist im Art. 2 der Reichsverfassung vorgeschrieben: „Die Reichsgesetze erhalten ihre verbindliche Kraft durch
„ihre Verkündigung von Reichswegen, welche vermittelst eines Reichs-
„gesetzblattes geschieht. Sofern nicht in dem publizirten Gesetze ein
„anderer Anfangstermin seiner verbindlichen Kraft bestimmt ist, be-
„ginnt die letztere mit dem vierzehnten Tage nach dem Ablauf des-

---

*) Die Eingangsklausel der Reichsgesetze pflegt zu lauten: „Wir,
„Wilhelm, von Gottes Gnaden Deutscher Kaiser, König von Preussen u. s. w.,
„verordnen im Namen des Deutschen Reiches, nach erfolgter Zustimmung
„des Bundesrathes und des Reichstages, was folgt:"

„jenigen Tages, an welchem das betreffende Stück des Reichsgesetz-
„blattes in Berlin ausgegeben worden ist."*) Auch dieses Erforderniss
gilt ohne Ausnahme.

Das dritte Erforderniss ist ebenfalls im Art. 2 der Reichsverfassung enthalten: „Innerhalb dieses Bundesgebietes übt das Reich
„das Recht der Gesetzgebung nach Massgabe des Inhalts**) dieser
„Verfassung und mit der Wirkung aus, dass die Reichsgesetze den
„Landesgesetzen vorgehen." Dem Reiche ist daher das Recht
der Gesetzgebung nur nach Massgabe der Reichsverfassung
gegeben. Jedes Reichsgesetz muss darum verfassungsmässig sein,
d. i. mit der Reichsverfassung in Uebereinstimmung stehen. Nur dasjenige Gesetz steht mit der Reichsverfassung in Uebereinstimmung,
welches von dem Reiche, in den vorgeschriebenen Formen und innerhalb seiner Befugnisse, oder, was gleichbedeutend ist, innerhalb seiner
Zuständigkeit erlassen ist. Ein Reichsgesetz, ohne Beachtung der Formen
der Reichsverfassung oder ausserhalb der Zuständigkeit des Reiches,
ist kein Gesetz nach Massgabe der Reichsverfassung, sondern ein
Gesetz, entweder unter Abänderung derselben, wenn die dafür vorgeschriebenen Voraussetzungen vorhanden sind, sonst unter Verletzung
derselben.***)

---

*) Der Tag der Ausgabe in Berlin pflegt im Reichsgesetzblatte ver-
merkt zu werden.

**) Die Worte: „des Inhalts" sind bedeutungslos. Die Reichsverfas-
sung und der Inhalt der Reichsverfassung sind dasselbe. Die Reichsverfassung und deren Inhalt können darum nicht von einander unterschieden
werden.

***) Da dem Reiche das Recht der Gesetzgebung nur nach Mass-
gabe der Reichsverfassung gegeben ist, so ist es unnöthig, zu untersuchen, ob nicht schon aus dem Wesen des Bundesstaates und aus
dem Wesen eines Verfassungsgesetzes folgt, dass jedes Gesetz mit
der Bundesverfassung in Uebereinstimmung stehen muss. Ich würde geneigt
sein, beide Fragen zu bejahen. Wenn das Wesen des Bundesstaates darin
besteht, dass ein bestimmter Theil des staatlichen Lebens der grösseren
Gemeinschaft überwiesen ist, und dass der Rest desselben den Staaten gehört, so scheint es eine nothwendige Schlussfolgerung zu sein, dass jeder
derselben, sowohl der Bund als auch der Staat, wenn er auf das Gebiet
des andern übergreift, ausserhalb seiner Befugnisse handelt, und dass seine

Hiermit ist bereits die Ausnahme angegeben, welche dieses Erforderniss erleidet, nämlich Abänderungsgesetze (Zusatzartikel) zur
Reichsverfassung. Dieselben brauchen mit der Reichsverfassung, wie
dieselbe gegenwärtig ist, nicht in Uebereinstimmung zu stehen. Auf
alle Gesetze, welche auf Grund von Zusatzartikeln zur Reichsverfassung gemacht sind, findet dann wieder das Erforderniss der Vor-
fassungsmässigkeit Anwendung, d. h. sie müssen mit der Reichsverfassung oder den Zusatzartikeln zu derselben in Uebereinstimmung
stehen.   .

Nur diejenigen Reichsgesetze können und dürfen als Zusatzartikel zur Reichsverfassung angesehen werden, welche sich als solche

---

Handlungen verfassungswidrig, nichtig und unverbindlich sind, soweit sie
diesen Charakter haben. Aber es ist nicht erforderlich, dieses Argument
weiter auszuführen, da eine ausdrückliche Bestimmung in der Reichsverfassung enthalten ist. In Ansehung des andern Grundes will ich mich darauf
beschränken, einige Sätze aus einer sehr beachtenswerthen Abhandlung eines
der bedeutenderen deutschen Staatsrechtlehrer, R. v. Mohl, anzuführen.
Derselbe sagt, Staatsrecht, Völkerrecht und Politik, Band 1, Seite 82: „Es
„ist nämlich die thatsächliche Entscheidung, seitdem schriftliche Verfassungs-
„urkunden in Amerika und später auf dem europäischen Festlande bestehen,
„zu Gunsten der höheren Gültigkeit der Verfassungsurkunden ausgefallen;
„und zwar ganz unwandelbar und ausnahmelos. Einmal sind schon über-
„haupt die Verfassungsurkunden nur zu dem Zwecke abgefasst worden, um
„durch ihre Satzungen eine festere, unantastbarere und über die Veränder-
„lichkeit und Laune der gewöhnlichen gesetzgebenden Gewalt erhobene
„Grundlage für das Staatsleben zu erhalten. Selbst also, wenn keine aus-
„drückliche Erklärung über das Verhältniss von Verfassungsbestimmung
„und gewöhnlichem Gesetz gegeben wäre, so würde sich die Unterordnung
„des letzteren unter die erstere von selbst verstehen. Es ist aber, zweitens,
„zum Ueberflusse eine ausdrückliche Bestimmung erlassen. Die Verfassungs-
„urkunden enthalten sämmtlich besondere Vorschriften darüber, auf welche,
„namhaft erschwerte Weise Abänderungen ihrer selbst vorgenommen werden
„können. Dies heisst nun doch nichts Anderes, als dass eine Bestimmung
„der Verfassungsurkunde durch ein gewöhnliches Gesetz nicht gültig auf-
„gehoben oder abgeändert werden könne. Ist dem aber also, so muss
„natürlich auch das durch einen unmächtigen Angriff wirkungslos angefoch-
„tene Verfassungsgesetz im vorkommenden einzelnen Falle als die zu be-
„folgende Norm betrachtet werden, und nicht das von Hause aus wirkungs-
„lose Gesetz.“

ankündigen. Dies folgt aus dem Gegensatze der Art. 5 uud 78 der Reichsverfassung. Art. 5 betrifft die ordentliche gewöhnliche Reichsgesetzgebung nach Massgabe der Reichsverfassung, und bestimmt: „Die Reichsgesetzgebung wird ausgeübt durch den Bundesrath und „den Reichstag." Art. 78 betrifft die ausserordentliche aussergewöhnliche Reichsgesetzgebung, nicht nach Massgabe der Reichsverfassung, sondern unter Abänderung derselben, und lautet: „Veränderungen der Ver„fassung erfolgen im Wege der Gesetzgebung. Sie gelten als abge„lehnt, wenn sie im Bundesrathe 14 Stimmen gegen sich haben." Dies folgt ferner daraus, dass die Zusatzartikel einen Theil der Reichsverfassung bilden, und darum nur unter denselben Formen, wie die ursprünglichen Bestimmungen derselben, aufgehoben oder abgeändert werden können. Bei den Zusatzartikeln zur Reichsverfassung muss daher äusserlich erkennbar hervortreten, dass sie einen Theil derselben bilden.*)

Das Erforderniss der Verfassungsmässigkeit eines Reichsgesetzes erleidet nur die eben angegebene Ausnahme.**)

3. Es bleibt die ebenso wichtige als schwierige Frage: welche Bedeutung hat ein Reichsgesetz, dem eines der drei Erfordernisse fehlt? Diese Frage ist am einfachsten bei dem Erfordernisse der Verkündigung. Ein nicht durch das Reichsgesetzblatt publizirtes

---

*) Durch Gesetz vom 21. Juni 1870 ist die Legislaturperiode des damals fungirenden Reichstages über die dreijährige Frist ausgedehnt, unter zeitweiser Abänderung des Art. 24 der Verfassung des Norddeutschen Bundes. Die Ueberschrift dieses Gesetzes lautet: „Gesetz, betreffend eine zu„sätzliche Bestimmung zum ersten Satz des Art. 24 der Verfassung des „Norddeutschen Bundes." Dass dieses Gesetz im Bundesrathe die damals erforderliche Zweidrittelmajorität gefunden hat, ist durch die Eingangsklausel angedeutet, in welcher es heisst: „Nach erfolgter verfassungsmässigen Zu„stimmung des Bundesrathes," abweichend von der gewöhnlichen Klausel: „Nach erfolgter Zustimmung des Bundesrathes."

**) Gegen diese Darstellung der Erfordernisse eines Reichsgesetzes könnte der Einwand erhoben werden, dass das dritte Erforderniss, die Verfassungsmässigkeit, die beiden andern, Zustimmung des Bundesrathes und des Reichstages und Verkündigung, umfasst. Aber es war zweckmässig, das materielle Erforderniss der Verfassungsmässigkeit von den beiden andern formalen Erfordernissen zu trennen.

Reichsgesetz ist kein Reichsgesetz; denn es fehlt ihm eine nothwendige Form für die Wirksamkeit eines solchen. — Wie aber, kann
die Verkündigung die Zustimmung des Bundesrathes und des Reichstages oder des einen oder andern derselben ersetzen? Diese Frage
ist unzweifelhaft zu verneinen. Denn es ist vorgeschrieben, einmal,
dass jedes Reichsgesetz der Verkündigung bedarf, und sodann, dass
es der Zustimmung des Bundesrathes und des Reichstages bedarf.
Beide Erfordernisse stehen neben einander, jedes selbstständig, jedes
wesentlich, das eine unabhängig von dem andern. Dem verkündigten
Reichsgesetz, welches der Zustimmung des Bundesrathes oder Reichstages entbehrt, fehlt daher ein nothwendiges Erforderniss eines Reichsgesetzes. Wäre es anders, so könnte derjenige, welchem die Verkündigung der Reichsgesetze zusteht, sich dadurch zum unumschränkten
Herrn Deutschlands machen, dass er dies in Form eines Reichsgesetzes ausspräche. Dieses Gesetz wäre verbindlich, weil es die Form
eines Gesetzes hat; geordneter Widerspruch gegen dasselbe wäre unmöglich, weil es alle Organe, namentlich den Bundesrath und Reichstag, abschaffte oder doch abschaffen könnte, von welchen ein solcher
auszugehen vermöchte. Das Beispiel ist extravagant; aber es zeigt,
wie ungesund die Theorie ist, dass ein Reichsgesetz verbindliche Kraft
hat, allein wegen seiner Verkündigung, ohne Rücksicht, ob die andern
Erfordernisse eines Gesetzes vorhanden sind. — Weiter, kann die
Verkündigung eines Reichsgesetzes und die Zustimmung des Bundesrathes und des Reichstages zu demselben das Erforderniss der Verfassungsmässigkeit ersetzen? Hier findet dasselbe Argument Anwendung, welches eben gebraucht ist. Dem Reiche ist das Recht der
Gesetzgebung nur nach Massgabe seiner Verfassung gegeben; auch
dieses Erforderniss ist selbstständig, wesentlich und unabhängig von
den andern Erfordernissen. Wäre es anders, so wäre die Mehrheit
im Bundesrathe und Reichstage absoluter Herr in Deutschland. Alle
Schranken, welche ihrer Thätigkeit in der Reichsverfassung gesetzt
sind, wären nur soweit von Bedeutung, als sie sich innerhalb derselben zu halten für gut fänden. — Ein Reichsgesetz, welchem
eines oder mehrere der drei Erfordernisse fehlen, ist darum kein Reichsgesetz; es hat nur die Form eines solchen,

nicht aber dessen verbindliche Kraft; es ist nichtig und
unverbindlich.

Hier beginnt die Schwierigkeit der Untersuchung. Wer ist
Richter, ob die Erfordernisse eines Reichsgesetzes vorhanden sind oder nicht?

Bislang ist nur die eine Seite der Frage ins Auge gefasst, die
Reichsgesetzgebung. Aber die Frage hat noch eine andere Seite, die
Staaten- (Landes-) Gesetzgebung. Ein Staatengesetz kann mit der
Reichsverfassung oder einem nach Massgabe derselben gemachten
Gesetze in Widerspruch stehen. Da die Reichsverfassung und die
nach Massgabe derselben gemachten Gesetze das höchste Gesetz sind,
so ist das Staatengesetz nichtig und unverbindlich, insoweit es mit
demselben unvereinbar ist. (Vergl. Kap. III unter I, 5.) Die theoretische Beantwortung dieser Frage hat keine Schwierigkeit; aber
es bleibt auch hier die schwierige Frage: Wer ist Richter, ob ein
Staatengesetz mit der Reichsverfassung oder einem nach
Massgabe derselben gemachten Gesetze in Widerspruch
steht?

Man wird antworten: jede gesetzgebende Körperschaft, welche
einen Gesetzentwurf unter Berathung hat, muss untersuchen, ob die
Genehmigung desselben zu ihrer Zuständigkeit gehört. Unzweifelhaft
ist diese Antwort eine richtige. Jede gesetzgebende Körperschaft muss
ihre Zuständigkeit prüfen, ehe sie einen Gesetzentwurf genehmigt.
Der Bundesrath und der Reichstag müssen daher untersuchen, ob ein
Gesetzentwurf, den sie berathen, verfassungsmässig ist, d. h. sich
innerhalb der Schranken hält, welche die Reichsverfassung der Reichsgesetzgebung setzt. Die gesetzgebenden Körperschaften der Staaten
müssen untersuchen, ob ein Gesetzentwurf, welchen sie berathen, mit
der Reichsverfassung und den nach Massgabe derselben gemachten
Gesetzen in Uebereinstimmung steht.

Da es klar ist, dass die verschiedenen gesetzgebenden Körperschaften hierüber zu einer verschiedenen Ansicht gelangen können;
dass der Bundesrath und der Reichstag einen Gesetzentwurf für verfassungsmässig halten können, in welchem Landesvertretungen einen
Eingriff in die Staatenrechte finden; dass die letzteren einen Gesetzentwurf für zulässig halten können, welcher nach Ansicht der gesetz-

gebenden Körperschaften des Reiches mit der Reichsverfassung oder
nach Massgabe derselben gemachten Gesetzen unvereinbar ist; so ist
es erforderlich, das Verhältniss der gesetzgebenden Körperschaften des
Reiches zu denjenigen der Staaten in Erwägung zu ziehen.

Das Reich ist innerhalb der ihm zugewiesenen Zuständigkeit,
die Staaten sind innerhalb der ihnen verbliebenen Zuständigkeit unabhängig und souverain. (Vergl. Kap. III, unter I, 6.) Zwischen
ihnen besteht daher das Verhältniss der Gleichstellung, nicht das der
Unterordnung des einen unter den andern. Aber wie, wenn zwischen
ihnen ein Streit über die Grenzlinie ihres beiderseitigen Gebietes entsteht? Ist einer von ihnen Richter über die Grenzlinie? Gewiss
nicht, wenn nicht dem einen oder andern durch die Reichsverfassung
ein Richteramt gegeben ist; sonst gilt die Regel, dass Niemand in
eigener Sache Richter sein kann.

Ist denn durch die Reichsverfassung den gesetzgebenden Körper-
schaften des Reiches ein Richteramt gegeben über Gesetzesakte der
Staaten oder den gesetzgebenden Körperschaften der Staaten über
Gesetzesakte des Reiches?

Unzweifelhaft ist den Staaten keine Zuständigkeit gegeben über
Gesetzesakte des Reiches. Die gesetzgebenden Körperschaften derselben dürfen sich darum in die Reichsgesetzgebung nicht einmischen;
sie dürfen namentlich ein Reichsgesetz nicht für verfassungswidrig,
nichtig und unverbindlich erklären. Aber sie sind berechtigt, die
Grenzen ihrer Befugnisse zu untersuchen und nach dem Ergebniss
dieser Untersuchung zu handeln; es sei denn, dass dem Reiche ein
Recht der Einmischung in diese Frage gegeben ist.

In der Reichsverfassung ist bestimmt, dass die nach Massgabe
derselben gemachten Gesetze den Vorzug vor den Landesgesetzen
haben (Art. 2). Aber die Frage ist: ob die gesetzgebenden Körperschaften des Reiches Richter sind über die Verfassungsmässigkeit
ihrer eigenen Gesetzesakte und derjenigen der Staaten. Wenn die
Reichsverfassung lautete: „Die Gesetze, welche Bundesrath und
„Reichstag zu beschliessen für gut finden, haben den Vorzug vor
„den Landesgesetzen,‟ dann wäre die Frage entschieden; aber die
Reichsverfassung lautet nicht so; sie gibt nur den verfassungsmässi-

gen Reichsgesetzen Vorzug vor den Landesgesetzen. Art. 2 der Reichsverfassung enthält daher keine Entscheidung der Frage.

In der Reichsverfassung ist ferner bestimmt, dass der Bundesrath, unter Umständen, über Streitigkeiten zwischen den Staaten zu entscheiden hat (Art. 76). Aber dies ist kein Streit zwischen Staaten. Es mag ein Streit zwischen dem Reiche und einem oder mehreren Staaten sein, und hierauf findet Art. 76 keine Anwendung. (Vergl. Kap. III, unter II, 3, 3.)

In der Reichsverfassung ist weiter bestimmt, dass Bundesglieder, welche ihre verfassungsmässigen Pflichten nicht erfüllen, dazu durch Exekution angehalten werden können (Art. 19). Die Exekution ist vom Bundesrathe zu beschliessen. Derselbe hat daher Kognition darüber, ob der Fall des Art. 19 vorliegt. Nun wird man sagen: es ist eine verfassungsmässige Pflicht der Staaten, die Reichsverfassung und die nach Massgabe derselben gemachten Gesetze zu respektiren; sie verletzen diese Pflicht, wenn sie ein Gesetz erlassen, welches mit der Reichsverfassung oder einem Gesetze nach Massgabe derselben in Widerspruch steht; der Bundesrath mag untersuchen, ob dieser Fall vorliegt; und wenn er findet, dass dem so ist, so mag er dem betreffenden Staate aufgeben, seine Gesetzgebung zu ändern, und dies nöthigenfalls durch Exekution erzwingen. — Es mag bezweifelt werden, ob dies Argument ein richtiges ist; jedenfalls aber ist es ein unbefriedigendes aus mehr als einem Grunde:

1. Zunächst wäre es höchst anomal, wenn eine gesetzgebende Körperschaft, welche in Gemeinschaft mit einer andern das Recht des Gesetzesvorschlags und der Gesetzeszustimmung hat, für sich allein der endgültige Ausleger der von ihr nur mitbeschlossenen Gesetze in der Richtung wäre, ob andere Gesetze mit ihnen in Uebereinstimmung stehen oder nicht.

2. Sodann bietet der Bundesrath nach seiner Zusammensetzung und nach seinem Verfahren keine Garantie für eine gerechte Entscheidung dieser hochwichtigen Frage. Die Mitglieder desselben stimmen nach Instruktionen, welche nach politischen Rücksichten ertheilt werden. Die Staaten haben keine Garantie, dass der Bundesrath nicht weise und nützliche Landesgesetze aus politischen Gründen für verfassungswidrig erklärt und deren Aufhebung verlangt. Es ist

kaum nöthig, zur Illustration dieser Sätze an die Thätigkeit der
Frankfurter Bundesversammlung gegen die in Deutschen Staaten in
den Jahren 1848 und 1849 erlassenen Verfassungsgesetze zu erinnern.

3. Dann lässt dies Argument die Reichsgesetze und die Staatengesetze, welche vielleicht einander direkt gegenüber stehen, bis dahin
neben einander bestehen, dass der betreffende Staat die letzteren auf
Anweisung des Bundesrathes aufgehoben hat. Der Bundesrath ist
eine politische, keine richterliche Körperschaft, seine Beschlüsse werden nach politischen Gründen gefasst. Er mag die Gefahr eines
Widerspruches zwischen der Reichs- und der Staatengesetzgebung für
geringer halten, als diejenige, welche durch Anweisung an einen
Staat, seine Gesetzgebung mit der Reichsgesetzgebung in Einklang
zu bringen, entstehen kann; er mag daher Bedenken tragen, eine
solche Anweisung zu erlassen oder derselben durch Exekution Nach-
druck zu geben.

4. Und endlich trifft dies Argument nur die Staatengesetze,
nicht aber die Reichsgesetze. Der Bundesrath ist keinesfalls befugt,
über die Verfassungsmässigkeit eines verkündigten Reichsgesetzes zu
entscheiden. Die Staaten, welche meinen, durch ein Reichsgesetz in
ihren Rechten verletzt zu sein, können daher nicht mit Erfolg bei
dem Bundesrathe um Abhülfe nachsuchen.

Weiter kommt folgender Gesichtspunkt erheblich in Betracht.
Was sind alle Bestimmungen der Reichsverfassung, welche die Zuständigkeit des Reiches regeln, und welche Rechte einzelner Staaten
in Beziehung auf das Reich feststellen, anders, als Schranken für die
Thätigkeit der Organe des Reiches, und Verbote an dieselben, diese
Schranken zu überschreiten? Ist es nun selbstverständlich, dass derjenige, welchem eine Schranke gesetzt ist, auch Richter darüber ist,
wie weit dieselbe geht? Heisst das nicht vielmehr, die Schranke in
das Belieben desjenigen zu stellen, welchem sie gesetzt ist? Ist es
weise, Jemandem zu sagen: Du darfst nur soweit gehen; dort beginnt das Gebiet deines Nachbars; und dann den Zusatz zu machen:
aber du bist selbst Richter über die Grenzlinie; wenn du dieselbe
überschreitest, so ist das für deinen Nachbar verbindlich; der Nachbar ist von deinem Ermessen abhängig? Gerade so sprechen die-

jenigen, welche sagen, dass die gesetzgebenden Körperschaften des
Reiches oder gar die eine oder andere derselben über die Verfas-
sungsmässigkeit ihrer eigenen Gesetzesakte und derjenigen der Staaten
Richter sind.

Alle diese Erörterungen weisen hin auf die richtige Antwort.
Die Verfassungsmässigkeit eines Reichsgesetzes auf der einen Seite
und eines Staatengesetzes auf der andern Seite kann nicht auf dem
Gebiete der Gesetzgebung, sondern nur auf dem der Gesetzesanwendung endgültig festgestellt werden. Daher muss denn auch die
weitere Untersuchung dieser wichtigen Frage dem Kapitel vorbehalten
bleiben, welches von der Gesetzesanwendung handelt. (Vergl. Kap. VI,
unter IV.)

Fünftes Kapitel.

Die vollziehende Gewalt des Reiches.

I.

Aufgaben und Organisation der vollziehenden Gewalt.
Verhältniss derselben zur gesetzgebenden und
richterlichen Gewalt.

Eine wohlorganisirte energische Exekutive ist für die Wohlfahrt des Volkes ebenso wesentlich und nothwendig, als eine gute gesetzgebende Gewalt.

Die vornehmsten Aufgaben der vollziehenden Gewalt sind folgende: 1. den Staat andern Staaten gegenüber völkerrechtlich zu vertreten, wozu auch die Unterhandlung und der Abschluss von Verträgen und Bündnissen und die Kriegführung gehört; 2. die Mittel, namentlich Heer und Marine, zu beschaffen und zu organisiren, welche nöthig und geeignet sind, die Integrität und Würde des Staates aufrecht zu erhalten; 3. die Gesetze auszuführen und die Bürger in ihrer Person und in ihren Rechten zu schützen, insbesondere in den Fällen von Aufruhr und Unordnung, wenn der gewöhnliche Schutz durch die Gerichte nicht ausreicht; 4. die Beamten, welchen die Ausführung und Anwendung der Gesetze obliegt, auszuwählen und anzustellen.

Ein Blick auf die Aufgaben der Exekutive führt zur Beantwortung der Frage, in welcher Weise sie organisirt sein sollte. Einheit, Entschlossenheit, Heimlichkeit, Schnelligkeit, Stabilität sind noth-

wendige Eigenschaften der vollziehenden Gewalt, wogegen es bei der
Gesetzgebung vornehmlich auf Kenntniss und Abwägung von Thatsachen und auf gerechte Entscheidung zwischen widerstreitenden Interessen ankommt. Es ist darum gerathen, die vollziehende Gewalt
in eine feste Hand zu legen und die gesetzgebende Gewalt berathen-
den Körperschaften anzuvertrauen. Die charakteristischen Eigenschaften der letzteren, lange öffentliche Debatten mit lebhafter Diskussion und häufige Kompromisse, sind für manche Aufgaben der
vollziehenden Gewalt durchaus ungeeignet.

Die Exekutive erhält das Gesetz, welches sie auszuführen berufen ist, von der gesetzgebenden Gewalt. Es ist selbstverständlich
und braucht kaum hervorgehoben zu werden, dass das Gesetz für
Diejenigen, welche regieren, und für Diejenigen, welche regiert werden, gleichmässig verbindlich ist. Der Grundsatz des römischen
Rechtes: princeps legibus solutus est, gilt nur noch insoweit, dass
der Monarch für seine Person unverantwortlich ist.

Bei Untersuchung der Beziehungen zwischen Bundesrath und
Reichstag ist bereits hervorgehoben, dass und warum es wünschenswerth ist, eine vollziehende Gewalt zu haben, welche einen eigenen Plan,
einen eigenen Willen und die Fähigkeit hat, denselben ungeachtet augenblicklichen Widerspruches der Volksvertretung durchzuführen. Zu diesem
Behuf sollte nicht allein die vollziehende Gewalt, so weit thunlich, ausserhalb unmittelbaren Kontakts mit der Volksvertretung gebracht, es
sollte ihr auch, zu ihrem Schutze, behuf Sicherstellung gegen Uebergriffe der gesetzgebenden Gewalt, eine Einwirkung auf deren Beschlüsse, sei es in dieser, sei es in jener Form, gegeben werden. Auf
der andern Seite wird durch die Geschichte reichlich erwiesen, dass
eine vollziehende Gewalt, welche ihre Zeit und deren Zeichen nicht
versteht, welche eigensinnig ihren eigenen Weg geht, unbekümmert
um die Wünsche und Bedürfnisse des Volkes, welches sie zu regieren
berufen ist, sich selbst zu Grunde richten und das Land in schwere
Schäden bringen kann.*) Es ist darum wünschenswerth, dass die

---

*) Karl I. und Jakob II. von England, Ludwig XVI. von Frankreich
(welcher vornehmlich für die Fehler seiner Vorgänger gebüsst hat) und die
Mehrheit der Fürsten, welche in den letzten Jahrzehnten in so grosser Zahl
depossedirt sind.

Beziehungen zwischen den Organen der gesetzgebenden und denen
der vollziehenden Gewalt so geregelt werden, dass die letzteren auf
die Dauer den nach wiederholter reiflicher Ueberlegung ausgesprochenen Wünschen und Anforderungen der ersteren keinen Widerstand leisten können.

Die vollziehende Gewalt hat durch den Befehl des Heeres und
der Marine die Mittel, sich über die ihr gesetzten verfassungsmässigen
Schranken hinwegzusetzen. Da die Geschichte beweist, dass sie hiervon häufiger Gebrauch gemacht hat, so ist das Verlangen gerechtfertigt, dass die Organe der vollziehenden Gewalt in einer zweckmässig geordneten Weise zur Verantwortung gezogen werden können.
(Vergl. Kap. VI, unter V.)

Von der vollziehenden Gewalt scheidet die Anwendung des Gesetzes auf Streitsachen zwischen Parteien aus. Diese Funktion gebührt den Gerichten. Die Organisation derselben und ihr Verfahren
muss sich nach andern Grundsätzen richten, als bei der vollziehenden
Gewalt in Anwendung kommen.

II.

Von dem Deutschen Kaiser.

Im Art. 11 der Reichsverfassung ist bestimmt: „Das Präsidium
„des Bundes steht dem Könige von Preussen zu, welcher den Namen
„Deutscher Kaiser" führt.

Ein alter ehrwürdiger Name, der des Deutschen Kaisers, ist
wieder hergestellt. Aber es ist nicht die alte machtlos gewordene
Deutsche Kaiserwürde wieder von den Todten auferweckt; es ist
nicht das alte Deutsche Reich, unter welchem Namen Deutschland
so viel Verlust an Land und Ehre erlitten hat. Des ist ein sicherer
Beweis, dass das neue Deutsche Reich und die neue Deutsche Kaiserwürde in Versailles proklamirt worden sind, dem alten Sitze französischer Könige, von deren Feindschaft und Anmassung Deutschland
so viel gelitten hat; dass die erste glänzende That des neuen
Deutschen Kaisers gewesen ist, Landstriche mit Deutscher Bevöl-

kerung, deren wir zu unserer Sicherheit gegen Frankreich bedürfen, mit dem Deutschen Reiche zu verbinden; und dass die Proklamation des neuen Deutschen Kaisers an das Deutsche Volk, bei Uebernahme der Kaiserwürde, mit den denkwürdigen Worten schliesst: „Uns „aber und Unseren Nachfolgern an der Kaiserkrone wolle „Gott verleihen, allzeit Mehrer des Deutschen Reiches zu „sein, nicht an kriegerischen Eroberungen, sondern an „den Gütern und Gaben des Friedens auf dem Gebiete „nationaler Wohlfahrt, Freiheit und Gesittung."

In dem Frankfurter Parlament von 1848 und 1849 wurde nach langen Debatten entschieden, dass die Würde des Deutschen Kaisers und damit der Haupttheil der vollziehenden Gewalt des Reiches dem Könige von Preussen übertragen werden solle. Seitdem ist es das beinahe einmüthige Streben der Deutschen Patrioten gewesen, Preussen und dessen König an die Spitze Deutschlands zu bringen; und sie haben daran festgehalten, ungeachtet aller Feindschaft und Verfolgung, welche sie darum in Deutschen Staaten bis zum Jahre 1866 zu erdulden gehabt haben.

In der Verfassung des Norddeutschen Bundes fehlten die Namen „Deutscher Kaiser" und „Deutsches Reich." Mit der Wiederher-stellung derselben ist mit Recht gewartet, bis das Deutsche Einheits-werk weiter vorgeschritten war. Der König von Preussen führte in dem Norddeutschen Bunde die bescheidenen Namen „Präsident des „Bundes, Bundesfeldherr, Oberbefehlshaber der Marine." In den Be-fugnissen desselben ist durch Uebertragung des Namens „Deutscher Kaiser" eine Vermehrung nicht eingetreten.

Der Haupttheil der vollziehenden Gewalt des Reiches steht dem Deutschen Kaiser zu.

Von einer grösseren Zahl exekutiver und anderer Befugnisse des Kaisers hat des Zusammenhanges halber bereits an früheren Stellen die Rede sein müssen; insoweit wird ein Hinweis auf die früheren Untersuchungen ausreichen.

Der Kaiser hat das Reich völkerrechtlich zu vertreten, im Namen des Reiches Krieg zu erklären und Frieden zu schliessen, Bündnisse und andere Verträge mit fremden Staaten einzugehen, Gesandte zu beglaubigen und zu empfangen, und Konsuln anzustellen. (Vergl. Kap. III, unter II, 2.)

Der Kaiser hat den Oberbefehl über das Deutsche Heer, im Kriege ohne Einschränkung, im Frieden ausser in Bayern. Der Kaiser hat ausgedehnte militairische Befugnisse. (Vergl. Kap. III unter II, 1.)

Der Kaiser hat den Bundesrath und den Reichstag zu berufen, zu eröffnen, zu vertagen und zu schliessen. (Vergl. Kap. IV unter II, 3.)

Die Vorlagen des Bundesrathes werden im Namen des Kaisers an den Reichstag gebracht. (Vergl. Kap. IV, unter II, 5.)

Dem Kaiser steht die Ausfertigung und Verkündigung der Reichsgesetze zu. (Vergl. Kap. IV, unter III, 1.)

Der Kaiser hat die Ausführung der Reichsgesetze zu überwachen.*) Diese wichtige Befugniss gewährt das Recht, von allen Thatsachen, welche sich auf die Ausführung der Reichsgesetze beziehen, Kenntniss zu nehmen; sie begründet eine Verbindlichkeit für alle Beamte, welchen die Ausführung der Reichsgesetze obliegt, hierüber auf Ersuchen Auskunft zu ertheilen. Dagegen ist die Abstellung der Mängel, welche bei der Ausführung der Reichsgesetze hervortreten, nicht dem Kaiser, sondern dem Bundesrathe übertragen.**)

Der Kaiser kann, wenn die öffentliche Sicherheit in dem Bundesgebiete bedroht ist, einen jeden Theil desselben in Kriegszustand erklären. (Vergl. Kap. III, unter II, 5, 3.)

Der Kaiser ernennt die Reichsbeamten, lässt dieselben für das Reich vereidigen und verfügt erforderlichen Falls deren Entlassung.***)

Das wichtige Recht des Kaisers, die Reichsbeamten zu ernennen und zu entlassen, bedarf einer genaueren Untersuchung.

Das Gesetz sagt: Der Kaiser ernennt die Reichsbeamten. Von der Befugniss, die Beamten zu ernennen, ist die Befugniss verschieden, Aemter zu schaffen. Die erstere gebührt der Exekutive; die andere gehört im Verfassungsstaate der gesetzgebenden Gewalt. In der Reichsverfassung ist keine Bestimmung enthalten, welche den Kaiser autorisirt, neue Reichsämter zu errichten. †)

---

*) Reichsverfassung Art. 17.
**) Desgl. Art. 7, Ziffer 3.
***) Desgl. Art. 18.
†) Hiervon ist in der Praxis bisweilen abgewichen. Namentlich ist

Neben der allgemeinen Vorschrift im Art. 18 der Reichsverfassung, dass der Kaiser die Reichsbeamten zu ernennen hat, finden
sich mehrere Spezialbestimmungen über die Ernennung von Reichsbeamten. Im Art. 15 ist bestimmt, dass der Kaiser den Reichskanzler
zu ernennen hat; im Art. 36, Satz 2, dass der Kaiser die Reichsbeamten, behuf Ueberwachung der Einhaltung des gesetzlichen Verfahrens bei Erhebung und Verwaltung der Zölle und Verbrauchssteuern, den Zoll- oder Steuerämtern und den Direktivbehörden der
einzelnen Staaten, nach Vernehmung des Ausschusses des
Bundesrathes für Zoll- und Steuerwesen, beiordnet; im Art. 56,
Satz 1, dass der Kaiser die Konsuln, nach Vernehmung des
Ausschusses des Bundesrathes für Handel und Verkehr,
anstellt. Die durch gesperrte Schrift hervorgehobenen Vorschriften
deuten an, dass, wenn auch dem Kaiser die Ernennung der Reichsbeamten zusteht, doch bei Bestimmung derselben Einschränkungen
zulässig sind. Insbesondere kann dem Bundesrathe, ohne Verletzung
der Reichsverfassung, eine Mitwirkung bei Bestimmung der Reichsbeamten übertragen werden, wie wiederholt geschehen ist. Nament-

---

das sehr wichtige Bundeskanzler-Amt durch Allerhöchsten Präsidial-Erlass
vom 12. August 1867 geschaffen. Nicht allein die Legalität, sondern auch
die Zweckmässigkeit dieses Verfahrens unterliegt erheblichen Bedenken.
Denn es besteht keine Verbindlichkeit für Bundesrath und Reichstag, die
Mittel zur Fortdauer der durch Präsidial-Erlass begründeten Aemter zu bewilligen, wogegen dieselben nicht umhin können, die nothwendigen Mittel
zur Fortdauer der auf gesetzlicher Grundlage beruhenden Aemter zu gewähren. Die Anerkennung der durch Präsidial-Erlass begründeten Aemter
im Reichshaushaltsgesetz geht nur so weit, wie dasselbe reicht, d. h. erlischt mit dem Ablaufe des Jahres, für welches dasselbe gilt. Wir sollten
immer vor Augen haben, aus welchen Umständen der innere Konflikt in
Preussen hervorgegangen ist, und nicht vergessen, dass das Reich einer Organisation bedarf, welche, soweit menschliche Voraussicht dazu ausreicht,
Konflikten vorbeugt. Es ist darum dringend zu wünschen, dass alle Reichsämter von Anfang an eine feste gesetzliche Grundlage haben. Die Befugniss
des Bundesrathes und des Reichstages, die zur Ausführung der Reichsverfassung nöthigen Aemter durch Gesetz zu errichten, ist nicht zweifelhaft;
sie beruht auf der Regel, dass das Reich befugt ist, alle Gesetze und Verordnungen zu erlassen, welche zur Ausführung der ihm übertragenen Befugnisse nothwendig und geeignet sind. (Vergl. Kap. III, unter I, 3.)

lich ist im §. 3 des Gesetzes über das Bundes-Oberhandelsgericht
vom 12. Juni 1869 bestimmt, dass dessen Mitglieder auf Vorschlag
des Bundesrathes von dem Bundespräsidium ernannt werden.
Ebenso muss es für zulässig gehalten werden, dass die Ernennung
der unteren Reichsbeamten an Reichsbehörden oder deren Vorsteher
delegirt wird.

Einschränkungen des Chefs der exekutiven Gewalt im Bundesstaate bei Auswahl der Beamten können dem Wesen desselben und
dem Wesen konstitutioneller Regierung nicht für zuwider gehalten
werden. In den Vereinigten Staaten von Amerika werden die Richter
und die höheren Bundesbeamten, darunter auch die Mitglieder
des Kabinets, von dem Präsidenten mit Beirath und Zustimmung
des Senates bestimmt. In England hat das Parlament zwar formell
kein Veto bei der Ernennung von Ministern; aber es hat ein solches
Recht materiell seit der Revolution des Jahres 1688 besessen.*)

Der Kaiser verfügt erforderlichen Falls die Entlassung der
Reichsbeamten. Die einschränkende Klausel „erforderlichen Falls"
weist hin auf die Gesetze, welche Bundesrath und Reichstag über
die Amtsdauer der Reichsbeamten erlassen mögen, und beschränkt
das Entlassungsrecht des Kaisers auf diejenigen Fälle, in welchen die
Entlassung durch das Gesetz für statthaft erklärt wird.

Eine Untersuchung der einzelnen Reichsämter liegt ausserhalb
des Planes dieses Buches; nur von dem wichtigsten derselben, dem
Amte des Reichskanzlers, welches durch die Reichsverfassung selbst
angeordnet ist, muss die Rede sein.

Der Reichskanzler hat zwei Funktionen; er ist Vorsitzender im
Bundesrathe und Organ des Kaisers für die vollziehende Gewalt.

Von den ersten Funktionen handelt Art. 15 der Reichsverfassung:
„Der Vorsitz im Bundesrathe und die Leitung der Geschäfte steht
„dem Reichskanzler zu." Es wird nicht unterschieden zwischen den
legislativen und den exekutiven Geschäften des Bundesrathes; Vorsitz
und Leitung gebührt dem Reichskanzler gleichmässig bei beiden.

---

*) Macaulay, Critical and Historical Essays, vol. 1. pag. 158.

Von der andern Funktion handelt Art. 17 der Reichsverfassung: „Die Anordnungen und Verfügungen des Kaisers werden im Namen „des Reiches erlassen und bedürfen zu ihrer Gültigkeit der Gegen- „zeichnung des Reichskanzlers, welcher dadurch die Verantwortlich- „keit übernimmt." Somit ist der Reichskanzler eine nothwendige Instanz bei allen Anordnungen und Verfügungen des Kaisers (mit Ausnahme des militairischen Oberbefehls), welche nicht umgangen werden kann. Die Worte „Anordnungen und Verfügungen" haben einen allgemeinen Inhalt; sie umfassen das ganze weite Gebiet der vollziehenden Gewalt des Reiches.

Da die Instruktion der preussischen Stimmen im Bundesrathe von dem preussischen Ministerium ausgeht, so ist es wünschenswerth, dass der Reichskanzler dessen Mitglied und dessen Chef ist.

Die eben angegebenen Funktionen, Vorsitzender des Bundes- rathes, Organ des Kaisers für die vollziehende Gewalt des Reiches und preussischer Ministerpräsident, sind civiler, nicht militairischer Natur.

Bevor in der Untersuchung weiter fortgeschritten wird, mag auf eine beachtenswerthe Ausführung von Buckle, History of Civilization, vol. I, chap. 4, hingewiesen werden, in welcher dargelegt wird, dass die hervorragendsten Feldherren zwar im Alterthum zugleich die hervorragendsten Staatsmänner gewesen sind, dass sie sich aber in der Neuzeit nur selten als Staatsmänner bewährt haben. Nachdem der Krieg eine Wissenschaft und seine Uebung ein Gewerbe geworden ist, dessen Meisterschaft alle Fähigkeiten auch des von der Natur am reichsten ausgestatteten Geistes in Anspruch nimmt, ist in der That die Trennung der Geschäfte des Heerführers und des Staats- mannes zweckmässig und wünschenswerth. Die Aufgabe des Staats- mannes wird vom Senator Charles Sumner aus Massaschusetts, einem der hervorragendsten Mitgliede des amerikanischen Senates, in einer neueren Rede so beschrieben: „His study is the nation and its wel- „fare, turning always to history for example, to law for authority, „and to the loftiest truth for rules of conduct. No knowledge, care, „or virtue, disciplined by habit, can be too great."*) In diesen

---

*) „Sein Studium ist die Nation und deren Wohlfahrt, wobei er immer

Worten ist, wie mir scheint, auf eine besonders glückliche Weise die
Aufgabe angedeutet, welche wir unserem Reichskanzler stellen mögen,
und zugleich der Weg beschrieben, auf welchem die dazu nöthigen
Eigenschaften erworben werden können.

In der Sitzung des Reichstages vom 16. April 1869 wurde ungeachtet lebhaften Widerspruchs des Fürsten v. Bismarck der Antrag
der Abgeordneten Twesten und Graf Münster angenommen: „Den
„Bundeskanzler aufzufordern, für die zur Kompetenz des Bundes ge-
„hörigen Angelegenheiten eine geordnete Aufsicht und Verwaltung
„durch verantwortliche Bundesministerien, namentlich für auswärtige
„Angelegenheiten, Finanzen, Krieg, Marine, Handel- und Verkehrs-
„wesen im Wege der Gesetzgebung herbeizuführen."

Der Widerspruch des Fürsten v. Bismarck war u. A. darauf ge-
gründet, dass eine kollegialische Ministerverfassung ein Fehler und
Missgriff sei, und dass die Verantwortlichkeit mit Einführung des
Kollegiums verschwinde.

Beide Einwendungen sind, glaube ich, begründet. Es ist wünschenswerth, dass die Eigenschaften, welche, wie vorhin bemerkt
wurde, für die vollziehende Gewalt wesentlich sind, nämlich Einheit,
Entschlossenheit, Schnelligkeit, Heimlichkeit und Stabilität, nicht
allein in der Person des Monarchen hervortreten, sondern dass sie
auch bei Organisation der höchsten Aemter auf dem Gebiete der vollziehenden Gewalt festgehalten werden. Es ist auch richtig, dass die
Verantwortlichkeit mit Einführung eines Kollegiums, wenn auch nicht
verschwindet, so doch herabschwindet, und die Geschichte bestätigt
nach meiner Ansicht die Bemerkung eines berühmten englischen
Schriftstellers aus früherer Zeit, De Lolme, dass „the executive
„power is more easily confined when it is one."*) Aber diese Ein-

---

„schen muss auf die Geschichte nach Beispielen, auf das Gesetz als seine
„Richtschnur, und auf die erhabenste Wahrheit nach Regeln seines Ver-
„fahrens. Kein Wissen, keine Sorgfalt, keine Tugend, welche durch Ge-
„wohnheit disciplinirt werden müssen, kann zu gross sein." Rede im Senate der Vereinigten Staaten, vom 31. Mai 1872.

*) „Die vollziehende Gewalt wird leichter in ihren Schranken gehalten,
„wenn sie in Einer Hand konzentrirt ist."

wendungen treffen nicht den Gedanken, welcher dem Antrage der
Abgeordneten Twesten und Graf Münster vornehmlich zum Grunde
lag, nämlich, dass die gegenwärtige Organisation der Aemter zur
Ausübung der vollziehenden Gewalt des Reiches eine mangelhafte ist,
und dass es wünschenswerth und zweckmässig ist, in die Reichsverwaltung ein Ministerium einzuführen.

Es war natürlich genug, dass der Norddeutsche Bund im Anfange seines Bestehens zur Verwaltung der Bundesangelegenheiten
sich der Organisationen des leitenden Bundesstaates Preussen bediente.
Er hatte im Anfange nur das Amt des Bundeskanzlers. Sehr bald
wurde das Bundeskanzler-Amt eingeführt, zur Unterstützung des
Bundeskanzlers in den Bundesangelegenheiten. Dies war ein guter
Anfang zur Fortbildung der Organisation der vollziehenden Gewalt
des Bundes. Aus dem preussischen Ministerium für auswärtige Angelegenheiten ist das auswärtige Amt des Deutschen Reiches, aus
dem preussischen Marine-Ministerium ist die Kaiserliche Admiralität
hervorgegangen. Aber die Organisation der Aemter zur Ausübung der
vollziehenden Gewalt des Reiches ist noch lange nicht vollendet. Ohne
im Einzelnen über die Fortbildung der Organisation der vollziehenden Gewalt des Reiches sprechen zu wollen, will ich nur das Prinzip
hinstellen, dass dieselbe insoweit fortgeführt werden muss, dass das
Reich die zur Ausübung seiner vollziehenden Gewalt nothwendigen
Aemter aus eigenem Rechte hat, unabhängig von der Hülfeleistung
irgend eines Bundesstaates.

Es ist eine merkwürdige Thatsache, dass weder die englischen
Verfassungsgesetze von dem englischen Ministerium, noch die amerikanische Verfassungsurkunde von dem amerikanischen Kabinet spricht.
Beide, das englische Ministerium und das amerikanische Kabinet,
verdanken ihren Ursprung einer politischen Nothwendigkeit; es ist
nicht möglich, dass ein einzelner Mann die so mannichfachen und
verschiedenartigen exekutiven Geschäfte eines grossen Staatswesens
leitet; es ist nothwendig, dass die Männer, welche den einzelnen
Verwaltungszweigen vorstehen, in Uebereinstimmung mit einander
handeln und sich darum bei allen wichtigeren Angelegenheiten mit
einander in Einvernehmen setzen. Das englische Ministerium, so
sagt Macaulay in seiner Geschichte Englands (vol. VII, pag. 247),

ist eine Einrichtung, welche in den Zeiten der Plantagenets, der
Tudors und der Stuarts nicht existirte, welche dem Gesetze nicht
bekannt ist, welche in keinem Statut erwähnt wird, von welchem
Schriftsteller wie De Lolme und Blackstone keine Notiz nehmen,
welche wenige Jahre nach der Revolution des Jahres 1688 zur Entstehung kam, rasch an Bedeutung gewann, fest begründet wurde
und jetzt einen beinahe so wesentlichen Bestandtheil des englischen
politischen Systems bildet, wie das Parlament selbst. Der Entwicke-
lungsgang in den Vereinigten Staaten von Amerika ist ein ähnlicher
gewesen; nach dem Worte „cabinet" sucht man vergeblich in dem
Index der vortrefflichen Brightly'schen Sammlung amerikanischer
Unionsgesetze; dagegen sind die Departements, deren Chefs Mitglieder des Kabinets sind, zum grossen Theil bereits im Jahre 1789,
demselben Jahre, in welchem die Verfassung in Wirksamkeit trat,
durch Gesetz geschaffen. *) Die Mitglieder des amerikanischen Kabinets sind Chefs der einzelnen Verwaltungszweige, für auswärtige
Angelegenheiten, Finanzen, Krieg, Marine, das Innere, Post, Justiz,**)
und ausserdem Rathgeber des Präsidenten für alle Angelegenheiten

---

*) Brightly, Analytical Digest of the laws of the United States, I,
pag. 92 (Attorney General), pag. 680 (Secretary of the Navy), pag. 846
(Secretary of State), pag. 879 (Secretary of the Treasury), pag. 899 (Secretary of War).

**) Bei dem Justiz-Departement der Vereinigten Staaten darf vor allen
Dingen nicht an ein kontinentales Justiz-Ministerium gedacht werden. Die
amerikanischen Unionsgerichte regieren sich selbst; sie würden jede Einschränkung ihrer Selbstständigkeit durch den Kongress oder den Präsidenten der Vereinigten Staaten sofort als verfassungswidrig zurückweisen. Der
amerikanische Attorney-General, Chef des Justiz-Departements, ist Rechts-
konsulent des Präsidenten und Vertreter der Vereinigten Staaten in denjenigen Prozessen, welche sie vor dem höchsten Gerichtshofe führen. Unter
ihm stehen weder Richter noch Anwälte, mit Ausnahme der Anwälte der
Vereinigten Staaten bei deren Circuit und District Courts. Die Richter des
höchsten Gerichtshofes stehen im Gehalte und in der allgemeinen Meinung
über dem Attorney General. Judge Hoar aus Massachusetts, Attorney General unter dem Präsidenten Grant, wurde von demselben als beisitzender
Richter des höchsten Gerichtshofes in Vorschlag gebracht, aber vom Senate
nicht bestätigt.

seines wichtigen Amtes. Vielleicht empfiehlt sich für Deutschland eine Organisation, welche zwischen dem englischen Ministerium und dem amerikanischen Kabinet etwa in der Mitte steht, mit Abtheilungen für die auswärtigen Angelegenheiten, das Heer, die Marine, Finanzen, Post und Telegraphen, und das Innere, jede mit der Befugniss zur selbstständigen Erledigung aller minder wichtigen in ihr Departement fallenden Angelegenheiten und alle zur Unterstützung und Berathung des Reichskanzlers bei seiner Verwaltung der Reichsangelegenheiten unter der Instruktion des Kaisers; und es empfiehlt sich weiter, dass nach englischem und amerikanischem Vorbilde die Befugnisse und Pflichten jedes einzelnen Departements nicht durch Kaiserlichen Erlass, sondern durch Gesetz genau beschrieben und regulirt werden.

Kann ein Reichsministerium, mit Funktionen, wie sie eben angedeutet sind, ohne Verfassungsänderung eingeführt werden? Ich nehme keinen Anstand, diese Frage zu bejahen. Das Reich ist zwar nicht ausdrücklich autorisirt, ein Ministerium einzusetzen; aber dem Reiche ist vollziehende Gewalt und damit die Befugniss gegeben, alle Gesetze und Verordnungen zu erlassen, welche nothwendig und geeignet sind, um dieselbe in Wirksamkeit zu setzen. (Vergl. Kap. III, unter I, 3.) Ein Reichsministerium ist hierzu ein nothwendiges und geeignetes Mittel. Die Frage ist bereits beantwortet in dem Sinne, welchen ich für richtig halte, durch Einführung des Bundeskanzler-Amtes, welches nichts anderes ist, als ein Ansatz zu verschiedenen Reichministerien, nämlich für Finanzen, Posten und Telegraphen und das Innere, und durch Einführung des Auswärtigen Amtes für das Deutsche Reich und der Kaiserlichen Admiralität, welche wirkliche Reichsministerien sind.

III.

Von der Mitwirkung des Bundesrathes bei der vollziehenden Gewalt des Reiches.

Bereits an einer früheren Stelle, bei Untersuchung der Reichsgesetzgebung, ist von dem Wesen des Bundesrathes die Rede gewesen.

Dort wurde ausgeführt, dass der Bundesrath eine gesetzgebende Körperschaft sei, welcher ausserdem exekutive Befugnisse beigelegt sind.
Es wurde insbesondere hervorgehoben, dass der Bundesrath kein Kabinet oder Ministerium sei, weil ihm alle charakteristischen Eigenschaften eines solchen fehlen.

Das negative Resultat in dem letzten Satze war für die frühere
Untersuchung ausreichend; es ist dies aber nicht hier, wo die Mitwirkung des Bundesrathes bei der vollziehenden Gewalt des Reiches
darzustellen ist.

In früheren Deutschen und in anderen Verfassungen sucht man
vergeblich nach einer vollständigen Analogie für den Bundesrath als
eine Körperschaft mit exekutiven Befugnissen.

Der gegenwärtige Bundesrath hat sein Vorbild in dem Plenum
der früheren Deutschen Bundesversammlung. Aber wenn er auch
mehrere charakteristische Eigenschaften derselben, namentlich die
Ernennung der Mitglieder durch die einzelnen Deutschen Regierungen,
die Heimlichkeit der Berathung und die Abstimmung nach Instruktionen,
beibehalten hat, so wäre es doch ungerecht, an den gegenwärtigen
Bundesrath ohne Weiteres den Massstab der früheren deutschen Bundesversammlung anzulegen und damit auf ihn alles Odium zu übertragen, welches dieselbe in so reichlichem Masse besessen und verdient hat. Die deutschen Verhältnisse sind eben — glücklicherweise
— ganz andere geworden. Noch weniger passt die Analogie des
früheren deutschen Reichstages. Eher möchte ich schon auf den
Council in den früheren Verfassungen der Staaten New-York und
New-Jersey, *) und auf den Senat der Vereinigten Staaten von
Amerika, dessen Zustimmung bei der Anstellung der Richter und der
höheren Beamten der Vereinigten Staaten, bei Verträgen derselben
mit fremden Staaten und bei der Kriegserklärung nöthig ist. Doch
ist, wie schon bemerkt, keine dieser Analogien völlig zutreffend.

Der Bundesrath als exekutive Behörde ist eine politische Körperschaft, welche selbst oder durch ihre
Ausschüsse an der gesammten Reichsverwaltung in ausgedehnter Weise Theil nimmt, theils Kenntniss nehmend

---

*) Vergl. Federalist, Nro. 70.

und berathend, theils aktiv mitwirkend und beschliessend, theils kontrollirend.

Dem Wesen des Bundesstaates ist es entsprechend, dass die Staaten durch diejenige Körperschaft, welche sie im Bundesstaate repräsentirt, an dessen Verwaltung Antheil nehmen. Wären die Staaten vollständig von der Verwaltung des Bundesstaates ausgeschlossen, so wäre Gefahr, dass dieselbe eine Richtung gegen ihre Selbstständigkeit und Unabhängigkeit nähme. In der Theilnahme der Staaten an der Reichsverwaltung durch eine wesentlich gesetzgebende Körperschaft liegt kein Widerspruch gegen das an einer früheren Stelle (vergl. Kap. IV, unter I) vertheidigte Prinzip der Gewaltentheilung, da dasselbe nur bedeutet, dass die verschiedenen Gewalten nicht völlig mit einander verbunden werden dürfen, vielmehr in einer solchen Weise mit einander vermischt werden müssen, dass die eine die andere in den gesetzlichen Schranken hält. Ob die Theilnahme des Bundesrathes an der vollziehenden Gewalt des Reiches in ihrer gegenwärtigen sehr weiten Ausdehnung überwiegende Vortheile oder Nachtheile hat, ist schwer vorauszubestimmen. Es geht mit dieser Einrichtung, wie mit beinahe allen menschlichen Einrichtungen, sie haben Vortheile und Nachtheile. Die Vortheile bestehen darin, dass die vollziehende Gewalt, welche nach aller geschichtlichen Erfahrung einer Kontrolle dringend bedarf, durch den Bundesrath kontrollirt wird, die Nachtheile darin, dass derselbe eine nothwendige oder doch nützliche Thätigkeit des Reiches lähmen kann. Viel wird von der Persönlichkeit des Reichskanzlers abhängen; so lange ein so einsichtiger, so energischer und zugleich so versöhnlicher Staatsmann, wie der Fürst v. Bismarck, den Vorsitz im Bundesrathe führt, werden vermuthlich keine Unzuträglichkeiten entstehen.

––––––––

Von der Mitwirkung des Bundesrathes und seiner Ausschüsse bei der Reichsverwaltung ist an verschiedenen Stellen der Reichsverfassung die Rede; die Hauptvorschrift enthält Art. 7, in welchem es heisst:

„Der Bundesrath beschliesst:

„1. über die dem Reichstage zu machenden Vorlagen und die „von demselben gefassten Beschlüsse;

„2. über die zur Ausführung der Reichsgesetze erforderlichen „allgemeinen Verwaltungsvorschriften und Einrichtungen, sofern nicht „durch Reichsgesetz etwas Anderes bestimmt ist;

„3. über Mängel, welche bei der Ausführung der Reichsgesetze „oder der vorstehend erwähnten Vorschriften oder Einrichtungen her-„vortreten.

„Jedes Bundesglied ist befugt, Vorschläge zu machen und in „Vortrag zu bringen, und das Präsidium ist verpflichtet, dieselben „der Berathung zu übergeben."

Art. 7, Ziffer 1, betrifft die legislativen Befugnisse des Bundes-rathes, insbesondere dessen Verhältniss zum Reichstage, und ist darum bereits an einer früheren Stelle besprochen. (Vergl. Kap. IV, unter II, 5 und III, I.)

Art. 7, Ziffer 2 (vergl. Art. 37) anerkennt den in Deutschland üblichen Unterschied zwischen Gesetz und Verordnung. Der Bundes-rath ist für sich nicht befugt, ein Gesetz zu machen, aber er kann allgemeine Verwaltungsvorschriften erlassen und Einrichtungen treffen, so weit solche zur Ausführung der Reichsgesetze erforderlich sind. Die Entscheidung darüber, ob solche erforderlich sind, gehört zur Kognition des Bundesrathes. Derselbe steht indessen durch die Klausel, „sofern nicht durch Reichsgesetz etwas Anderes bestimmt „ist," unter den Anordnungen, welche das betreffende Reichsgesetz enthält. Dasselbe kann daher auch dem Kaiser oder dem Reichs-kanzler die Ausführung übertragen; es kann auch so eingerichtet sein, dass es einer unmittelbaren Anwendung, ohne Vermittelung von Ausführungsvorschriften, fähig ist. Der Unterschied zwischen Gesetz und Verordnung ist ein etwas unklarer; durch Verordnung wird leicht in das Gebiet übergegriffen, welches der Gesetzgebung gehören sollte; eine Verordnung steht leicht mit dem Gesetze, welches sie ausführen soll, nicht völlig in Einklang. Jedes Gesetz sollte so be-schaffen sein, dass es aus sich selbst, ohne Vermittelung von Aus-führungsvorschriften, in Anwendung gebracht werden kann.

Art. 7, Ziffer 3 (vergl. Art. 36, letzter Absatz), überweist dem Bundesrathe die Beschlussfassung über Mängel, welche bei der Ausführung der Reichsgesetze oder der vorstehend (Ziffer 2) erwähnten Vorschriften oder Einrichtungen hervortreten. Der Bundesrath kann nur eine innerhalb seiner Zuständigkeit liegende Remedur eintreten lassen. Er kann daher nicht ein Reichsgesetz, welches sich bei der Ausführung, nach seiner Ansicht, als mangelhaft erweist, aufheben oder gar durch ein anderes ersetzen. Die Vorschrift des Art. 7, Ziffer 3, ist wohl hauptsächlich darum in die Reichsverfassung aufgenommen, um der Auslegung vorzubeugen, dass die Befugniss des Kaisers, die Ausführung der Reichsgesetze zu überwachen, das Recht in sich schlösse, bei der Ausführung derselben hervortretende Mängel abzustellen.*)

Die Mitwirkung des Bundesrathes und seiner Ausschüsse bei der vollziehenden Gewalt des Reiches erstreckt sich, wie bereits vorhin

---

*) Das Verhältniss des Bundesrathes und des Kaisers, bei der vollziehenden Gewalt des Reiches, ist, abgesehen von den Specialbestimmungen, nicht völlig klar. Das System der Reichsverfassung scheint darauf hinzuweisen, dass der Bundesrath über dem Kaiser, nicht der Kaiser über dem Bundesrath steht; der dritte Abschnitt der Reichsverfassung handelt von dem Bundesrath, der vierte von dem Präsidium. Zu demselben Resultat scheinen andere Bestimmungen allgemeineren Inhalts zu führen; der Kaiser hat die Ausführung der Reichsgesetze zu überwachen (Art. 17), aber die Beschlussfassung über Mängel, welche bei der Ausführung der Reichsgesetze hervortreten, gebührt dem Bundesrathe (Art. 7, Ziffer 3, Art. 36, letzter Absatz); der Kaiser kann Anordnungen und Verfügungen unter Verantwortlichkeit des Reichskanzlers treffen (Art. 17), aber die Beschlussfassung über die zur Ausführung der Reichsgesetze erforderlichen allgemeinen Verwaltungsvorschriften und Einrichtungen ist dem Bundesrathe überwiesen (Art. 7, Ziffer 2, Art. 37). Nach Art. 4 unterliegen bestimmte Angelegenheiten nicht allein der Gesetzgebung, sondern auch der Beaufsichtigung des Reiches. Wer hat diese Beaufsichtigung zu üben? Der Bundesrath? der Kaiser? oder Bundesrath, Kaiser und Reichstag zusammen, da keinem getrennt von dem andern eine Zuständigkeit gegeben ist? Bei dieser Unbestimmtheit der allgemeinen Vorschriften ist es dringend wünschenswerth, dass in den einzelnen Reichsgesetzen genau die Befugnisse beschrieben werden, welche dem Bundesrathe und dem Kaiser zu deren Ausführung übertragen werden sollen.

hervorgehoben wurde, auf die gesammte Reichsverwaltung. Bei einigen
Angelegenheiten beschränkt sich die Mitwirkung des Bundesrathes
darauf, dass er Kenntniss nehmen und, wenn es ihm geeignet scheint,
Anträge stellen kann. Ein Beispiel enthält der Ausschuss des Bundesrathes für die auswärtigen Angelegenheiten, in welchem Bayern den
Vorsitz führt. Es gehört zur Zuständigkeit dieses Ausschusses, über
die auswärtige Politik des Reiches von dem Reichskanzler Auskunft
zu begehren und ihm über die Richtung derselben Bemerkungen zu
machen. In anderen Fällen hat der Bundesrath bei der Reichsverwaltung aktiv mitzuwirken und Beschlüsse zu fassen, z. B. bei
der Kriegserklärung Seitens des Reiches, welche der Zustimmung des
Bundesrathes bedarf (Art. 11), bei der Reichsexekution, welche nur
auf Grund eines Beschlusses des Bundesrathes statthaft ist (Art. 19),
bei Feststellung der Erhebungs- und Verwaltungskosten, welche den
Staaten bei der Rübenzuckersteuer und der Tabacksteuer zu vergüten
sind (Art. 38, 3, c.), bei Feststellung des Betrages der Zölle und
Verbrauchssteuern, welche die Staaten für das Reich erhoben haben
(Art. 39). In noch andern Fällen hat der Bundesrath die Reichsverwaltung zu kontrolliren; hierher gehört namentlich die Vorschrift
des Art. 72, dass dem Bundesrathe und dem Reichstage jährlich
durch den Reichskanzler über die Verwendung aller Einnahmen des
Reiches zur Entlastung Rechnung zu legen ist.

Diese Untersuchung könnte hiermit abgeschlossen werden, wäre
es nicht geeignet, noch einige Worte beizufügen aus Anlass der Rede
des Fürsten v. Bismarck in der Sitzung des Reichstages vom 16. April
1869. Derselbe bemerkte, bei Erörterung des Antrages der Abgeordneten Twesten und Graf Münster auf Einführung verantwortlicher
Bundes-Ministerien: „Bisher wird die Stelle solcher Bundes-Minister
„nicht, wie man fälschlich gewöhnlich annimmt, vom Bundeskanzler
„versehen, sondern von den Ausschüssen des Bundesrathes. Unser
„Finanz-Minister ist der Finanzausschuss des Bundesrathes; nach An-
„leitung dieses Ausschusses übt der Bundesrath die Kontrolle über
„die finanzielle Gebahrung und übt sie, wie ich glaube, mit voller
„Sicherheit. . . . . . . In gleicher Weise wird die kriegsministerielle

„Thätigkeit durch den Militairausschuss des Bundesrathes geübt, an
„dessen Spitze sich der preussische Kriegsminister befindet. . . . . .
„So haben wir unsern Rechnungsausschuss, unsern Handels-
„ausschuss. . . . . .“ Diese Beschreibung könnte leicht fortgesetzt
werden; es könnte, mit etwa demselben Recht, gesagt werden, dass
der Ausschuss des Bundesrathes für auswärtige Angelegenheiten unser
Minister für auswärtige Angelegenheiten sei, dass der Ausschuss des
Bundesrathes für Elsass und Lothringen unser Minister für Elsass
und Lothringen sei, und dass der Bundesrath, da er seine Ausschüsse
nach Belieben vermehren kann, nach Belieben neue Bundes-Ministerien
schaffen könne.

Wenn es auch nicht angenehm ist, dem Fürsten v. Bismarck
Widerspruch entgegenzusetzen, so glaube ich hier doch sagen zu
dürfen und zu müssen, dass die Reichsverfassung besser und vollkommener ist, als ihr grosser Urheber sie geschildert hat.

Die Ausschüsse des Bundesrathes stehen zu demselben in einem
ähnlichen Verhältniss, wie parlamentarische Kommittee's zu der Körperschaft, welche sie eingesetzt hat. Sie sind an die Aufträge und Instruktionen gebunden, welche der Bundesrath ihnen zu ertheilen für
gut findet. Die Ausschüsse sind dauernd, der Bundesrath tritt nur
periodisch zusammen; aber Kommittee's, mit der Befugniss, während
Vertagung oder Schliessung der Körperschaft, welche sie eingesetzt
hat, zu sitzen und zu verhandeln, sind ja keine Seltenheit, und es
ist gut, dass wir für das Reich den Anfang einer solchen Einrichtung in den Ausschüssen des Bundesrathes haben. Die Ausschüsse
können einige Geschäfte von geringerer Wichtigkeit selbstständig erledigen; aber dies ändert an ihrer Natur nichts. Hätten daher die
Ausschüsse die Funktionen von Ministern, so würde der Bundesrath
das Ministerium sein. Aber demselben fehlen alle charakteristischen
Eigenschaften eines Ministeriums, wie an einer früheren Stelle ausgeführt ist. (Kap. IV, unter II, 5.)

Wären die vorhin angeführten Bemerkungen richtig, so würden
wir in der That sehr schlechte Ministerien haben. Der Fürst v. Bismarck hat an einer andern Stelle derselben Rede mit bemerkens-
werther Offenheit, Klarheit und Schärfe gegen kollegialische Ministerien gesprochen. „Zwei harte Steine mahlen schlecht,“ so bemerkte

er, „acht harte Steine" (Minister) „noch viel schwerer." Aber wenn
ein Kollegium von acht Ministern, welche von demselben Monarchen
ernannt und instruirt werden, keine weise Einrichtung ist, so ist es
jedenfalls äusserst unweise, die Funktion eines Ministers einem Bun-
desraths-Ausschusse aus fünf oder mehr Mitgliedern zu überweisen,
welche von eben so viel verschiedenen Souverainen ernannt und instruirt werden; und es ist der äusserste Grad von Unweisheit, ein
Ministerium von 58 Mitgliedern zu haben, welche von 25 verschiedenen Regierungen, mit verschiedenen Interessen, ernannt und instruirt
werden. Solche Minister und ein solches Ministerium entbehren aller
Eigenschaften, welche, wie vorhin hervorgehoben wurde, für eine gute
Exekutive wesentlich sind, nämlich Einheit, Entschlossenheit, Schnelligkeit, Heimlichkeit und Stabilität. Bei solchen Ministern und einem
solchen Ministerium kann von Verantwortlichkeit — und das ist
doch ein wesentliches Ding bei Ministern — gar keine Rede sein.
Wir hatten die allerbesten Absichten, so kann jede Regierung sagen,
aber wir mussten auf die Anschauungen und die Intentionen der andern
Regierungen Rücksicht nehmen; die Massregel, welche beschlossen
ist, mag schlecht genug sein, aber eine bessere war bei der Zusammensetzung des Ausschusses oder des Bundesrathes unmöglich. Ein
solches Argument verstattet keine Widerlegung; die einzig zutreffende
Antwort auf dasselbe ist, dass eine Einrichtung, welche es möglich
macht, einer Abänderung dringend bedarf.

Aber die Ausführung des Fürsten v. Bismarck ist nicht richtig.
Nicht der Bundesrath oder einer seiner Ausschüsse, sondern der Kaiser hat das Reich völkerrechtlich zu vertreten, nicht der Bundesrath
oder einer seiner Ausschüsse, sondern der Kaiser ist Oberbefehlshaber
des Heeres und der Marine und hat die militairischen Anordnungen
und Befehle zu ertheilen, nicht der Bundesrath oder einer seiner
Ausschüsse, sondern der Kaiser hat die Ausführung der Reichsgesetze
zu überwachen, nicht der Bundesrath oder einer seiner Ausschüsse,
sondern der Kaiser hat die Reichsbeamten zu ernennen und zu entlassen. Die vornehmsten derjenigen Handlungen, zu welchen der Staat
eines Ministeriums bedarf, gehören daher zur Zuständigkeit des Kaisers,
nicht des Bundesrathes oder seiner Ausschüsse. Es ist daher nicht

richtig, wenn der Bundesrath und seine Ausschüsse ein Ministerium und Minister genannt werden.*)

IV.
Von der Mitwirkung der Staaten bei der vollziehenden Gewalt des Reiches.

In der Einleitung ist hervorgehoben, dass ich die Hauptbestimmungen der Reichsverfassung untersuchen wollte, unter Weglassung der administrativen Vorschriften, dass ich also Prinzipienfragen, nicht Detailfragen zu diskutiren beabsichtigte. Wollte ich im Einzelnen darlegen, in welcher Weise die Staaten an der vollziehenden Gewalt des Reiches Theil nehmen, so würde ich eine grosse Menge Detailfragen zu erörtern haben. Einige derselben sind im Laufe dieser Untersuchungen bereits berührt. Bei Besprechung der militairischen Befugnisse des Reiches ist angedeutet, in welcher Weise die Staaten an dem Militairwesen Theil nehmen; die Befugnisse des

---

*) Aus Anlass der Rede des Fürsten v. Bismarck vom 16. April 1869, in welcher die Funktionen von Reichsministern den Bundesraths-Ausschüssen überwiesen werden, und unter Hinweis auf die Ausführungen unter II, wo die Nothwendigkeit eines Reichsministeriums darzulegen versucht ist, scheint es geeignet, die Frage aufzuwerfen, ob es zweckmässig ist, dem Bundesrathe eine Mitwirkung bei Bestimmung der Reichsminister, jedoch mit Ausnahme des Reichskanzlers, zu übertragen. Eine solche Anordnung dürfte überwiegende Vortheile haben. Die Furcht, welche in dem einen oder andern Staate bestehen mag, dass seine Selbstständigkeit von dem Reiche wegadministrirt werden könnte, würde offenbar gemindert werden, wenn den Staaten in ihrer Organisation für Reichszwecke eine Mitwirkung bei Bestimmung der Reichsminister gegeben würde. Eine solche Anordnung dürfte dazu beitragen, die Staaten geneigt zu machen, auf ihr Recht zur Theilnahme an der Ausführung der Reichsgesetze Verzicht zu leisten. Zwei Wege würden möglich sein für die Mitwirkung des Bundesrathes bei Bestimmung der Reichsminister, einmal, dass dieselben vom Bundesrathe vorgeschlagen und vom Kaiser ernannt werden, oder dass dieselben vom Kaiser vorgeschlagen und vom Bundesrathe bestätigt werden; der letztere dürfte mit Rücksicht auf die Einheit der Exekutive vor dem ersteren den Vorzug verdienen.

Reiches im unmittelbaren Verhältniss zu den Staaten sind erörtert. (Vergl. Kap. III, unter II.) Was den Rest der Fragen anlangt, die unter diesen Abschnitt fallen, so will ich eine Bemerkung wiederholen, welche der Darstellung der einzelnen Befugnisse des Reiches vorangeschickt ist, nämlich, dass mit einer in das Einzelne gehenden Untersuchung bis dahin gewartet werden mag, dass eine praktische Frage dieselbe nothwendig macht.

Dagegen mag mit Recht, nach der ganzen Einrichtung dieser Untersuchungen, von dem Verfasser erwartet werden, dass er sich darüber ausspricht, ob das Prinzip, dass die Staaten bei der vollziehenden Gewalt des Reiches mitwirken, in der Weise, dass sie z. B. seine Zölle und Steuern verwalten und an der Verwaltung seiner Posten und Telegraphen Theil nehmen, ein gesundes ist. Wer dem Verfasser in diesen Untersuchungen bis hieher gefolgt ist, wird über seine Ansicht nicht zweifelhaft sein können. Als eine der leitenden Ideen dieses Buches mag der Wunsch und das Streben betrachtet werden, das Reich von der Thätigkeit der Staaten unabhängig zu machen, es auf seine eigenen Füsse zu stellen, ihm die Mittel seines Fortbestehens und seiner Entwickelung durch seine eigene Thätigkeit zu geben. Diese Idee ist bei jeder Gelegenheit, die sich dazu bot, ausgesprochen, um sie möglichst eindringlich zu machen. Ist sie aber eine richtige?

Zunächst eine kurze Bemerkung über das Verhältniss dieser Untersuchung (unter IV) zu der vorhergehenden (unter III). Dort war die Rede von der Mitwirkung der Staaten bei der Reichsverwaltung durch diejenige Körperschaft, welche sie im Reiche vertritt, den Bundesrath. Diese Mitwirkung wurde als nothwendig und nützlich bezeichnet, wenngleich über den Umfang derselben verschiedene Ansichten möglich und berechtigt sind. Hier handelt es sich um etwas ganz Anderes, nicht um die Theilnahme der Staaten an der Reichsverwaltung in ihrer Organisation für Reichszwecke, sondern um ihre Theilnahme an der Reichsverwaltung in ihrer Eigenschaft als unabhängige souveraine Staatswesen.

Ich will nun die Lehren zu entwickeln versuchen, welche die Geschichte für diese wichtige Frage an die Hand gibt.

Es ist nicht nöthig, von den berühmtesten Staatenverbindungen

des Alterthums, dem Amphiktyonen-Bunde — einer losen Staatenverbindung, vergleichbar dem früheren Deutschen Bunde in ihrer
Verfassung und in deren Wirkungen — und dem Achäischen Bunde
— einer engeren Staatenverbindung, welche wenigstens den Anfang
einer eigenen Exekutive hatte — eingehend zu sprechen, weil wir
näher liegende mehr zutreffende Beispiele aus der neueren Zeit haben.
Diese Beispiele sind: Das frühere Deutsche Reich, die Niederlande
unter ihrer früheren Verfassung, die Vereinigten Staaten von Amerika
unter den Articles of Confederation und unter ihrer gegenwärtigen
Verfassung.

Die Erinnerung an das frühere Deutsche Reich ist keine angenehme. Das Prinzip, von welchem ein Rest in der gegenwärtigen Reichsverfassung übrig geblieben ist, nämlich dass das Reich nicht die
eigene Ausführung seiner Gesetze und Anordnungen hat, sondern dass
dieselbe seinen Gliedern zusteht und obliegt, galt durchgehends. Aber
was war die Folge? Die Gesetze und Anordnungen des Reiches wurden entweder gar nicht oder in einer ungenügenden Weise ausgeführt.
Die Deutsche Geschichte liefert sehr traurige Belege dieses Satzes in
grosser Zahl. Und was war das endliche Resultat? Ruhmloser, aber
nicht unverdienter Untergang.

Die alte Verfassung der Niederlande war mangelhaft und un-
vollkommen.*) Die Vereinigten Niederlande bestanden aus sieben
gleichberechtigten Staaten oder Provinzen und jede derselben aus
einer grösseren Zahl gleichberechtigter Städte. Die Generalstaaten,
das Organ der Staaten und Städte, bestanden aus etwa fünfzig De-
putirten. Nicht allein einstimmige Zustimmung der Staaten, sondern
auch der Städte war zu den wichtigsten Beschlüssen erforderlich.
Die vollziehende Gewalt war nur theilweise bei dem Statthalter der
Niederlande, welcher gleichzeitig Statthalter einiger Provinzen war;
die Ausführung der Beschlüsse der Generalstaaten geschah meist von

---

*) Vergl. Federalist, Nro. 20, und Macaulay, History of England, vol.
III, pag. 225. Der Fürst v. Bismarck hat in der Reichstagsrede vom 16.
April 1869 auf die alte Verfassung der Niederlande als ein Gebilde hingewiesen, welches mit dem unserigen (der Reichsverfassung) am meisten Analogie habe.

den Provinzen und Städten, das Steuersystem war Matrikularbeiträge.
Das Bedürfniss einer unabhängigen nationalen Exekutive wurde tief
und vielfach empfunden; seine Erfüllung scheiterte an übertriebenem
Selbstständigkeitsgefühl der einzelnen Mitglieder. Wenn trotzdem
die Niederlande unter ihrer früheren Verfassung zu einer grossen
Blüthe gelangt sind, so ist das andern Umständen beizumessen. Sie
hatten vor ihren Nachbarn den unschätzbaren Vortheil volksthümlicher Regierung und eines dadurch entwickelten tüchtigen Gemein-
geistes; die Feindschaft, erst des Hauses Habsburg, dann des Hauses
Bourbon, hielt sie zusammen; ausserdem erzeugte das Haus Oranien,
welchem die Statthalterwürde zustand, einige der hervorragendsten
Staatsmänner und Feldherren der damaligen Zeit. Diese Umstände
konnten den Untergang der Verfassung wohl aufhalten, aber nicht
hindern. Können wir etwas von der alten Verfassung unserer tüchtigen stammverwandten westlichen Nachbarn lernen, so ist es die
Regel, dass die Ausführung der Gesetze und Verordnungen eines
Bundesstaates nicht den Bundesgliedern aus eigenem Rechte zustehen
darf.

Die gegenwärtige Verfassung der Vereinigten Staaten von Amerika ist erst nach langem lebhaften Kampfe angenommen. Vorher
gingen die Articles of Confederation, vom 9. Juli 1778. Dieselben
stehen, was die hier erörterte Frage anlangt, auf dem Standpunkte
der früheren Deutschen Reichsverfassung und der alten Verfassung
der Niederlande. Der damalige Kongress der Vereinigten Staaten
hatte sehr ausgedehnte Befugnisse; aber die Vollziehung seiner Gesetze und Beschlüsse war den Staaten überlassen. Was waren die
Folgen? Einer der einsichtigsten amerikanischen Patrioten, Alexander Hamilton, beschreibt sie mit diesen Worten: „To shorten an
„enumeration of particulars which can afford neither pleasure nor
„instruction, it may in general be demanded, what indication is there
„of national disorder, poverty, and insignificance, that could befal a
„community so peculiarly blessed with natural advantages as we are,
„which does not form a part of the dark catalogue of our public
„misfortunes?" *)

_____ ___ ___

*) „Um eine Aufzählung von Einzelheiten abzukürzen, welche weder
„Vergnügen noch Belehrung gewähren kann, mag die allgemeine Frage

Aber die Vereinigten Staaten von Amerika sind gelehrig gewesen; sie haben nicht allein von ihrer eigenen schlechten Erfahrung, sondern auch von derjenigen anderer Völker Nutzen gezogen. In der gegenwärtigen Verfassung sind die Fehler der Articles of Confederation sorgsam vermieden. Die Zuständigkeit der Vereinigten Staaten ist eine bestimmt und eng begrenzte; aber sie haben auf diesem bestimmt und eng begrenzten Gebiete eigene Gesetzgebung, eigene Gesetzesausführung und eigene Gesetzesanwendung. Die vollziehende Gewalt der Vereinigten Staaten hat gleiche Ausdehnung mit ihrer gesetzgebenden Gewalt. Und ich glaube, es gibt Niemanden in den Vereinigten Staaten, welcher dieses Prinzip nicht für nützlich und weise hält, und nur Wenige, welche es nicht für die Fortdauer der Union für wesentlich halten.

Und bedurfte es so vieler Erfahrungen, um das richtige Prinzip auszufinden, dass in einem wohlorganisirten Bundesstaate die vollziehende Gewalt gleiche Ausdehnung mit der gesetzgebenden Gewalt haben muss? Jedes Staatswesen hat den Wunsch und das Streben nach Unabhängigkeit und Selbstständigkeit; es wird nur ungern und widerwillig den Gesetzen und Anordnungen eines über ihm stehenden Staatswesens gehorchen. War dies nicht das Motiv, warum die Deutschen Fürsten die Gesetze und Anordnungen des früheren Deutschen Reiches bei Seite setzten, so oft und so lange sie es mit Sicherheit thun konnten? Und haben wir ein Recht, andere Folgen zu erwarten, wenn wir zu dem früheren System zurückkehren? Wozu ist die 600jährige Leidensgeschichte Deutschlands gut, als um uns über die Fehler zu belehren, welche wir in ·der Vergangenheit gemacht haben, und uns vor deren Wiederholung zu warnen?

Und haben die Staaten Unrecht, wenn sie sagen, es sei ihrer unwürdig, die Gesetze und Anordnungen des Reiches auszuführen, etwa wie ein Agent die Aufträge seines Vollmachtgebers vollzieht?

„gestellt werden: gibt es ein Zeichen nationaler Unordnung, Armuth und „Unbedeutendheit, welches ein von der Natur so besonders begünstigtes „Gemeinwesen, wie das unserige, treffen kann, welches nicht einen Theil „des dunklen Kataloges unseres öffentlichen Missgeschickes bildet?“ Federalist, Nro. 15.

Im Wesen des Staates liegt ja der Begriff der Souverainität, und
Souverainität ist nichts Anderes, als dass man seinen eigenen Gesetzen gehorcht, nicht aber den Befehlen, welche ein Anderer zu ertheilen für gut findet. Auf die Form der Befehle kommt nichts an;
ob dieselben vom Kaiser oder vom Vorsitzenden des Bundesrathes oder
eines seiner Ausschüsse gezeichnet werden, ist schliesslich dasselbe.
Es ist immer eine Anweisung eines höher stehenden Staatswesens
an ein anderes; und zu erwarten, dass derselben immer bereitwillig,
im Sinne des Auftraggebers, Folge geleistet werde, das ist doch nichts
Anderes, als eine sehr reiche und ganz übereinstimmende geschichtliche Erfahrung bei Seite zu setzen.

Aber das Reich hat das Recht der Exekution, wenn seine Glieder
ihre verfassungsmässigen Bundespflichten nicht erfüllen? Nun ist es
aber etwas Anderes und Verschiedenes, Nichterfüllung verfassungs-
mässiger Bundespflichten, und säumige, widerwillige, nachlässige Ausführung der Gesetze und Anordnungen des Reiches. Die letztere kann
sehr arg und doch nicht so beschaffen sein, dass sie eine Exekution
rechtfertigt. Und dann hat der Bundesrath, das gemeinsame Organ
der Staaten, die Beschlussfassung darüber, ob Exekution eintreten soll.
Und endlich ist Reichsexekution ein sehr gefährliches Hülfsmittel,
wie an einer früheren Stelle ausgeführt ist. (Vergl. Kap. III, unter
II, 5, 5.)

Ich kann es daher nicht für zweckmässig halten, dass den
Staaten, in ihrer Eigenschaft als souveraine Staatswesen, die Ausführung der Gesetze und Verordnungen des Reiches zusteht und
obliegt. Nach geschichtlicher Erfahrung und nach dem Wesen des
Staates ist das Princip das richtige, dass in einem Bundesstaate die
vollziehende Gewalt gleiche Ausdehnung mit der gesetzgebenden hat.
Die Annahme dieses Principes liegt, wie mir scheint, gleichmässig
im wohlverstandenen Interesse des Reiches und der Staaten. Wir
sollten daher, bei Fortentwickelung der Reichsverfassung, dahin
streben, dass dieses Prinzip zur Anwendung kommt und das gegenwärtige verlassen wird. Der Weg, auf welchem dies angestrebt
werden sollte, ist derselbe, welcher vorhin, bei Untersuchung der
Sonderrechte der süddeutschen Staaten (Kap. III. unter III) empfohlen ist. Es liegt mir fern, einen andern Weg anzurathen.

Hiermit geht eine andere Frage Hand in Hand. Ich sagte an einer früheren Stelle und wiederhole hier, dass geschichtlich und nach der Beschaffenheit des Volkes die Staaten in Deutschland eben so berechtigt sind, wie das Reich, jeder in seinem Kreise, das Reich für die nationalen, die Staaten für die partikularen und lokalen Angelegenheiten. Wenn die Ereignisse des Jahres 1866 bewirkt haben, dass mehrere Deutsche Staaten aus der Reihe der Staatswesen gestrichen sind, so ist .das eine Wunde, welche wohl noch längere Zeit nachbluten wird, und welche gar sehr des heilenden Einflusses der Zeit und einer schonenden Behandlung bedarf. Wer aber dem Verfasser beistimmt, einmal in der Berechtigung der Staaten im Reiche und ferner darin, dass die vollziehende Gewalt des Reiches zweckmässig gleiche Ausdehnung mit seiner gesetzgebenden Gewalt hat, der muss es auch für unzweckmässig und unweise halten, wenn, wie das ab und an geschieht, der Versuch gemacht wird, die Zuständigkeit des Reiches auf Gegenstände auszudehnen, welche ebenso zweckmässig der Pflege der Staaten überlassen bleiben. Die Folge eines solchen Strebens kann nicht wohl eine andere sein, als eine Reaktion zu Gunsten der Unabhängigkeit und Selbstständigkeit der Staaten, welche dann aber gar leicht, wenn auch nicht die Existenz, so doch die Fortentwickelung des Reiches gefährden kann.*)

---

*) Ich bitte, von dieser Untersuchung (unter IV) die Bestimmungen der Reichsverfassung über das Reichskriegswesen auszunehmen. So wie die Verhältnisse in Deutschland thatsächlich liegen, dürfte eine Aenderung auf diesem wichtigen Gebiete ohne überwiegende Nachtheile kaum angestrebt werden können. Dem Wesen des Bundesstaates ist es nicht zuwider, dass die Staaten militairische Befugnisse haben und behalten. Die Milizen in den Vereinigten Staaten von Amerika stehen unter der Gesetzgebung der Staaten und unter dem Oberbefehl der Staaten-Gouverneure, und treten erst dann unter den Oberbefehl des Präsidenten der Vereinigten Staaten, wenn sie von diesem in den wirklichen Dienst der Union gerufen sind. — Ich bitte weiter zu beachten, dass, wenn nur das Prinzip anerkannt ist, dass die vollziehende Gewalt des Reiches gleiche Ausdehnung mit seiner gesetzgebenden Gewalt hat, die Delegation einzelner Befugnisse, welche zur vollziehenden Gewalt des Reiches gehören, an die Staaten weniger bedenklich

V.

Rückblick auf die Bestimmungen der Reichsverfassung über die vollziehende Gewalt.

Und nun, indem ich auf das wichtige Departement der vollziehenden Gewalt des Reiches zurückblicke und mir die Frage vorlege, ob seine Organisation eine tüchtige und weise ist, erfülle ich eine angenehme Pflicht, indem ich ausspreche und anerkenne, dass die meisten der besprochenen Vorschriften zweckmässig sind. Die Eigenschaften, welche für eine gute Executive wesentlich sind, Einheit, Entschlossenheit, Heimlichkeit, Schnelligkeit und Stabilität, sind dadurch bewahrt, dass der Haupttheil der vollziehenden Gewalt dem Könige von Preussen übertragen ist. Dies entspricht der deutschen Entwickelung in den letzten beiden Jahrhunderten und dem monarchischen Gefühl des Deutschen Volkes. Eine demokratische Spitze über monarchischen Staaten würde eine Unmöglichkeit sein. Die grossen Vortheile einer monarchischen Staatsordnung sind diese, dass Jemand da ist, welcher über dem Kampfe der Parteien steht und dadurch denselben mässigt, dass die höchste Stelle nicht den Intriguen und Machinationen schlauer, begabter und ehrgeiziger Männer ohne feste Grundsätze zugänglich ist, und dass eine Garantie für eine ruhige und stetige Entwickelung besteht. Wenn nicht ein Monarch an der Spitze des Staatswesens steht und die vollziehende Gewalt nicht zur Dienstmagd der gesetzgebenden Gewalt gemacht werden soll, so bleibt nichts übrig, als den Chef der exekutiven Gewalt entweder auf Lebenszeit oder auf bestimmte Jahre durch das Volk wählen zu lassen. Die Nachtheile einer Wahlmonarchie hat Deutschland bis zur Neige gekostet. Die Aufregung einer Präsidentenwahl ist leicht zu gross und zu gefährlich. Der fürchterliche Bürgerkrieg in den Ver-

---

ist, da dieselbe alsdann widerruflich ist. Unter aussergewöhnlichen Umständen mag es für den Bundesstaat nothwendig sein, auf die Hülfeleistung der Staaten zu rekurriren. Die Vereinigten Staaten von Amerika, deren vollziehende Gewalt im Prinzipe gleiche Ausdehnung mit der gesetzgebenden Gewalt hat, haben während des Bürgerkrieges sich in einer sehr ausgedehnten Weise der Hülfeleistung der Staaten bedient.

einigten Staaten von Amerika möchte vermieden sein, wenn ein Monarch an deren Spitze gestanden hätte. Aber eine monarchische Staatsordnung ist dem Gefühl des amerikanischen Volkes ebenso zuwider, wie unsere Geschichte und Entwickelung auf sie hinweist.*)

Der Deutsche Kaiser hat dadurch, dass er den Vorsitzenden des Bundesraths ernennt und in demselben von den 58 Stimmen 17 hat; dass die Majorität der Reichstagsmitglieder in Preussen gewählt wird; durch das Veto, welches ihm bei einigen Zweigen der Reichsgesetzgebung zusteht; und endlich durch die grosse Zahl von Aemtern, welche er zu besetzen hat, allen Einfluss auf die Organe der gesetzgebenden Gewalt, welcher nöthig ist, um Uebergriffe derselben auf das Gebiet der vollziehenden Gewalt zu hindern. Auf der andern Seite kann der Deutsche Kaiser nicht umhin, auf die Entwickelung des Volkswillens sorgfältig Rücksicht zu nehmen, da seine Stellung schwierig genug werden könnte, wenn die Majorität im Bundesrathe

---

*) Häufig wird die Billigkeit der republikanischen Staatsform vor der monarchischen gerühmt. Aber eine verständig eingerichtete Monarchie, welche keine unnöthigen Kriege führt, ist billiger als eine Republik. Die direkten Kosten eines Präsidenten-Feldzuges in den Vereinigten Staaten — Presidential Campaign ist der allgemein übliche Ausdruck — namentlich der Primairversammlungen der Parteien in Grafschaften und Städten, der Staatskonventionen, der grossen Nationalversammlungen, um das Programm der Partei und die Kandidaten festzustellen, der Ratifikations-Versammlungen in Staaten, Städten und Grafschaften, der Aufzüge, Prozessionen und aller Mittel, die angewendet werden, um das Programm und die Kandidaten der eigenen Partei zu empfehlen und diejenigen der Gegenpartei herabzusetzen, des Wahltages, der Versammlung beider Häuser des Kongresses, um das Wahlergebniss festzustellen, werden von kundigen Männern auf etwa 15 Millionen Dollars geschätzt. Wenn nun auch nur ein kleiner Bruchtheil dieser Kosten aus der Staatskasse und der Rest direkt von den Mitgliedern der Parteien gezahlt wird, so geht doch der ganze angegebene Betrag aus dem Volksvermögen. Allerdings können diese Ausgaben nicht als unproduktiv bezeichnet werden. Die hohe Durchschnitts-Bildung in den Vereinigten Staaten, der kühne, unternehmende, vor keiner Schwierigkeit und Gefahr zurückbebende Sinn, welche Eigenschaften für die immens rasche Gütererzeugung so wesentlich sind, haben zum grossen Theil ihren Grund in dem ungemein regen politischen Leben, dessen Einwirkung sich Niemand ganz entziehen kann, auch wenn er es wollte.

und Reichstage oder nur in einer dieser beiden Körperschaften eine
Richtung gegen ihn nähme. Wer die neuere Geschichte sorgsam
studirt hat, wird die angedeutete Schranke für eine heilsame und
zum Wohle des Volkes nothwendige halten.

Die Mitwirkung der Staaten bei der Reichsverwaltung durch den
Bundesrath und dessen Ausschüsse ist eine weise und heilsame Einschränkung der vollziehenden Gewalt des Reiches. Ueber den Umfang derselben sind verschiedene Ansichten möglich; ein zutreffendes
Urtheil hierüber wird erst nach längerer Erfahrung abgegeben werden können. Aber die Kontrolle der Reichsverwaltung durch den
Bundesrath und dessen Ausschüsse macht eine gesetzliche Verantwortlichkeit der Organe des vollziehenden Gewalt nicht unnöthig, zumal die
Mitglieder des Bundesrathes ausschliesslich durch die Regierungen
ernannt werden. (Vergl. Kap. VI, unter V.)

Das Amt des Reichskanzlers ist ein ausgezeichnetes, nicht allein
wegen des hervorragenden Staatsmannes, welcher es gegenwärtig inne
hat. Die Organisation der Aemter, welche zur Unterstützung des
Reichskanzlers nothwendig sind, ist allerdings noch weit davon entfernt, vollkommen oder nur vollständig zu sein. Aber der Reichstag
würde, nicht durch allgemeine Resolutionen, sondern durch Einbrin-
gung von spezialisirten Gesetzentwürfen unschwer eine heilsame Fortentwickelung der Reichseinrichtungen auf diesem Gebiete bewirken
können.

Der schwache Punkt bei der vollziehenden Gewalt des Reiches
ist die Theilnahme der Staaten an derselben, in ihrer Eigenschaft als
souveraine Staatswesen. Hier mag für den Augenblick eine Abhülfe
nicht möglich sein. Alles, was geschehen kann, ist die freimüthige
öffentliche Diskussion der wichtigen Frage.

Sechstes Kapitel.

Die richterliche Gewalt des Reiches.

I.

Aufgaben und Organisation der richterlichen Gewalt. Verhältniss derselben zur gesetzgebenden und vollziehenden Gewalt.

Das Gesetz für sich ist ein todter Buchstabe; es erhält erst Leben durch die Anwendung. Die Auslegung und Anwendung des Gesetzes ist Sache der Gerichte; sie geschieht in Form von Urtheilen.

Die Gerichte sprechen nur Recht in streitigen Sachen; sie fällen nur Urtheile in einzelnen Prozessen; sie handeln nur, wenn sie darum angegangen werden. Ein geistreicher Schriftsteller hat diese drei Merkmale, welche die richterliche Gewalt sowohl von der gesetzgebenden, als von der vollziehenden Gewalt unterscheiden, deren angeborne natürliche Schwäche genannt. *) Und ein anderer Schriftsteller bemerkt mit Recht, dass die Gerichte weder Willen noch Macht, sondern lediglich Urtheil haben, und dass sie behuf Vollstreckung ihrer Urtheile der Beihülfe der vollziehenden Gewalt bedürfen. **)

Die eben angegebenen drei Merkmale sind den Gerichten aller civilisirten Länder gemeinsam; die Ausnahmen von denselben sind entweder nur scheinbar oder von geringem Belang. ***)

---

*) Tocqueville, la Démocratie en Amérique. Chap. VI.
**) Hamilton im Federalist, Nro. 78.
***) Nach der früheren deutschen Gerichtsverfassung hatte der Straf-

Der Umfang der Zuständigkeit der Gerichte, dem Gegenstande nach, ist in den verschiedenen Ländern verschieden. Fragen des

---

richter von Amtswegen zu handeln. Aber seinem Einschreiten ging, mit sehr seltenen Ausnahmen, die Anzeige einer strafbaren Handlung voraus; er handelte daher in Wirklichkeit nur auf Anruf. Durch Einführung der Staatsanwaltschaft ist das richtige Prinzip deutlicher hervorgetreten. — Es ist häufig, dass die Gerichte die bei ihnen vorkommenden Verwaltungsgeschäfte, Anstellung von Gerichtsschreibern, von Hülfspersonal, Besorgung eines angemessenen Lokals und dergl. wahrzunehmen haben. Aber sie handeln hierbei nicht in richterlicher Eigenschaft. — Es ist in Deutschland häufig, dass Gerichte um Gutachten behuf Vorbereitung von Gesetzentwürfen oder sonst um Ertheilung von Auskunft angegangen werden. Auch hierbei handeln sie nicht in richterlicher Eigenschaft. — Die englischen Richter pflegen von dem Oberhause zugezogen zu werden, um Auskunft und Rath über Gesetzesfragen zu ertheilen, aber regelmässig doch wohl nur dann, wenn es als Gerichtshof fungirt. — In der Verfassung des Staates Missouri Art. VI. Sect. 11 ist bestimmt: „The judges of the „Supreme Court shall give their opinion upon important questions of con„stitutional law, and upon solemn occasions, when required by the Governor, „the Senate, or the House of Representatives . . . . .“ („Die Richter des „höchsten Gerichtshofes sollen ihre Meinung äussern über wichtige Fragen „des konstitutionellen Rechts, und bei wichtigen Veranlassungen, wenn sie „darum von dem Gouverneur, dem Senate, oder dem Repräsentantenhause „ersucht werden.“) Im Winter 18$\frac{5}{6}$ übersandte die Legislatur des Staates Missouri den Richtern des höchsten Gerichtshofes drei Fragen des konstitutionellen Rechtes, mit dem Ersuchen um Meinungsäusserung, erhielt aber jede derselben mit dem lakonischen Bescheide zurück: „This is not an important „question of constitutional law.“ („Dies ist nicht eine wichtige Frage „des konstitutionellen Rechts.“) Ich erwähne diesen in sich unbedeutenden Vorfall, weil er die Unabhängigkeit der amerikanischen Gerichte von dem Gouverneur und der Legislatur anschaulich zu machen geeignet ist. — Aehnliche Klauseln, wie die eben angezogene aus der Verfassung des Staates Missouri, mögen sich in der einen oder andern amerikanischen Staaten-Verfassung finden. Auch ist es in Amerika Sitte, bei Fragen, welche die Verfassung und die Zuständigkeit der Gerichte betreffen, die Richter zu konsultiren, indessen nicht amtlich, sondern in privater Weise. — Das richtige Prinzip hat Hamilton im Federalist Nro. 73 aufgestellt: „It is „impossible to keep the judges too distinct from every other avocation than „that of expounding the laws. It is peculiarly dangerous to place them in „a situation to be either corrupted or influenced by the executive.“ („Es „ist unmöglich, die Richter zu fern zu halten von jeder andern Beschäfti-

Privatrechts und des Strafrechts werden denselben unbedenklich zur Entscheidung überlassen; dagegen sind sie in Fragen des öffentlichen Rechtes mehr oder weniger beschränkt.

In früherer Zeit hatten die deutschen Gerichte, sowohl die Reichs- als die Landesgerichte, eine ausgedehnte Zuständigkeit bei Fragen des öffentlichen Rechtes. Bei den Gerichten konnte wegen

---

„gung, als derjenigen, die Gesetze auszulegen. Es ist besonders gefährlich, „sie in eine Lage zu bringen, wo sie von der Exekutive entweder korrum-„pirt oder beeinflusst ¦werden können.") An diesem Prinzip ist bei den Vereinigten-Staaten-Gerichten streng festgehalten. Story, the Constitution §. 1777. Wir sind hiervon in Deutschland, wo die Richter nach dem Ermessen der vollziehenden Gewalt von einer Richterstelle zur andern befördert werden; wo die vollziehende Gewalt nach ihrem Ermessen Disziplinaruntersuchung gegen die Richter in Antrag bringen kann; wo Richter manche mit ihrem Amte wenig in Einklang stehende Nebengeschäfte, z. B. Sportelnerhebung oder gar Polizeianwaltschaft, zu versehen haben, noch sehr weit entfernt. In England und Amerika ist es durchaus ungewöhnlich, dass Richter von einer Stelle zur andern versetzt oder befördert werden. In England und Amerika kennt man, ausser der gewöhnlichen Strafklage, kein anderes Untersuchungsverfahren gegen Richter, als Anklage des Unterhauses (Repräsentantenhauses) vor dem Oberhause (Senate — Impeachment); in England können Richter ausserdem auf gemeinsame Adresse beider Häuser des Parlamentes durch die Königin ihres Amtes entlassen werden. Jedes andere Untersuchungsverfahren erachtet man der Richter unwürdig. Aber man nimmt dort auch nicht zum Richter Jedermann, welcher sich zum Richteramte meldet und ein bestimmtes Wissen nachweist; man verlangt, dass derjenige, welcher sich um ein Richteramt bewirbt, die erforderlichen Eigenschaften, sowohl die intellektuellen („an intellect comprehensive, quick „and acute" — „ein umfassendes, rasches und scharfes Wissen") als auch namentlich die moralischen („diligence, integrity, patience, suavity" — „Fleiss, Integrität, Geduld, Milde" — vergl. Macaulay, History of England, vol. VII, pag. 259), durch langjährige Bewährung im praktischen Leben nachweist. Die Richter gehen in England und den Vereinigten Staaten meist aus der Advokatur hervor. Der Zustand in einem grossen Theile der preussischen Monarchie, dass die Advokaten aus dem Richterstande hervorgehen; dass die gering besoldeten Richter sich mit Eifer um eine Advokatenstelle (oder auch um eine Anstellung im Eisenbahndienst u. dgl.) bewerben, der Subsistenz halber; dass die Zahl der Advokatenstellen beschränkt ist, und dass der Justizminister dieselben zu vergeben hat, ist eine sehr wenig berechtigte Eigenthümlichkeit.

Missbrauchs oder Ueberschreitung der Regierungsrechte der Staaten
geklagt werden;*) die Gerichte hatten einzig und allein über den
Umfang ihrer Zuständigkeit zu erkennen. Der Gerechtigkeit war
freier stracker Lauf zu lassen.**) Im Laufe der Zeit ist es anders
geworden. Die Idee der s. g. Selbstständigkeit und Unabhängigkeit
der Verwaltung und was damit in Verbindung steht, namentlich die
Einführung von Competenzkonflikten, wurde in Frankreich erfunden
und gross gezogen,***) von dort nach Deutschland importirt und von
den Deutschen Regierungen mit grosser Vorliebe gepflegt. Jetzt ist
ein heilsamer Rückschlag eingetreten. Man hat eingesehen, dass es
nicht gut und weise ist, den Minister des Innern als höchsten Richter über Fragen des öffentlichen Rechtes zu haben; man hat den
Rechtsweg weiter auszudehnen begonnen; man hat angefangen und
beschäftigt sich noch damit, sog. Verwaltungsgerichte einzusetzen —
Verwaltungsgerichte um deswillen, weil man die Idee der Selbstständigkeit der Verwaltung aufzugeben und die Entscheidung von
Gesetzesverletzungen, welche bei der Verwaltung vorkommen mögen,
den ordentlichen Gerichten zu überlassen sich noch sträubt. Immerhin aber ist bei dieser hochwichtigen Frage in Deutschland ein erheblicher Fortschritt zum Bessern eingetreten; und wir mögen hoffen,
im Laufe der Zeit dahin zu gelangen, dass bei uns, gleich wie in
andern Ländern mit freier Verfassung, über alle Gesetzesfragen, mit
wenigen bestimmten Ausnahmen, richterliche Entscheidung erwirkt
werden kann.†)

---

*) Leist, Lehrbuch des Deutschen Staatsrechts, §§. 105 ff. insbesondere
§. 128.

**) Durch Kabinetsbefehl (rescriptum principis — lex specialis) ist in
früherer Zeit häufig genug in den Gang der Justiz eingegriffen und den
Landesgerichten die Ausübung von Gerichtsbarkeit untersagt; aber dies beweist nicht gegen das angegebene Prinzip, es beweist nur, dass auf den
Schutz durch die Gerichte kein sicherer Verlass ist, wenn dem Landesherrn
unumschränktes Gesetzgebungsrecht zusteht. Auch waren Verwaltungs- und
Polizeisachen häufiger von der Zuständigkeit der Landesgerichte ausgenommen.

***) Vergl. Mohl, Geschichte und Literatur der Staatswissenschaften,
Band 3, pag. 204—219.

†) Wenn es auch nicht ganz richtig ist was Tocqueville, la Démocra-

Die richterliche Gewalt steht in Verbindung mit der gesetzgebenden dadurch, dass sie von dieser die Gesetze erhält, welche sie anwendet, mit der vollziehenden dadurch, dass von dieser die Richter ernannt und deren Urtheile vollstreckt werden.

tie en Amérique, chap. VIII, andeutet, dass in Amerika jede Gesetzesfrage zur gerichtlichen Entscheidung gebracht werden kann, so ist es doch beinahe richtig. Nur einige wenige Gesetzesfragen sind der Jurisdiktion der Gerichte entzogen, z. B. die Prüfung der Gültigkeit der Wahl des Präsidenten und Vicepräsidenten der Vereinigten Staaten, sowie der Mitglieder beider Häuser des Kongresses, und die Entscheidung über politische Anklagen (impeachments). Aehnlich ist es in England. Diese Ausdehnung der Gerichtsbarkeit, nicht über ihr natürliches Gebiet, sondern die Beseitigung willkürlicher Schranken derselben ist kein destruktives, sondern ein in hohem Grade konservatives Element. Justitia fundamentum regnorum. Der preussische Minister des Innern bemerkt mit Recht in seiner Landtagsrede vom 10. Februar 1866, bei Besprechung des bekannten Obertribunals-Beschlusses über die Redefreiheit der Mitglieder des Landtages: „Respekt vor den Gesetzen ist ein Zeichen grosser Civilisation, ein grösseres Zeichen ist der Respekt vor richterlichen Urtheilen." Warum finden die Urtheile der englischen und amerikanischen Gerichte grösseren Respekt, als diejenigen unserer Gerichte, ungeachtet die letzteren sich durch Schnelligkeit und Billigkeit des Verfahrens und durch leichte Zugänglichkeit sehr vortheilhaft vor den ersteren auszeichnen? Die Thatsache ist nicht wegzuleugnen; ich erinnere beispielsweise an die Debatte im Abgeordnetenhause über den eben angeführten Beschluss. Der Sinn des Deutschen Volkes ist mindestens ebenso gesetzlich, wie derjenige anderer germanischer Völker. Hierin kann daher der Grund nicht liegen. Ich glaube, der Grund liegt darin, dass in England und Amerika die Gerichte keine andere Aufgabe und Beschäftigung haben, als die Rechtsprechung, dass sie hierin dem Gegenstande nach nicht beschränkt sind, dass die richterliche Gewalt in wenigen Händen konzentrirt ist, dass bei Auswahl der Richter mit grösserer Sorgfalt verfahren wird, und dass die äussere Stellung und die Unabhängigkeit derselben so beschaffen ist, wie das bei Männern erforderlich erscheint, von deren Entscheidung denn doch schliesslich Leben, Ehre, Freiheit und Eigenthum der Staatsbürger abhängt. — Eine eingehende Darstellung des Entwickelungsganges der richterlichen Gewalt in Deutschland, dem Gegenstande nach, würde ungemein instruktiv und nützlich sein; sie würde beweisen, dass mit Verfassungsaufhebungen, deren es ja in Deutschland manche gegeben hat, eine Einschränkung der richterlichen Gewalt häufiger Hand in Hand gegangen ist. Hier musste ich mich auf die wenigen allgemeinen Sätze im Texte beschränken.

II.

Bestimmungen der Reichsverfassung über die richterliche Gewalt.

Nach diesen einleitenden Bemerkungen gehe ich über zur Erörterung der Bestimmungen der Reichsverfassung über die richterliche Gewalt des Reiches.

Diese Bestimmungen sind dürftig.

Im Eingange der Reichsverfassung wird unter den Zwecken des Reiches angeführt: „Schutz des innerhalb desselben gültigen Rechtes." Diese Klausel bezieht sich nach ihrem Wortlaut auf alles Recht, welches im Deutschen Reiche gilt, ohne Unterschied des Reichs- und des Staatenrechts. Mit Rücksicht auf die andern Bestimmungen der Reichsverfassung, welche ausser Zweifel setzen, dass die Zuständigkeit des Reiches dem Gegenstande nach beschränkt ist, scheint es unbedenklich, diese Klausel auf den Schutz des Reichsrechts und auf die wenigen Ausnahmefälle, in welchen dem Reiche eine Einwirkung auf den Rechtszustand der Staaten gegeben ist, einzuschränken. Sonst würde die Anomalie bestehen, dass dem Reiche im Eingange seiner Verfassung eine Aufgabe zugewiesen wäre, zu deren Erfüllung ihm die erforderlichen Mittel gänzlich fehlen.

Die angeführte Klausel ist darum von Werth, weil sie klar stellt, dass Rechtsschutz innerhalb der Zwecke und damit der Befugnisse des Reiches liegt. Indessen ist sie einer unmittelbaren praktischen Anwendung nicht fähig. Man mag sie, bei dem gegenwärtigen Zustande der Reichsverfassung, ein todtes Glaubensbekenntniss nennen.

Dem Reiche ist das Recht der Gesetzgebung und der Beaufsichtigung bei einer grösseren Zahl von Angelegenheiten gegeben. Durch das etwas unklare und mehrdeutige Wort: „Beaufsichtigung" im Eingange des Art. 4 der Reichsverfassung hat dem Reiche indessen wohl nicht die Befugniss zur Einsetzung von Gerichten gegeben werden sollen. Hätte das Wort: „Beaufsichtigung" den eben angedeuteten Sinn, so würde die richterliche Gewalt des Reiches gleichen Umfang mit seiner gesetzgebenden Gewalt haben.

Durch Art. 4, Ziffer 13 der Reichsverfassung wird dem Reiche überwiesen: „Die gemeinsame Gesetzgebung über das gerichtliche

„Verfahren." Der Ausdruck „gerichtliches Verfahren" ist gleichbedeutend mit Prozess. Das Reich kann daher Prozessregeln aufstellen, sowohl für den Civil- als für den Criminal-Prozess. Das Beiwort: „gemeinsam" soll wohl die Bedeutung haben, dass das Reich
diese Befugniss nur für den ganzen Umfang seines Gebietes, nicht
für einzelne Theile desselben ausüben darf.

Der Vollständigkeit halber ist hier zu erwähnen, dass dem
Bundesrathe obliegt,

1. politische Streitigkeiten zwischen verschiedenen Bundesstaaten
auf Anruf zu erledigen,

2. unter Umständen die gütliche Ausgleichung von Verfassungsstreitigkeiten in einem Bundesstaate zu versuchen,

3. unter Umständen Abhülfe bei Justizverweigerung in einem
Bundesstaate zu bewirken.

Diese Funktionen sind nicht unmittelbar richterlicher Art, wie
denn der Bundesrath eine politische Körperschaft und nicht ein Gerichtshof ist; aber sie haben doch einen dem richterlichen verwandten
Charakter.

Im Art. 75 der Reichsverfassung ist bestimmt:

„Für diejenigen im Art. 74 bezeichneten Unternehmungen,
„welche, wenn gegen einen der einzelnen Bundesstaaten gerichtet,
„als Hochverrath oder Landesverrath zu qualifiziren wären, ist das
„gemeinschaftliche Ober-Appellationsgericht der drei freien und Hanse-
„städte in Lübeck die zuständige Spruchbehörde in erster und letzter
„Instanz.

„Die näheren Bestimmungen über die Zuständigkeit und das
„Verfahren des Ober-Appellationsgerichts erfolgen im Wege der Reichs-
„gesetzgebung. Bis zum Erlasse eines Reichsgesetzes bewendet es bei
„der seitherigen Zuständigkeit der Gerichte in den einzelnen Bundes-
„staaten und den auf das Verfahren dieser Gerichte sich beziehenden
„Bestimmungen."

Die Bestimmungen des Art. 75 sind darum von Wichtigkeit,
weil hier ausgesprochen ist, dass das Reich einen bereits bestehenden Gerichtshof mit einer Gerichtsbarkeit für bestimmte Sachen aus-
statten darf.

Dies sind die Bestimmungen der Reichsverfassung, welche sich
auf die richterliche Gewalt des Reiches beziehen. Ich habe dieselben
vorhin dürftig genannt, ich will jetzt den Zusatz machen, dass sie
äusserst ungenügend sind, und dass, nach meiner Ansicht,
der vornehmste Mangel der Reichsverfassung in dem
Fehlen eines geeigneten richterlichen Departements liegt.
Ich will hierfür Beweis zu führen suchen.

III.

Nothwendigkeit gleichen Umfanges der richterlichen Gewalt mit der gesetzgebenden Gewalt.

Die Anwendung der Gesetze ist Sache der Gerichte. Dieser Satz
gilt in der Jurisprudenz aller civilisirten Völker. Der Satz erleidet
Ausnahmen, indem manche Gesetzesfragen der Kognition der Gerichte
entzogen sind, aber die Ausnahmen heben die Regel nicht auf. Ist
es nun richtig, dass die Anwendung der Gesetze Sache der Gerichte
ist, so ist es eine nothwendige Schlussfolgerung, dass jedes
geordnete Staatswesen in demselben Umfange richterliche
Gewalt haben muss, in welchem es gesetzgebende Gewalt
hat. Die richterliche Gewalt des Reiches muss daher gleiche
Ausdehnung mit seiner gesetzgebenden Gewalt haben; die
Gerichtsbarkeit des Reiches muss so weit gehen, wie seine
Gesetzgebung; sie muss sich erstrecken auf alle Fälle, in
denen die Anwendung seiner Verfassung oder seiner Gesetze in Frage steht. Hat das Reich zwar Gesetzgebung,
nicht aber Gesetzesanwendung, so ist es insoweit ein unfertiges, unvollständiges Staatswesen, indem es zwar eine
Regel aufstellen, nicht aber dieselbe anwenden kann. Das
Reich ist gegenwärtig bezüglich der Gesetzesanwendung
von den Staaten durchaus abhängig.

Zum Reiche gehören 25 souveraine Staaten. Einer derselben,
Preussen, hat zwei höchste Gerichtshöfe, eine grössere Zahl derselben
hat einen höchsten Gerichtshof, mehrere kleinere Staaten haben ge-

meinschaftlich einen höchsten Gerichtshof. In Deutschland besteht demnach gegenwärtig eine grössere Zahl unabhängig neben einander stehender höchster Gerichtshöfe. Dieselben haben die Bundesverfassung, welche ja auch in den Staaten publizirt ist, und die nach Massgabe derselben gemachten Gesetze in Anwendung zu bringen. — Ist es nun wahrscheinlich, dass alle diese Gerichtshöfe die Reichsverfassung und die Reichsgesetze in derselben Weise auslegen werden? Die tägliche Erfahrung jedes Gerichtshofes lehrt, dass Richter häufig bei der Interpretation der Gesetze abweichen. Der Grund liegt in der menschlichen Natur. So wie intelligente Männer, ohne ein gemeinsames Interesse, ohne ein gemeinsames Vorurtheil, ihren Verstand ruhig auf eine Zahl von zweifelhaften Fragen lenken, werden sie, nach ihrer verschiedenen Anschauungs- und Denkweise, bei einigen derselben zu verschiedenen Resultaten gelangen. — Ferner; in Deutschland bestehen verschiedene Rechtssysteme. In einem Theil gilt gemeines Recht, mit oder ohne Kodifikation, in einem andern preussisches, in einem dritten französisches. Wenn diese verschiedenen Rechtssysteme auch dieselbe Grundlage, das gemeine Recht, haben, so sind ihre Grundprinzipien doch nicht immer dieselben. Nun ist es wahrscheinlich, dass die Gerichte der verschiedenen Rechtsgebiete bei Auslegung der Reichsverfassung und der Reichsgesetze die Grundprinzipien des Rechtssystems, welchem sie angehören, in Anwendung zu bringen suchen werden, ungeachtet dies für richtig nicht gehalten werden kann. Da aber diese Grundprinzipien vielfach von einander abweichen, so werden sie bei Auslegung der Reichsverfassung und der Reichsgesetze zu verschiedenen Resultaten gelangen. — In welcher Weise werden die Auslegungen abweichen? Ist es nicht wahrscheinlich, dass die preussichen Gerichte für die Präsidialrechte Preussens, die andern Gerichte für die Unabhängigkeit und Selbstständigkeit der Staaten interpretiren werden? Können hieraus nicht Missstände und selbst Gefahren hervorgehen? — Was ist die Folge? Dieselbe Reichsverfassung, welche für ganz Deutschland gilt, dieselben Reichsgesetze, welche für ganz Deutschland gelten, werden in den verschiedenen Theilen Deutschlands verschieden ausgelegt werden. Sie behalten denselben Buchstaben, aber derselbe wird verschieden interpretirt werden. Die Rechtseinheit, welche doch bei der Reichsverfassung und den Reichsgesetzen nothwendig ist, wird daher nur dem Buchstaben nach, nicht aber in der Anwendung bestehen.

Einige dieser Gründe haben auf freilich beschränktem Gebiete bereits Anerkennung gefunden. Durch das norddeutsche Gesetz vom 12. Juni 1869, welches auch in den süddeutschen Staaten gilt, ist für Handelssachen ein gemeinsames Bundes-Oberhandelsgericht angeordnet. In dem Berichte des Bundes-Ausschusses für Justizwesen zur Motivirung dieses Gesetzes wird zutreffend ausgeführt, dass es nur einen Weg gebe, die Einheit des Rechtes in Handelssachen aufrecht zu halten, nämlich einen gemeinsamen obersten Gerichtshof für Handelssachen. Aber gelten diese Gründe nicht für jedes Reichsgesetz? Und ist es nicht wichtiger, einen gemeinsamen obersten Gerichtshof für die Auslegung der Reichsverfassung und der politischen Reichsgesetze, als der Handelsgesetze zu haben? Einheit der Rechtsprechung in Handelssachen ist von vielem Werthe, aber Verschiedenheit würde eben keine Gefahr bringen; dagegen kann eine Verschiedenheit in der Auslegung der Reichsverfassung und der politischen Reichsgesetze zu schweren Unzuträglichkeiten führen, so lange nicht ein geordneter Weg zur Entscheidung über die verschiedenen Auslegungen besteht.

Nicht allein die Auslegung und Anwendung der Reichsverfassung und der Reichsgesetze, sondern auch die Vollstreckung der Urtheile, in welchen dieselben in Anwendung gebracht werden, ist den Staaten überlassen. Werden sie hierbei nach gleichen Grundsätzen verfahren? Ich will nicht alle Fragen erörtern, welche sich hieran knüpfen, sondern eine einzelne herausgreifen, welche mir von vornehmlicher Bedeutung scheint. In Deutschland gilt gegenwärtig dasselbe Strafgesetzbuch. Verbrecherische Unternehmungen gegen das Reich und dessen Organe werden in ganz Deutschland nach denselben Normen gestraft. Aber es hängt von dem Ermessen der Regierungen der einzelnen Staaten ab, zufolge der Abhängigkeit der Anklagebehörden von denselben, ob wegen einer verbrecherischen Unternehmung gegen das Reich Strafklage erhoben werden soll, und es hängt ferner von dem Ermessen der Regierungen der einzelnen Staaten ab, ob, wenn auf erhobene Strafklage ein Strafurtheil erfolgt ist, dasselbe vollstreckt werden oder Begnadigung eintreten soll. Das Deutsche Reich, obwohl ein eigener Staat, hat daher gegenwärtig nicht einmal die Mittel, sich gegen Hochverrath und Landesverrath zu schützen; es ist in dieser Beziehung von den Staaten abhängig. Hieraus mag keine Gefahr entstehen, so lange gutes Einvernehmen zwischen den Deutschen Regierungen fortdauert. Aber besteht hierfür eine Garantie? Gewährt die Vergangenheit derselben ausreichende Garantie? Hat der frühere Deutsche Bund der ersten Aufgabe eines solchen, Krieg zwischen seinen Mitgliedern zu verhindern, genügen können? Hat nicht häufig Eifersucht und Feindschaft zwischen Deutschen Staaten bestanden? Darf man vertrauensvoll sagen: Ja, so ist es in früherer Zeit gewesen; aber damals galt noch nicht die Reichsverfassung; dieselbe hat für immer allen Streit und Unfrieden begraben? Aber es ist gewiss richtiger, von der Vergangenheit auf die Zukunft zu schliessen; es ist gewiss richtiger, nicht zu vergessen, dass die Reichsverfassung eine Menge zweifelhafter Fragen ungelöst lässt; dass dieselbe die Berührungspunkte zwischen den Deutschen Staaten und damit die Gelegenheit zu Streit vermehrt; und daraus die Folgerung zu ziehen, dass das Reich mit allen Organen ausgestattet werden muss, welche nöthig und geeignet sind, dasselbe gegen Angriffe zu schützen, und die Streitpunkte, welche entstehen mögen, auf friedlichem geordneten Wege zum Austrage zu bringen.

Die Konklusion aus diesen Erörterungen ist bereits vorhin gezogen; es ist dringend wünschenswerth, dass dem Reiche Gerichtsbarkeit in gleichem Umfange mit seiner Gesetzgebung gegeben wird.

An einer frühern Stelle (Kap. III, unter II, 2, 9) ist ausgeführt, dass eigene Gerichtsbarkeit für die Selbstständigkeit der Staaten wesentlich ist. Wie würde sich die Reichsgerichtsbarkeit zur Staatengerichtsbarkeit zu stellen haben?

Den Staaten würde ausschliessliche Gerichtsbarkeit bleiben müssen, so weit lediglich ihre Gesetzgebung in Frage ist. Es besteht (vielleicht einige Fälle ausgenommen) kein Bedürfniss für das Reich, Rechtsfälle, in welchen es sich nur um Staatenrecht handelt, in den Kreis seiner Kognition zu ziehen. Wie aber bei der grossen Zahl von Fällen, in welchen Fragen des Reichsrechtes und des Staatenrechtes zusammentreffen?

Der Grundsatz im §. 14 des Gesetzes über das Oberhandelsgericht, bei einer Klagenhäufung oder einer Widerklage sei die
Qualität des Rechtsstreits, ob Handels- oder andere Sache, nach dem
Werthe der verschiedenen Streitsachen zu bestimmen, ist ein äusser-
licher, lässt Zweifel, wenn die Werthberechnung in Streit gezogen
wird, und verdient gewiss keine Nachahmung. Wird einmal der
Grundsatz angenommen, dass die Gerichtsbarkeit des Reiches mit
seiner Gesetzgebung gleiche Ausdehnung hat, so muss jede Sache, in
welcher eine Frage des Reichsrechtes vorkommt, an die Reichsgerichte
gebracht werden können. Die Folge ist, dass dieselben auch über
Fragen des Staatenrechtes zu entscheiden haben können. Dabei empfiehlt sich indessen sehr, dass sie den Grundsatz der amerikanischen
Unionsgerichte annehmen, sich in Fragen des Staatenrechtes durch
die Rechtsprechung der Staatengerichte bestimmen zu lassen, einmal
im Interesse der Gleichförmigkeit der Rechtsprechung,*) und weil
bei diesen eine bessere Kenntniss des Staatenrechtes zu vermuthen
ist.**) Dieser Grundsatz lässt sich nicht in Form eines Gesetzes vorschreiben; aber er enthält eine Schranke, welche ein weiser umsich-
tiger Gerichtshof sich selbst setzen wird.

Dagegen ist das Beispiel des Oberhandelsgerichts insofern von
Werth, als, wenigstens zunächst, es ausreichen wird, wenn der Reichsgerichtsbarkeit die Entscheidung über Fragen des Reichsrechtes nur
in letzter Instanz überwiesen wird und in den früheren Instanzen
den Staatengerichten belassen bleibt.

Eine Ausnahme hiervon müssen indessen strafbare Unternehmungen gegen das Reich, den Kaiser, den Bundesrath, den Reichs-

---

*) Mangel an Gleichförmigkeit in der Rechtsprechung ist einer der
grössten Fehler Deutscher Gerichte, namentlich derjenigen des gemeinen
Rechtes. Jedes Rechtssystem enthält eine Menge Kontroversen. Bei einer
grossen Zahl derselben kommt es weniger darauf an, in welcher Weise sie
entschieden werden, als dass sie konform entschieden werden, so dass jede
Partei, welche sich an einen Gerichtshof behuf Entscheidung einer früher
bereits entschiedenen Frage wendet, weiss oder wissen kann, wie sie entschieden werden wird.

**) Abbot, United States Courts Practice. Book II. The judiciary,
pag. 167.

tag und die Reichsgerichte machen. Hier ist ausschliessliche Gerichtsbarkeit des Reiches, zur Wahrung seiner Selbstständigkeit und seiner
Ehre, unvermeidlich.

Die unter II besprochene Bestimmung im Art. 75 der Reichsverfassung ist nicht ausreichend, einmal weil sie nicht alle strafbaren Unternehmungen gegen das Reich umfasst, und sodann, weil
sie einem Staatengerichte, nicht einem Reichsgerichte, Zuständigkeit
überträgt.

Es ist daher dringend wünschenswerth, dass folgende Zusatzartikel zur Reichsverfassung, im Wege des Art. 78, Absatz 1 derselben, angenommen werden:

1. Das Reich ist befugt, Gerichte einzusetzen, welche in letzter
Instanz in allen Fällen Recht zu sprechen haben, in denen die Anwendung seiner Verfassung, seiner Gesetze, seiner Verordnungen oder
der von ihm abgeschlossenen Verträge in Frage ist;

2. das Reich ist befugt, Gerichte einzusetzen, welche ausschliessliche Zuständigkeit bei allen strafbaren Unternehmungen haben, welche
gegen das Reich, den Kaiser, den Bundesrath, den Reichstag oder
die Reichsgerichte gerichtet sind. *)

----

*) Es gibt noch einige andere Fälle, auf welche die Ausdehnung der
Reichsgerichtsbarkeit zweckmässig ist. Allein hier, wo ich de lege ferenda
schreibe, kann ich nicht wohl Detailfragen erörtern. Aus demselben Grunde
kann ich nicht wohl über das Verfahren bei den Reichsgerichten schreiben.
Man hüte sich nur vor der Meinung, als ob alle prozessualische Weisheit
in den französischen Prozessordnungen abgeschlossen wäre. In dem auf
germanischer Grundlage beruhenden englischen und amerikanischen Prozess
ist Vieles sehr tüchtig. Die Bestimmungen über writ of error verdienen
z. B., wie mir scheint, sorgfältige Beachtung. Den Vereinigten-Staaten-
Gerichten ist die Ordnung ihres Verfahrens selbstständig überlassen. Rule 3
der Prozessregeln des höchsten Gerichtshofes der Vereinigten Staaten lautet:
„This court consider the practice of the courts of King's Bench, and of
„Chancery, in England, as affording outlines for the practice of this court;
„and they will, from time to time, make such alteration therein as circum-
„stances may render necessary." („Dieser Gerichtshof bestimmt, dass das
„Verfahren der englischen Gerichtshöfe von King's Bench und Chancery die

IV.

Aufrechterhaltung der Grenzlinie zwischen der Reichsgewalt und den Staatengewalten.

Die grosse Schwierigkeit eines Bundesstaates besteht darin, zunächst, die Grenzlinie zwischen der Bundes- und den Staatengewalten auf eine geschickte Weise zu ziehen, und dann, dieselbe gegen Uebergriffe sowohl der Bundes- als der Staatenregierungen sicher zu stellen.

Die Grenzlinie zwischen der Bundes- und den Staatengewalten ist in der Reichsverfassung enthalten. Sie mag nicht überall geschickt gezogen sein; im Grossen und Ganzen ist das Richtige gewiss getroffen. Wo die Befugnisse des Reiches etwa über das nothwendige Mass hinausgehen, da gibt es ein einfaches Mittel der Abhülfe; Bundesrath und Reichstag mögen diejenigen Befugnisse, deren Ausübung unzweckmässig ist, unausgeübt lassen. Die Vereinigten Staaten von Amerika haben eine grössere Zahl von Befugnissen, welche bislang nicht ausgeübt sind, und an deren Ausübung auch gegenwärtig nicht gedacht wird.

Ueber die Grenzlinie zwischen den Reichs- und den Staatengewalten handelt das dritte Kapitel; indem ich hierauf Bezug nehme, wende ich mich unmittelbar zu der Frage, welche Einrichtungen geeignet sind, dieselbe gegen Uebergriffe sicher zu stellen.

Sind denn solche Einrichtungen nothwendig? Diese Frage ist

„Grundzüge für sein Verfahren enthält; und er wird von Zeit zu Zeit solche „Aenderungen hierin vornehmen, als die Umstände nothwendig machen.") Man sehe: „Rules of the Supreme Court of the United States, and rules „of practice for the Circuit and District Courts of the United States in „equity and admiralty cases. Washington 1869." („Regeln des höchsten „Gerichtshofes der Vereinigten Staaten und Prozessregeln für die Circuit- „und Distrikts-Gerichte der Vereinigten Staaten in Billigkeits- und Admi- „ralitätsfällen.") Vielleicht wäre es weit zweckmässiger gewesen, wenn anstatt der §§. 16 bis 22 des Gesetzes über das Bundes-Oberhandelsgericht vom 12. Juni 1869 bestimmt wäre: Das Bundes-Oberhandelsgericht ist befugt, das Verfahren in den an dasselbe gelangenden Sachen durch Statut zu regeln, und dasselbe von Zeit zu Zeit, sowie ein Bedürfniss dazu hervortritt, abzuändern; dies Statut und dessen Abänderungen sind in geeigneter Weise bekannt zu machen.

unzweifelhaft zu bejahen. An einer frühern Stelle ist das Wort von Montesquieu angezogen: „Car c'est une expérience éternelle, que „chaqu'un qui a du pouvoir, est porté, à en abuser."*) In der That, die Geschichte lehrt diesen etwas traurigen Satz auf jedem Blatte. Worin anders haben die meisten Kriege, welche Europa verwüstet haben, ihren Grund gehabt, als in der Neigung eines Staates oder seines Monarchen, seine Macht und seinen Einfluss auf Kosten seines Nachbars zu vermehren? Und wie im Verhältniss mehrerer Staaten zu einander, so innerhalb desselben Staates. Die verschiedenen Elemente in demselben haben sich gegenseitig bekämpft und sich zu unterdrücken gesucht, wenn sie nicht so geordnet waren, dass sie sich gegenseitig in den gesetzlichen Schranken hielten. Die früheren Deutschen Reichsstände haben allmählig die einst stattliche Macht des Deutschen Kaisers auf einen wesenlosen äussern Glanz herabgedrückt. Die deutschen Landesfürsten haben ihre Regierungsgewalt immer weiter ausgedehnt und eine Schranke derselben nach der andern beseitigt, bis die Ereignisse der letzten Jahrzehnte bewirkt haben, dass sie sich verfassungsmässige Schranken gefallen lassen. Die höheren Klassen in Deutschland haben die unteren lange genug in Erbunterthänigkeit, Leibeigenschaft oder Eigenbehörigkeit gehalten, und der eine oder andere Rittergutsbesitzer in Mecklenburg mag diesen Zustand noch gegenwärtig für den normalen halten. Wenn auch das Wort von Jefferson, des berühmten Präsidenten der Vereinigten Staaten: „In questions of power, then, let no more be „heard of confidence in man, but bind him down from mischief by „the chains of the constitution,"**) zu weit geht; wenn es auch nöthig ist, irgendwohin Vertrauen zu setzen, so findet doch das amerikanische Sprüchwort: „Power is of an encroaching nature" d. h. wer Macht hat, ist geneigt, dieselbe über ihre Grenzen auszudehnen, seine Bestätigung in der menschlichen Natur, welche nach

---

*) „Denn es ist eine ewige Erfahrung, dass Jedermann, welcher Gewalt „hat, geneigt ist, dieselbe zu missbrauchen."

**) „Bei Machtfragen lass nicht mehr die Rede sein von Vertrauen auf „Menschen, sondern binde sie fest vom Unrecht durch die Ketten der Ver„fassung." Nro. 7 of the Kentucky Resolutions of 1798. cf. Horace Greeley, The American Conflict. I, pag. 84.

mehr als tausendjähriger Erfahrung Macht vor vielen andern Dingen
zu lieben scheint. Es ist darum gewiss nützlich und weise, jede
Gewalt mit wirksamen Schranken zu umgeben. Dies ist auch der
Standpunkt der Reichsverfassung, indem sie das Versprechen der
Bundesglieder, ihre verfassungsmässigen Pflichten zu erfüllen, nicht
für genügend erachtet, sondern bestimmt, dass sie dazu nöthigenfalls
durch Exekution angehalten werden können. Aber diese Bestimmung
ist nicht ausreichend. Sie mag unter Umständen dazu dienen können,
Uebergriffe der Staatenregierungen auf das Gebiet der Reichsgewalt
zu hindern; aber selbst diese ihre Wirkung ist zweifelhaft, da sie
davon abhängt, ob der Bundesrath, das gemeinschaftliche Organ der
Staaten, in einem solchen Falle Exekution beschliesst. Und dann
gibt sie den Staaten keine Sicherheit gegen Uebergriffe der Reichsgewalt.

Ich komme hier auf Fragen, welche häufiger berührt (vergl.
Kap. II am Ende, Kap. IV am Ende), aber bislang nicht beantwortet
sind. Wer ist Richter: wie weit die legislativen und exekutiven Befugnisse des Reiches gehen? ob ein Gesetz oder eine Verordnung
desselben verfassungsmässig ist? Wer ist Richter: wie weit die Beschränkungen gehen, welche die Reichsverfassung den Staaten auflegt?
ob ein Gesetz oder eine Verordnung eines Staates mit der Reichsverfassung oder nach Massgabe derselben gemachten Gesetzen in
Widerspruch steht? Alle diese Fragen lösen sich schliesslich auf in
die Frage: **wer ist der endgültige Ausleger der Reichsverfassung?** Ich wende mich zu dieser Frage mit dem vollen Bewusstsein ihrer Wichtigkeit und Schwierigkeit, aber sie liegt in dem
Wege meiner Untersuchungen und kann nicht umgangen werden.

Es ist nützlich, bei Prüfung dieser Frage die bezüglichen Bestimmungen anderer Bundesverfassungen zu Rathe zu ziehen.

Im Art. 69 der schweizerischen Bundesverfassung vom 8. April
1848 ist bestimmt:

,,Die Gegenstände, welche in den Geschäftskreis beider Räthe"
(des Nationalrathes, welcher das schweizerische Volk, und des Stände-
rathes, welcher die schweizerischen Kantone vertritt) ,,fallen, sind
,,insbesondere folgende:

,,15. Kompetenzstreitigkeiten, insbesondere darüber:

„a. ob ein Gegenstand in den Bereich des Bundes oder der „Kantonalsouverainität gehöre;

„b. ob eine Frage in die Kompetenz des Bundesrathes" (der obersten vollziehenden Behörde der Eidgenossenschaft) „oder des „Bundesgerichts falle."

Da es klar ist, dass beide Räthe, der Nationalrath und der Ständerath, welche in der Regel getrennt verhandeln, über diese Fragen zu einer verschiedenen Ansicht gelangen können; da ferner eine Entscheidung der Kompetenzstreitigkeiten dringlich ist oder doch sein kann, so ist weiter im Art. 75 derselben Verfassung bestimmt, dass für Entscheidung von Kompetenzstreitigkeiten beide Räthe sich unter der Leitung des Präsidenten zu einer gemeinschaftlichen Versammlung vereinigen, so dass die absolute Mehrheit der stimmenden Mitglieder beider Räthe entscheidet.

Es ist nicht ganz leicht, ohne vollständige Kenntniss der schweizerischen Einrichtungen (welche dem Verfasser fehlt) sich ein ganz zutreffendes Bild über die Tragweite der angeführten Bestimmungen zu machen; doch scheint ihre Bedeutung folgende zu sein.

Die schweizerische Verfassung ist darin der Reichsverfassung ähnlich, dass sie nur bestimmte Angelegenheiten des staatlichen Lebens der Eidgenossenschaft überweist und den Rest derselben den Kantonen belässt (Art. 3 der schweizerischen Verfassung). Die Gegenstände, welche zur Zuständigkeit der Eidgenossenschaft gehören, sind in der Bundesverfassung einzeln angeführt, ebenso wie die Reichsangelegenheiten in der Reichsverfassung. Durch die schweizerische Verfassung wird für die Eidgenossenschaft angeordnet:

1. eine gesetzgebende Gewalt, die Bundesversammlung, welche aus dem Nationalrath und dem Ständerath besteht,

2. eine vollziehende Gewalt, der Bundesrath,

3. eine richterliche Gewalt, das Bundesgericht;

die beiden letzteren indessen in Unterordnung unter die Bundesversammlung, welche namentlich darin hervortritt, dass von dieser die Mitglieder des Bundesrathes und des Bundesgerichts auf Zeit gewählt werden. Nun konnte es vorkommen, dass zwischen der Eidgenossenschaft und den Kantonen oder zwischen dem Bundesrathe und dem Bundesgerichte über die Grenze ihrer gegenseitigen Zuständigkeit

Streit entstand. Alle diese Streitigkeiten sind durch die schweizerische
Verfassung, das höchste Gesetz der Eidgenossenschaft und jedes dazu
gehörigen Kantons, der Bundesversammlung zur Entscheidung überwiesen.
Die Entscheidung derselben ist für Jedermann in der Schweiz bindend.
Gegen dieselbe gibt es nur ein Mittel der Abhülfe, nämlich Revision
der Verfassung, wovon Art. 104 bis 107 der schweizerischen Verfassung handeln. Die Bundesversammlung der Schweiz ist demnach
der endgültige Ausleger der Bundesverfassung; sie ist der höchste
und letzte Richter über die Rechte der Eidgenossenschaft, über diejenigen der Kantone, über ihre eigenen Befugnisse und diejenigen
der höchsten schweizer Behörden. — Vom demokratischen Standpunkte
aus mögen diese Bestimmungen gerechtfertigt werden können, indessen
wäre es wohl weiser, wenn die Bundesversammlung der Schweiz sich
Schranken unterworfen hätte. Für ein Staatswesen, wie wir es haben,
sind die Bestimmungen der schweizerischen Verfassung zur Nachahmung wenig geeignet.

Abschnitt V der Frankfurter Reichsverfassung vom 28. März
1849, welcher über das Reichsgericht handelt, lautet:

„§. 125. Die dem Reiche zustehende Gerichtsbarkeit wird durch
„ein Reichsgericht ausgeübt.

„§. 126. Zur Zuständigkeit des Reichsgerichts gehören:

„a. Klagen eines Einzelstaates gegen die Reichsgewalt wegen
„Verletzung der Reichsverfassung durch Erlassung von Reichsgesetzen
„und durch Massregeln der Reichsregierung, sowie Klagen der Reichs-
„gewalt gegen einen Einzelstaat wegen Verletzung der Reichsver-
„fassung.

„b. Streitigkeiten zwischen dem Staatenhause und dem Volks-
„hause unter sich und zwischen jedem von ihnen und der Reichs-
„regierung, welche die Auslegung der Reichsverfassung betreffen,
„wenn die streitenden Theile sich vereinigen, die Entscheidung des
„Reichsgerichtes einzuholen.

„c. Politische und privatrechtliche Streitigkeiten aller Art
„zwischen den einzelnen Deutschen Staaten.

„d. Streitigkeiten über Thronfolge, Regierungsfähigkeit und
„Regentschaft in den Einzelstaaten.

„e. Streitigkeiten zwischen der Regierung eines Einzelstaates und

„dessen Volksvertretung über die Gültigkeit oder Auslegung der Landes-
„verfassung."

„f. Klagen der Angehörigen eines Einzelstaates gegen die Re-
„gierung desselben, wegen Aufhebung oder verfassungswidriger Ver-
„änderung der Landesverfassung.

„Klagen der Angehörigen eines Einzelstaates gegen die Re-
„gierung wegen Verletzung der Landesverfassung können bei dem
„Reichsgesetz nur angebracht werden, wenn die in der Landesver-
„fassung gegebenen Mittel der Abhülfe nicht zur Anwendung ge-
„bracht werden können.

„g. Klagen Deutscher Staatsbürger wegen Verletzung der durch
„die Reichsverfassung ihnen gewährten Rechte. Die näheren Be-
„stimmungen über den Umfang dieses Klagerechts und die Art und
„Weise, dasselbe geltend zu machen, bleiben der Reichsgesetzgebung
„vorbehalten.

„h. Beschwerden wegen verweigerter oder gehemmter Rechts-
„pflege, wenn die landesgesetzlichen Mittel erschöpft sind.

„i. Strafgerichtsbarkeit über die Anklagen gegen die Reichs-
„minister, insofern sie deren ministerielle Verantwortlichkeit be-
„treffen.

„k. Strafgerichtsbarkeit über die Anklagen gegen die Minister
„der Einzelstaaten, insofern sie deren ministerielle Verantwortlichkeit
„betreffen.

„l. Strafgerichtsbarkeit in den Fällen des Hoch- und Landes-
„verrathes gegen das Reich.

„Ob noch andere Verbrechen gegen das Reich der Strafgerichts-
„barkeit des Reichsgerichts zu überweisen sind, wird späteren Reichs-
„gesetzen vorbehalten.

„m. Klagen gegen den Reichsfiscus.

„n. Klagen gegen Deutsche Staaten, wenn die Verpflichtung,
„dem Anspruche Genüge zu leisten, zwischen mehreren Staaten
„zweifelhaft oder bestritten ist, sowie wenn die gemeinschaftliche
„Verpflichtung gegen mehrere Staaten in einer Klage geltend ge-
„macht wird.

„§. 127. Ueber die Frage, ob ein Fall zur Entscheidung des

„Reichsgerichts geeignet sei, erkennt einzig und allein das Reichs-
„gericht selbst.

„§. 128.   Ueber die Einsetzung und Organisation des Reichs-
„gerichts, über das Verfahren und die Vollziehung der reichsgericht-
„lichen Entscheidungen und Verfügungen wird ein besonderes Gesetz
„ergehen.

„Diesem Gesetze wird auch die Bestimmung, ob und in welchen
„Fällen bei dem Reichsgericht die Urtheilsfällung durch Geschworene
„erfolgen soll, vorbehalten.

„Ebenso bleibt es vorbehalten: ob und wie weit dieses Gesetz
„als organisches Verfassungsgesetz zu betrachten ist.

„§. 129.   Der Reichsgesetzgebung bleibt es vorbehalten, Admira-
„litäts- und Seegerichte zu errichten, sowie Bestimmungen über die
„Gerichtsbarkeit der Gesandten und Consuln des Reiches zu treffen.‟

Mit diesen Vorschriften stimmen die §§. 123 bis 127 des Ent-
wurfes der Verfassung des Deutschen Reiches, auf Grund des Bündnisses vom 26. Mai 1849, wörtlich überein, vorbehältlich zweier nicht
sehr erheblicher Abweichungen.

Die Bestimmungen der Frankfurter Reichsverfassung unterscheiden
sich von denjenigen der schweizerischen Verfassung dadurch, dass sie
Fragen über die Grenzlinie zwischen der Reichs- und den Staatengewalten einem Gerichtshofe, und nicht gesetzgebenden Körperschaften
überweisen.   Diese Verschiedenheit ist ohne Zweifel eine erhebliche
Verbesserung. Die Fragen, um welche es sich handelt, sind Gesetzesfragen; sie sollten daher nach Rechtsgründen, nicht nach politischen
Rücksichten entschieden werden.   Gesetzgebende Körperschaften sind
politische Versammlungen; es ist ein Irrthum, von ihnen eine Entscheidung allein nach Rechtsgründen zu erwarten; sie werden immer
nach politischen Rücksichten entscheiden, weil sie ihre Natur nicht
abstreifen können.   Ferner; die Bundesversammlung der Schweiz ist
Partei in den Kompetenzfragen, welche sie zu entscheiden hat; es
handelt sich entweder unmittelbar oder mittelbar um ihre eigenen
Rechte; sie sollte daher nicht Richter sein. Die Frankfurter Reichsverfassung überweist dagegen Kompetenzfragen einem unabhängigen
Gerichtshofe, welcher keine andere Aufgabe hat, als die Reichsverfassung und die Gesetze aufrecht zu halten. — Im Uebrigen können

gegen die Bestimmungen der Frankfurter Reichsverfassung mancherlei Einwendungen mit Grund erhoben werden. Sie gehen nicht weit genug, indem sie nicht den Grundsatz enthalten, dass die richterliche Gewalt des Reiches gleichen Umfang mit seiner gesetzgebenden Gewalt hat; sie gehen ferner nicht weit genug, indem, wenigstens anscheinend, Akte des Reiches und der Staaten nicht von selbst nichtig und unverbindlich sind, soweit sie mit der Reichsverfassung und den nach Massgabe derselben gemachten Gesetzen in Widerspruch stehen, sondern erst dadurch nichtig und unverbindlich werden, dass sie auf erhobene Klage vom Reichsgericht für ungültig erklärt werden; *) sie gehen auf der anderen Seite zu weit, indem manche Fragen des Staatenrechts ohne, wie mir scheint, zwingenden Grund der Kognition des Reichsgerichts unterworfen werden.

Der Rechtszustand der Vereinigten Staaten von Amerika, bezüglich der Frage, wer der endgültige Ausleger der Unionsverfassung ist, erhellt aus einem neueren Urtheil (opinion) des höchsten Gerichtshofes, in der Prozesssache Hepburn ctr. Griswold, December Term 1869, welches bezüglich dieser Frage nichts Neues ausspricht, sondern nur wiederholt, was in ähnlicher Form in einer grossen Zahl von Fällen entschieden ist, und worüber die berühmtesten Kommentatoren der amerikanischen Verfassung übereinstimmen. **)

Salmon P. Chase, der erste Richter der Vereinigten Staaten, sagte bei Verkündigung des Urtheils:

„We are thus brought to the question wether Congress has „power to make notes issued under its authority a legal tender in „payment of debts which, when contracted, were payable by law in „gold and silver coin.

„The delicacy and importance of this question has not been „overstated in the argument. This court always approaches the con„sideration of questions of this nature reluctantly; and its constant

---

*) Vergl. Art. 66 und 194 der Frankfurter Reichsverfassung. Eine ausführliche Besprechung der angezogenen Bestimmungen derselben liegt ausserhalb des Planes des Verfassers.

**) The Federalist, Nro. 78 (Hamilton). Story, On the Constitution, §. 1576. Kent, Commentaries on American law, Part II, Lect. XV.

„rule of decision has been, and is, that acts of Congress must be
„regarded as constitutional unless clearly shown to be otherwise. *)

„But the Constitution is the fundamental law of the United
„States. By it the people have created a government, defined its
„powers, prescribed their limits, distributed them among the different
„departments, and directed, in general, the manner of their exercise.

„No department of the government has any other powers than
„those thus delegated to it by the people. All the legislative power
„granted by the Constitution belongs to Congress; but it has no
„legislative power which is not thus granted. And the same obser-
„vation is equally true in its application to the executive and judi-
„cial powers granted respectively to the President and the courts.
„All these powers differ in kind, but not in source or in limitation.
„They all arise from the Constitution and are limited by its terms.

„It is the function of the judiciary to interpret and apply the
„law to cases between parties as they arise for judgment. It can
„only declare what the law is, and enforce, by proper process, the
„law thus declared.

„But in ascertaining the respective rights of parties it frequently
„becomes necessary to consult the Constitution. For there can be
„no law, inconsistent with the fundamental law. No enactment not
„in pursuance of the authority conferred by it can create obligations
„or confer rights. For such is the express declaration of the Con-
„stitution itself in these words:

„„The Constitution and the laws of the United States which
„„shall be made in pursuance thereof, and all treaties made,

---

*) „Wir kommen so zu der Frage, ob der Kongress befugt ist, unter
„seiner Autorität ausgestelltes Papiergeld zu einem gesetzmässigen Aner-
„bieten bei der Zahlung von solchen Schulden zu machen, welche zur Zeit
„ihrer Entstehung nach dem Gesetze in Gold- und Silber-Münze zahlbar
„waren.

„Die Zartheit und Wichtigkeit dieser Frage ist in den Parteivorträgen
„nicht übertrieben. Dieser Gerichtshof geht immer an die Betrachtung von
„Fragen dieser Art mit Widerstreben; und seine beständige Entscheidungs-
„regel ist gewesen und ist noch, dass Kongressakte als verfassungsmässig
„angesehen werden müssen, bis das Gegentheil klar erwiesen ist.“

Die nachstehenden Sätze sind hernach im Texte übersetzt.

„„„or which shall be made under the authority of the United States,
„„„shall be the supreme law of the land; and the judges of every
„„„state shall be bound thereby, anything in the constitution or laws
„„„of any state to the contrary notwithstanding.“„

„Not every act of Congress, then, is to be regarded as the su-
„preme law of the land; nor is it by every act of Congress that
„the judges are bound. This character and this force belong only
„to such acts as are made in pursuance of the Constitution.“

„When, therefore, a case arises for judicial determination, and
„the decision depends on the alleged inconsistency of a legislative
„provision with the fundamental law, it is the plain duty of the
„court to compare the act with the Constitution, and if the former
„cannot, upon a fair construction, be reconciled with the latter, to
„give effect to the Constitution rather than the statute. This seems
„so plain that it is impossible to make it plainer by argument. If
„it be otherwise the Constitution is not the supreme law; it is
„neither necessary or useful, in any case, to inquire whether or not
„any act of Congress was passed in pursuance of it; and the oath
„which every member of this court is required to take, „„„that he
„„„will administer justice without respect to persons, and do equal
„„„right to the poor and the rich, and faithfully perform the duties
„„„incumbent upon him to the best of his ability and understanding,
„„„agreably to the Constitution and laws of the United States,“„
„becomes an idle and unmeaning form.“

Im folgenden Theil des Urtheils wird ausgeführt, dass die Kongressakte vom 25. Februar 1862, insoweit sie Vereinigte-Staaten-
Noten zu einem gesetzmässigen Anerbieten bei der Bezahlung von
Schulden macht, welche vor ihrem Erlass kontrahirt sind, verfassungswidrig, nichtig und unverbindlich sei, weil die Verfassung
dem Kongress keine Befugniss gewähre, eine solche Bestimmung zu
treffen; und es wird das Urtheil des Court of Appeals des Staates
Kentucky, welches diesen Satz aufgestellt hatte, bestätigt.*)

---

*) Mit den im Texte angeführten Sätzen stimmen alle Richter des
höchsten Gerichtshofes der Vereinigten Staaten überein, welche an der Beschlussfassung Theil genommen haben. Sie enthalten das unzweifelhafte

13

Da die Reichsverfassung, gleich der Verfassung der Vereinigten Staaten, keine ausdrückliche Bestimmung enthält, wer ihr endgültiger Ausleger ist, so ist es zulässig und zweckmässig, die Anwendbarkeit der Gründe des höchsten Gerichtshofes der Vereinigten Staaten auf unsern Rechtszustand zu untersuchen. Ich übergehe dabei die beiden zuerst mitgetheilten Absätze aus dem angeführten Urtheil, weil sie lediglich den Fall einleiten und keinen Theil des eigentlichen Arguments bilden.

Der höchste Gerichtshof der Vereinigten Staaten sagt zunächst: „Die Verfassung ist das Grundgesetz der Vereinigten Staaten. Durch „dasselbe hat das Volk eine Regierung geschaffen, ihre Befugnisse „bestimmt, deren Grenzen vorgeschrieben, dieselben unter die ver- „schiedenen Departements vertheilt und, im Allgemeinen, die Weise „ihrer Ausübung regulirt."

Alle diese Sätze gelten auch bei uns. Die Reichsverfassung ist das Grundgesetz des Reiches. Durch dasselbe haben die Deutschen Staaten und das Deutsche Volk eine Regierung geschaffen, ihre Befugnisse bestimmt, dieselben unter verschiedene Departements (Bundesrath, Kaiser, Reichstag) vertheilt und, im Allgemeinen, die Weise ihrer Ausübung regulirt.

Der höchste Gerichtshof fährt fort: „Kein Departement der Re- „gierung hat andere Befugnisse, als welche ihm so durch das Volk „übertragen sind. Alle gesetzgebende Gewalt, welche durch die Ver-

---

Recht der Vereinigten Staaten. Dagegen bestand eine Meinungsverschiedenheit zwischen den Richtern in Anschung der Frage, ob die Erklärung von Papiergeld zu einem gesetzmässigen Zahlungsmittel, bei Bezahlung vorher entstandener Schulden, ein nothwendiges und geeignetes Mittel sei, um dem Kongress durch die Verfassung gegebene Befugnisse in Ausführung zu bringen. Die Majorität der Richter — Chase, Nelson, Grier und Clifford — verneinte diese Frage; die Minorität — Swayne, Miller, Davis — bejahte dieselbe. Seitdem hat ein Wechsel in der Besetzung des Gerichtshofes Statt gefunden; die beiden neu ernannten Richter — Strong und Bradley — sind der Minorität beigetreten, und es ist in einer neueren Entscheidung die Ansicht der Minorität zur Geltung gelangt. Es ist dies einer der in der Jurisprudenz des höchsten Gerichtshofes der Vereinigten Staaten äusserst seltenen Fälle, dass von einer früheren Entscheidung bei einer späteren abgewichen ist.

„fassung gewährt wird, gehört dem Kongress; aber er hat keine
„gesetzgebende Gewalt, welche ihm nicht so überwiesen ist. Und die-
„selbe Bemerkung ist gleich wahr in Beziehung auf die exekutiven
„und richterlichen Befugnisse, welche dem Präsidenten und den Ge-
„richtshöfen überwiesen sind. Alle diese Befugnisse sind der Gattung
„nach verschieden, aber nicht in ihrer Quelle oder in ihrer Be-
„grenzung. Sie entspringen alle aus der Verfassung und werden durch
„deren Bestimmung begrenzt."

Wie ist es bei uns? Auch hier besteht ein vollständiger Paral-
lelismus; nur dass die Bestimmungen der Reichsverfassung über die
richterliche Gewalt dürftig sind. Der Bundesrath, der Kaiser, der
Reichstag haben keine andere Befugnisse, als welche ihnen durch
die Deutschen Staaten und das Deutsche Volk in der Reichsverfassung
übertragen sind. Alle gesetzgebende Gewalt, welche durch die Reichsverfassung gegeben wird, gehört dem Bundesrathe und dem Reichstage; aber sie haben keine gesetzgebende Gewalt, welche ihnen nicht
so übertragen ist. Und dieselbe Bemerkung ist gleich wahr in Beziehung auf die exekutiven Befugnisse, welche dem Kaiser und dem
Bundesrathe übertragen sind. Alle diese Befugnisse sind der Gattung
nach verschieden, aber nicht in ihrer Quelle, oder in ihrer Begrenzung. Sie entspringen alle aus der Verfassung und werden durch
deren Bestimmungen begrenzt.

Der höchste Gerichtshof sagt weiter: „Es ist die Aufgabe der
„Gerichtshöfe, das Gesetz auszulegen und auf die Streitsachen zwischen
„Parteien anzuwenden, so wie dieselben zum Urtheil kommen. Sie
„können nur erklären, was das Gesetz ist, und das so erklärte Gesetz
„auf geeignete Weise erzwingen."

Diese Bemerkungen sind gleich wahr für das Deutsche Reich,
wie für die Vereinigten Staaten von Amerika.

In dem Urtheile des höchsten Gerichtshofes wird weiter gesagt:
„Aber bei Feststellung der Rechte der Parteien wird es häufig nöthig,
„die Verfassung zu Rathe zu ziehen. Denn es kann kein Gesetz
„geben, welches mit dem Grundgesetze unvereinbar ist. Keine ge-
„setzliche Bestimmung, welche nicht in Uebereinstimmung ist mit
„einer Befugniss, welche durch dasselbe gegeben wird, kann Ver-

„bindlichkeiten erzeugen oder Rechte übertragen. Denn dieses ist
„die ausdrückliche Erklärung der Verfassung selbst, in diesen Worten:
   „„„Die Verfassung und die Gesetze der Vereinigten Staaten,
„„„welche künftig nach Massgabe derselben gemacht werden, und alle
„„„Verträge, welche unter der Autorität der Vereinigten Staaten ge-
„„„schlossen sind, oder künftig geschlossen werden, sind das höchste
„„„Gesetz des Landes; und die Richter jedes Staates sollen dadurch
„„„gebunden sein, jeder Verfügung ungeachtet, die dawider in der
„„„Verfassung oder den Gesetzen irgend eines Staates enthalten sein
„„„möchte.““

   „Nicht jede Kongressakte demnach darf als das höchste Gesetz
„des Landes angesehen werden, noch sollen die Richter durch jede
„Kongressakte gebunden sein. Dieser Charakter und diese Kraft ge-
„bührt nur solchen Kongressakten, welche nach Massgabe der Ver-
„fassung gemacht sind.“

   Unsere Bundesverfassung lautet: „Innerhalb dieses Bundesgebietes
„übt das Reich (der Bund) das Recht der Gesetzgebung nach Mass-
„gabe des Inhaltes dieser Verfassung und mit der Wirkung aus, dass
„die Reichsgesetze (Bundesgesetze) den Landesgesetzen vorgehen.“ *)
Diese Bestimmung ist nicht so konzis, wie die korrespondirende der
amerikanischen Verfassung, aber sie ist derselben in ihrem Wortlaute
ähnlich und in ihrem Inhalte völlig gleich. Es fehlt in unserer Verfassung eine ausdrückliche Bestimmung, dass sie das höchste Gesetz
des Landes ist, wenn man sie nicht unter dem Ausdruck: „Reichsgesetze“ („Bundesgesetze“) subsumiren will; aber der Vorzug der
Reichsgesetze (Bundesgesetze) vor den Landesgesetzen gilt unzweifelhaft auch für die Bundesverfassung. Die Reichsverfassung und die
nach Massgabe derselben gemachten Gesetze sind daher auch bei uns
das höchste Gesetz des Landes. In unserer Bundesverfassung sind
nicht neben den Gesetzen Verträge mit fremden Staaten genannt;
aber die nach Massgabe der Reichsverfassung unter der Autorität des
Reiches abgeschlossenen Verträge haben unzweifelhaft mit dessen
Gesetzen gleiche Kraft. In unserer Bundesverfassung ist nicht ausdrücklich bestimmt, dass die Richter jedes Staates durch dieselbe und

---

*) Reichsverfassung, bz. Verfassung des Norddeutschen Bundes, Art. 2.

durch die nach Massgabe derselben gemachten Gesetze und Verträge gebunden sind, ungeachtet jeder Verfügung, welche dawider in der Verfassung und den Gesetzen eines Staates enthalten sein möchte; aber eine solche Bestimmung ist unnöthig neben der Erklärung, dass die Reichsgesetze den Landesgesetzen vorgehen.

Ist dieses richtig, so ist auch die Folgerung richtig, welche der höchste Gerichtshof der Vereinigten Staaten daraus zieht. Es kann daher auch bei uns kein Gesetz, sei es ein Reichsgesetz oder Staatengesetz, geben, welches mit dem Grundgesetze, nämlich der Reichsverfassung, unvereinbar ist. Ein solches Gesetz kann auch bei uns weder Verbindlichkeiten erzeugen noch Rechte übertragen. Nicht jedes Gesetz, welches Bundesrath und Reichstag beschliessen, darf als das höchste Gesetz des Landes angesehen werden. Dieser Charakter und diese Kraft gebührt nur solchen Reichsgesetzen, welche nach Massgabe der Verfassung gemacht sind.

Die Konklusion des höchsten Gerichtshofes der Vereinigten Staaten aus den angeführten Vordersätzen ist folgende: „Wenn, dem-„nach, ein Fall zur richterlichen Entscheidung vorliegt, und die Ent-„scheidung abhängt von der behaupteten Unvereinbarkeit einer ge-„setzlichen Bestimmung mit dem Grundgesetze, so ist es die offenbare „Pflicht des Gerichtshofes, das Gesetz mit der Verfassung zu ver-„gleichen, und wenn das erstere, nach billiger Auslegung, nicht mit „der letzteren in Einklang gebracht werden kann, eher der Verfassung „als dem Gesetze Wirksamkeit zu geben. Dies scheint so klar, dass „es unmöglich ist, es durch Ausführung klarer zu machen. Wäre es „anders, so wäre die Verfassung nicht das höchste Gesetz; so wäre „es weder nöthig noch nützlich, in irgend einem Falle zu unter-„suchen, ob eine Kongressakte nach Massgabe der Verfassung er-„lassen wäre oder nicht; und der Eid, welchen jedes Mitglied dieses „Gerichtshofes leisten muss, „„„Recht zu sprechen ohne Ansehn der „„„Person, gleiches Recht dem Armen und dem Reichen zu gewähren, „„„treu zu erfüllen die Pflichten, welche ihm obliegen, nach seinem „„„besten Wissen und Können, in Uebereinstimmung mit der Ver-„„„fassung und den Gesetzen der Vereinigten Staaten"" wäre eine „leere und nichtssagende Form."

In der That, diese Konklusion ist die nothwendige logische Folge

aus den Vordersätzen. Wird einmal zugegeben, dass die Verfassung
das Grundgesetz ist, dass Bundesrath, Kaiser und Reichstag keine
andere Befugnisse haben, als welche ihnen durch die Verfassung gegeben sind, dass jedes Reichsgesetz mit der Verfassung in Uebereinstimmung stehen muss, dass die Staatenverfassungen und die Staatengesetze nur in so weit verbindlich sind, als sie mit der Reichsverfassung und den nach Massgabe derselben gemachten Gesetzen in
Einklang stehen; ist es ferner die Aufgabe der Gerichtshöfe, das
Gesetz auf den einzelnen Fall anzuwenden und beim Widerstreit
mehrerer Gesetze zu entscheiden, welchem sie Anwendung zu geben
haben; so ist es „die offenbare Pflicht des Gerichtshofes, das Gesetz
„mit der Verfassung zu vergleichen, und wenn das erstere, nach
„billiger Auslegung, nicht mit der letzteren vereinigt werden kann,
„eher der Verfassung als dem Gesetze Wirksamkeit zu geben." Und
wir dürfen auch den Zusatz machen: „Dies ist so klar, dass es un-
„möglich ist, es durch Ausführung klarer zu machen."

Aber, wird man einwenden, Art. 106 der preussischen Verfassungsurkunde bestimmt:

„Gesetze und Verordnungen sind verbindlich, wenn sie in der
„vom Gesetze vorgeschriebenen Form bekannt gemacht worden sind."

„Die Prüfung der Rechtsgültigkeit gehörig verkündeter König-
„licher Verordnungen steht nicht den Behörden, sondern nur den
„Kammern zu." *); und ähnliche Bestimmungen mögen sich in andern
Staatenverfassungen finden.

Die Antwort auf diesen Einwand ist einfach. Die Reichsverfassung und die nach Massgabe derselben gemachten Gesetze stehen
über der preussischen Verfassungsurkunde. Die Reichsverfassung und
die nach Massgabe derselben gemachten Gesetze dürfen nur aus sich

---

*) Eine Prüfung des Art. 106 der preussischen Verfassungsurkunde
liegt ausserhalb des Kreises dieser Untersuchungen. Ich bin indessen ganz
mit R. v. Mohl, Staatsrecht, Völkerrecht und Politik, Band 1, Seite 90,
einverstanden, wo er sagt: „Hätte es nicht, z. B. Preussen sehr wohl ge-
„than, wenn in Art. 106 seiner Verfassungsurkunde gerade das Gegentheil
„von dessen jetzigem Inhalte angeordnet gewesen und solches befolgt wor-
„den wäre?"

selbst, ohne Rücksicht auf die Staatenverfassungen und die Staatengesetze, interpretirt werden, in so weit sie nicht etwa auf dieselben
Bezug nehmen. Auch dies ist so klar, dass es durch Ausführung
nicht klarer gemacht werden kann. Wäre es anders, so würden die
Reichsverfassung und die Reichsgesetze in den verschiedenen Deutschen
Staaten einen verschiedenen Inhalt haben, je nach Verschiedenheit
der betreffenden Staatenverfassungen und Staatengesetze, so würde es
den Staaten zustehen, durch Aenderung ihrer Verfassungen und Gesetze auf den Inhalt der Reichsverfassung und der Reichsgesetze ein-
zuwirken; so würden schliesslich nicht die Reichsverfassung und die
Reichsgesetze, sondern die Staatenverfassungen und die Staatengesetze
das höchste Gesetz in Deutschland sein.

Weiter wird man einwenden, Art. 106 der preussischen Verfassungsurkunde deklarirt nur, was ohnehin in Deutschland Rechtens
war. Nach gemeinem Rechte ist es bekanntlich kontrovers, ob der
Richter die Verfassungsmässigkeit der Gesetze und Verordnungen zu
untersuchen befugt ist. Ich will über diesen Streit mit der Bemerkung hinweggehen, dass die Majorität der Deutschen Rechtslehrer
aus Gründen, welche mir zutreffend und unwiderleglich scheinen, sich
dahin ausgesprochen hat, es sei Recht und Pflicht des Richters, Verfügungen, die nicht auf verfassungsmässigem Wege zu Stande gekommen sind, unberücksichtigt zu lassen.*) Denn es kommt bei Be-
urtheilung der vorhin angeführten Fragen weniger auf diese Kontro-
verse an, als darauf, dass man sich vergegenwärtigt, in welcher
Weise der ganze Rechtszustand Deutschlands durch Einführung der
Bundesverfassung ein anderer geworden ist. Wir haben jetzt als
Grundgesetz die Reichsverfassung, als Gesetze, welche
unter derselben stehen, die Reichsgesetze, und unter der
Reichsverfassung und den Reichsgesetzen die Staatenverfassungen und die Staatengesetze. Ein solcher Klimax
von Gesetzen hat früher in Deutschland nicht bestanden.
Es ist derselbe Klimax, welcher in dem deutschen Rechtssprüchwort

---

*) Vergl. namentlich v. Mohl, Ueber die rechtliche Bedeutung verfas-
sungswidriger Gesetze. Staatsrecht, Völkerrecht und Politik. Band 1, pag.
66 folg. Siehe auch v. Vangerow, Lehrbuch der Pandekten, Band 1, §. 12,
Seite 42. 6. Auflage.

hervortritt: „Stadtrecht bricht Landrecht, Landrecht bricht gemeines
„Recht," nur mit umgekehrter Folgeordnung. Und wie es von jeher
Recht und Pflicht der deutschen Gerichtshöfe gewesen ist, zu untersuchen und zu entscheiden, ob ein Stadtrecht vorhanden sei, welches
dem Landrecht derogire, und ein Landrecht, welches dem gemeinen
Rechte derogire, so ist es jetzt ihre Aufgabe, zu untersuchen und zu
entscheiden: ob eine auf den vorliegenden Fall anwendbare Bestimmung in der Reichsverfassung enthalten ist, und dann dieser vor den
Reichsgesetzen und vor den Staatengesetzen Wirksamkeit zu geben;
ferner, ob eine auf den vorliegenden Fall anwendbare Bestimmung in
den Reichsgesetzen enthalten ist, und dann dieser vor den Staatengesetzen Wirksamkeit zu geben; und nur dann auf das Staatengesetz
zu rekurriren, wenn keine Bestimmung in der Reichsverfassung oder
in nach Massgabe derselben gemachten Reichsgesetzen Anwendung
findet. Man mag daher, das angeführte Rechtssprüchwort nachbildend,
sagen: Reichsverfassung bricht Reichsgesetz, Reichsgesetz
bricht Staatengesetz.

Diese Ausführungen enthalten die Beantwortung der vorhin aufgestellten Fragen. Die Gerichtshöfe haben, bei Anwendung des Gesetzes auf die vorliegenden Streitsachen, dafür Sorge zu tragen, dass
die Reichsverfassung weder durch Akte des Reiches noch der Staaten
verletzt wird; und sie erfüllen diese Aufgabe, indem sie der Reichsverfassung vor den Reichsgesetzen und den Reichsgesetzen vor den
Staatengesetzen Wirksamkeit geben. Handelt es sich um die Anwendung eines Reichsgesetzes, so haben die Gerichtshöfe zu untersuchen, ob dasselbe gehörig verkündet ist, ob es die Zustimmung des
Bundesrathes und des Reichstages gefunden hat, ob es, wenn einer
der Fälle vorliegt, in welchem die einfache Mehrheit im Bundesrathe
nicht ausreicht, von demselben in derjenigen Form und mit derjenigen
Mehrheit genehmigt ist, welche für diesen Fall vorgeschrieben ist,
und ob es innerhalb der Grenzen liegt, welche der Reichsgesetzgebung
in der Reichsverfassung gesetzt sind. Wird der Nachweis geführt,
dass eine dieser Fragen zu verneinen ist, so ist dem Reichsgesetze
keine Anwendung zu geben, weil die Reichsverfassung über den
Reichsgesetzen steht und die Anwendung eines solchen Reichsgesetzes
die Reichsverfassung verletzen würde. Reichsverfassung bricht

Reichsgesetz. Handelt es sich um die Anwendung eines Staatengesetzes, so haben die Gerichtshöfe zu untersuchen, ob dasselbe mit der Reichsverfassung und den nach Massgabe derselben gemachten Gesetzen im Einklang steht, und ihm Wirksamkeit zu versagen, soweit dies nicht der Fall ist. Reichsgesetz bricht Staatengesetz. Die Gerichtshöfe sind daher die endgültigen Ausleger der Reichsverfassung; sie sind Richter: wie weit die legislativen und exekutiven Befugnisse des Reiches gehen, ob ein Gesetz oder eine Verordnung desselben verfassungsmässig ist; sie sind Richter: wie weit die Beschränkungen gehen, welche die Reichsverfassung den Staaten auflegt, ob ein Gesetz oder eine Verordnung eines Staates mit der Reichsverfassung oder nach Massgabe derselben gemachten Gesetzen in Widerspruch steht.

Hieraus ergibt sich zugleich die Grenze dieses Hülfsmittels gegen Verfassungsverletzungen. Die Gerichtshöfe können nur innerhalb ihrer Zuständigkeit eine Remedur bewirken. Bei allen Fragen, und deren ist eine grosse Zahl, welche nach ihrem Inhalte nicht zur Kognition der Gerichte gehören, kann dies Hülfsmittel nicht eintreten. Besteht bei diesen Fragen ein Widerstreit zwischen der Thätigkeit des Reiches und derjenigen der Staaten, so gibt es kein anderes Mittel der Abhülfe, als Reichsexekution, und wenn die Voraussetzungen des Art. 19 der Reichsverfassung nicht vorliegen, Abänderung der Reichsverfassung im Wege des ersten Absatzes des Art. 78 derselben.

Und nun entsteht von selbst die Frage, ob wir eine Gerichtsverfassung haben, welche der Aufgabe gewachsen ist, die Reichsverfassung aufrecht zu erhalten und dieselbe gegen Uebergriffe sowohl der Reichs- als der Staatenregierungen zu schützen. Diese Frage ist unzweifelhaft zu verneinen. Das neue Deutsche Reich ist in allen Punkten dem alten überlegen, ausser dass das letztere eigene Gerichte hatte. Aus dem gegenwärtigen Zustande kann eine gefährliche Verwirrung hervorgehen. Ein höchster Gerichtshof in Preussen, in Bayern, in Sachsen, in Württemberg oder in einem andern Staate mag ein Reichsgesetz für verfassungswidrig erklären und demselben Anwendung versagen; die Entscheidung desselben mag zur Folge haben, dass in dem betreffenden Staate ein Reichsgesetz keine Anwendung findet, dessen Gültigkeit in den andern Staaten nicht beanstandet wird. Dies ist offenbar ein unerträglicher Zustand, welcher grosse Gefahren hervorbringen kann. Aber das Beispiel der Vereinigten Staaten von Amerika beweist, dass auf dem Wege der Reichsgerichtsverfassung Abhülfe gefunden werden kann. In den Vereinigten Staaten von Amerika ist eine grosse Zahl von Gesetzen, sowohl der Union als der Staaten, von den Gerichtshöfen, sowohl der Union als der Staaten, für verfassungswidrig, nichtig und unverbindlich erklärt, und es ist daraus keine Gefahr oder Verwirrung hervorgegangen. Denn es ist in der Verfassung der Vereinigten Staaten vorgeschrieben, dass ihre Gerichtsbarkeit sich erstreckt auf alle Fälle, welche unter ihrer Verfassung und ihren Gesetzen zur Entstehung kommen. Jeder Fall, in welchem die Verfassungsmässigkeit eines Gesetzes, sei es der Union, sei es der Staaten, in Frage gezogen ist, kann, ohne Rücksicht auf Kompetenzsumme, an den höchsten Gerichtshof der Vereinigten Staaten zur endgültigen Entscheidung gebracht werden, wenn wider die Verfassungsmässigkeit eines Unionsgesetzes oder für die Verfassungsmässigkeit eines Staatengesetzes in den früheren Instanzen entschieden ist.*) Und was der höchste Gerichtshof der Vereinigten Staaten als Inhalt der Unionsverfassung ausspricht und feststellt, ist verbindlich für den Kongress, den Präsidenten und Jedermann in den Vereinigten Staaten. So wie daher in Deutschland ein Reichsgerichtshof eingesetzt wird, mit ähnlichen Befugnissen, wie sie eben angedeutet sind, ist die jetzt allerdings bestehende Unsicherheit zu Ende.

V.

Ministerverantwortlichkeit.

Im Art. 17 der Reichsverfassung ist bestimmt: „Die Anord-„nungen und Verfügungen des Kaisers werden im Namen des Reiches „erlassen und bedürfen zu ihrer Gültigkeit der Gegenzeichnung des „Reichskanzlers, welcher dadurch die Verantwortlichkeit übernimmt."

---

*) Act of Congress of September 25, 1789, §. 25 — Brightly, Digest of the laws of the United States, I. pag. 259. Act of Congress of February 5, 1867, §. 2. — Brightly. Digest II. pag. 203.

Diese Worte bestätigen für das Reich die alte Theorie des konstitutionellen Staatsrechts, dass der Monarch kein Unrecht thun kann, dass Jedermann verpflichtet ist, zu glauben, seine Sinnes- und Handlungsweise sei so beschaffen, wie sie es nach dem Gesetze sein sollte, dass aber seine Rathgeber und Agenten verantwortlich sind. Die Verantwortlichkeit ist nur ausdrücklich ausgesprochen bei dem Reichskanzler, dem Organ des Kaisers für die vollziehende Gewalt; aber was vom Reichskanzler gilt, gilt auch von seinen Vertretern.

In Deutschland besteht kaum ein Streit, dass diese Theorie eine weise und heilsame ist. Die deutschen Verfassungen enthalten in der Regel neben dem Satze, dass der Landesherr unverantwortlich ist, den andern, dass seine Minister verantwortlich sind. Aber die Ministerverantwortlichkeit ist meist eine theoretische geblieben; es fehlen Gesetze, welche geeignet sind, dieselbe zu einer wirksamen, praktischen zu machen.

Es ist nicht meine Absicht, alle die alten bekannten Gründe für Ministerverantwortlichkeit zu wiederholen. Einige Gründe sind vorhin angeführt, aus denen es nützlich und weise ist, jede Gewalt mit wirksamen Schranken zu umgeben. Ich will auch nicht die neuere Geschichte der deutschen Staaten durchgehen und untersuchen, ob in derselben Vorkommnisse enthalten sind, welche die Nothwendigkeit der Ministerverantwortlichkeit beweisen; ich will nur sagen, dass in den letzten funfzig Jahren in deutschen Staaten wiederholt Fälle vorgekommen sind, bei denen, im Hinblick auf öffentliche Gerechtigkeit und Moral, es sehr zu bedauern gewesen ist, dass die Ministerverantwortlichkeit eine lediglich theoretische war und nicht praktisch ausgeführt werden konnte; und ich glaube, dass jeder billig denkende, einsichtige Beurtheiler Deutscher Geschichte, welcher von Servilismus frei ist, mir hierin beistimmen wird. Ist dies aber richtig, so sollte die Frage, ob wir eine effective Ministerverantwortlichkeit einführen wollen, für abgethan gelten; es sollte nur die Frage bleiben, wie eine solche Verantwortlichkeit weise und gerecht eingerichtet werden kann.

In England und in den Vereinigten Staaten von Amerika können bekanntlich Minister und andere hohe Staatsbeamte, in Amerika auch der Präsident der Vereinigten Staaten und die Gouverneure der

Staaten von dem Unterhause (Repräsentantenhause) vor dem Oberhause (Senate) wegen politischer Verbrechen oder Vergehen angeklagt
werden (impeachment). Das Unterhaus (Repräsentantenhaus) beschliesst über die Anklage-Artikel; es erwählt Mitglieder (managers),
welche dieselben vor dem Oberhause (Senate) zu vertreten und zu
beweisen haben. Das Strafverfahren wird in England durch Auflösung des Unterhauses nicht beendet.*) Das Oberhaus (Senat) hat
darüber zu entscheiden, ob die Anklageartikel ein strafwürdiges po-
litisches Verbrechen oder Vergehen enthalten, und ob dieselben erwiesen sind. Im Schuldfalle erkennt das Oberhaus eine Strafe. In
Amerika ist die Strafe auf Amtsentsetzung und Unfähigkeit, ferner
ein öffentliches Amt zu bekleiden, beschränkt.

Diese Vorschriften sind einer unmittelbaren Uebertragung nach
Deutschland nicht fähig. Wir haben kein Oberhaus, dem eine Strafgerichtsbarkeit über politische Verbrechen und Vergehen übertragen
werden könnte. Die Mitglieder des Bundesrathes werden von den
Deutschen Regierungen ernannt und stimmen nach Instruktionen;
ihnen kann daher eine solche Strafgerichtsbarkeit nicht anvertraut
werden. Es ist darum auch unnöthig, die Gründe für und gegen die
Ueberweisung der politischen Strafgerichtsbarkeit an ein Oberhaus
zu untersuchen. Wem an einer wirklich gerechten Entscheidung der
politischen Anklagen gelegen ist, wird einem Gerichtshofe, welcher
mit einsichtigen, staatsmännisch gebildeten, dem politischen Parteileben fern stehenden Richtern besetzt ist, den Vorzug vor einem
Oberhause geben.**) Dies ist auch der Standpunkt der deutschen Ver-

---

*) Macaulay — William Pitt — pag. 103. Tauchnitz Edition.

**) „In truth, it is impossible to deny that impeachment, though it
„is a fine ceremony and though it may have been useful in the seventeenth
„century is not a proceeding from which much good can now be expected.
„Whatever confidence may be placed in the decision of the Peers, on an
„appeal arising out of ordinary litigation, it is certain that no man has the
„least confidence in their impartiality when a great public functionary,
„charged with a great state-crime, is brought to their bar. They are
„all politicians. There is hardly one among them whose vote on an im-
„peachment may not be confidently predicted before a witness has been
examined." („In der That, es ist unmöglich, zu bestreiten, dass Impeach-

fassungen, welche durchweg die Entscheidung über Ministeranklagen einem Gerichtshofe überweisen.

Im Uebrigen scheint mir in den englischen und amerikanischen Vorschriften über politische Anklagen Manches enthalten zu sein, was einer Uebertragung nach Deutschland fähig und werth ist. Es ist gewiss zweckmässig, dass, wie in England und Amerika, dasjenige Haus, welches die Versetzung in Anklagestand beschliesst, auch die Anklageartikel feststellt und eine Kommission zu deren Durchführung ernennt. Die Mitglieder derselben würden daher die Anklage vor dem Gerichtshofe zu erheben und durchzuführen haben, zu welchem Behuf ihnen selbstverständlich ausreichende Befugnisse zur Herbeischaffung von Zeugen und Urkunden gewährt werden müssten.

Da die vollziehende Gewalt des Reiches sowohl die Rechte der Staaten als diejenigen des Deutschen Volkes missachten kann, so würde sowohl dem Bundesrathe als dem Reichstage die Befugniss zur Erhebung von Anklage zu geben sein.

Schwierigkeit macht die Bestimmung der Fälle, in denen die Erhebung politischer Anklagen zulässig sein soll. Vorsätzliche Verletzung der Reichsverfassung und der Reichsgesetze würde dahin unzweifelhaft zu rechnen sein. Diesem Falle würde Verletzung der

---

„ment, obwohl es eine feine Ceremonie ist, und obwohl es im siebenzehnten „Jahrhundert nützlich gewesen sein mag, nicht ein Verfahren ist, von „welchem viel Gutes gegenwärtig erwartet werden kann. Was für ein Ver- „trauen man auch in die Entscheidung der Pairs bei Apellationsfällen in „gewöhnlicher Gerichtsbarkeit setzen mag, so ist es gewiss, dass Niemand „das geringste Vertrauen zu ihrer Unparteilichkeit hat, wenn ein hoher „Staatsbeamter unter der Anklage eines grossen Staatsverbrechens vor ihre „Barre gebracht wird. Sie sind alle Politiker. Es ist kaum einer unter „ihnen, dessen Votum über ein Impeachment nicht mit Sicherheit vorher- „gesagt werden kann, ehe ein Zeuge vernommen ist.") Macaulay, Critical and Historical Essays. vol. IV. pag. 336 und 337. — Derselbe deutet dann an, es möge sich empfehlen, an die Stelle des Oberhauses als Gerichtshof für politische Anklagen einen gewöhnlichen Gerichtshof zu setzen. Für diejenigen Leser, welche mit englischen Verhältnissen nicht durchaus vertraut sind, will ich noch beifügen, dass nichts der Ansicht des berühmten englischen Staatsmannes und Geschichtsschreibers ferner liegt, als der Gedanke, dass es einer effektiven Ministerverantwortlichkeit gar nicht bedürfe.

Reichsverfassung und der Reichsgesetze aus grober Nachlässigkeit
beizufügen sein. Wo, bei Auslegung derselben, eine ehrliche Meinungsverschiedenheit möglich ist, würde selbstverständlich ein Anklagefall
nicht vorliegen. Es dürfte sich empfehlen, auch wegen grober Miss-
regierung und grober Amtsvernachlässigung Anklage zuzulassen, ohne
den Versuch zu machen, in eine bestimmte logische Formel einzu-
zwängen, was darunter fällt.

Anlangend die Strafe, welche im Falle der Ueberführung zu erkennen ist, so ist es gewiss zweckmässig, dieselbe auf Amtsentsetzung
und Unfähigkeit zur ferneren Bekleidung öffentlicher Aemter zu beschränken. Zweck des ganzen Verfahrens kann nur sein, hochgestellte
Reichsbeamte, welche ihre Stellung und ihr Amt missbrauchen, nach
solenner öffentlicher Untersuchung ihrer Amtsführung unschädlich zu
machen.

Da es von selbst klar ist, dass eine solche Strafgerichtsbarkeit
einem Staatengerichte nicht anvertraut werden kann, so enthält auch
diese Untersuchung ein wichtiges Argument für die Einsetzung eines
Reichsgerichtshofes.

———

VI.

Widerlegung von Einwendungen; Vortheile einer geordneten Reichsgerichtsbarkeit.

Gegen vorstehende Ausführungen werden viele Einwendungen
erhoben werden; ich will einige derselben zu widerlegen suchen.

1. Man wird sagen: eine richterliche Gewalt mit Befugnissen,
wie sie vorhin beschrieben sind, namentlich mit dem Rechte der
endgültigen Auslegung der Verfassung in allen Fragen, welche für
richterliche Entscheidung geeignet sind, ist eine Macht über der Verfassung; denn die Richter können unter dem Vorwande, die Verfassung auszulegen und auf den einzelnen Fall anzuwenden, deren
Inhalt verändern, und neues Verfassungsrecht schaffen; nun sollte es
keine Gewalt über der Verfassung geben. — Die Antwort hierauf ist
einfach. Die Befugniss, ein Gesetz auszulegen und auf den einzelnen
Fall anzuwenden, ist offenbar eine Befugniss nach Massgabe und inner-

halb des Gesetzes, nicht über demselben. Wäre es anders, so sollte
den Gerichten die obenbezeichnete Befugniss genommen werden; denn
sicherlich sollten Gerichte keine Befugnisse über dem Gesetze haben.
Ein Gericht, ohne die Befugniss, ein Gesetz auszulegen und auf den
einzelnen Fall anzuwenden, würde aber aufhören, ein Gericht zu sein.
Wäre somit der Einwand begründet, so würde er gerichtet sein gegen
die Existenz von Gerichten überhaupt.

2. Es wird ferner gesagt werden: wenn die Befugniss, die
Reichsverfassung endgültig auszulegen, den Gerichten übertragen wird,
so stehen dieselben über den Organen der gesetzgebenden und der
vollziehenden Gewalt, und eine solche Stellung sollten Gerichte nicht
haben. — Auch dieser Einwand ist unrichtig. Die Gerichte stehen
nicht über den Organen der gesetzgebenden und der vollziehenden
Gewalt; aber es gibt Etwas, was gleichmässig über den Organen der
gesetzgebenden, der vollziehenden und der richterlichen Gewalt steht,
und das ist die Verfassung, welche das Grundgesetz des Reiches ist.
Die Befugniss, dasselbe endgültig auszulegen, muss irgend Jemandem
gegeben werden. Es geht auf die Dauer nicht an, dass jede Auslegung, welche der Bundesrath, der Kaiser, der Reichstag, die Staaten-
regierungen, die Landtage der Staaten, die Gerichte derselben der
•Reichsverfassung geben, eine endgültige ist. Irgendwo muss eine Befugniss sein, die widerstreitenden Auslegungen durch endgültige Auslegung zu beseitigen. Und es ist kein Grund vorhanden, bei der
Reichsverfassung eine Ausnahme von der Regel zu machen, dass die
Auslegung der Gesetze den Gerichten zusteht. Dadurch erheben sie
sich nicht über die Organe der gesetzgebenden und der vollziehenden
Gewalt, sondern verbleiben in ihrer Gleichstellung neben denselben.

3. Weiter mag man einwenden: Fälle, in denen die Verfassungsmässigkeit eines Reichsgesetzes oder eines Staatengesetzes in Frage
gezogen werden kann, werden gar nicht vorkommen; die gesetzgebenden Faktoren, sowohl des Reiches als der Staaten, werden sich immer
innerhalb ihrer verfassungsmässigen Schranken halten. — Ich will
hierauf antworten mit dem Hinweise auf die Vereinigten Staaten von
Amerika, wo eine Menge Akte, sowohl der Union als der Staaten,
von den Gerichten für verfassungswidrig, nichtig und unverbindlich
erklärt sind, und dadurch ihre praktische Bedeutung verloren haben.

Was dort, bei ungleich schärferer und präziserer Kompetenzabgren-
zung, häufig vorgekommen ist, wird bei uns nach aller Wahrscheinlichkeit nicht ausbleiben. Man muss, oder wenigstens man braucht
bei Kompetenzüberschreitungen sowohl des Reiches als der Staaten
nicht an absichtliche Verfassungsverletzungen zu denken. Es giebt
eine grosse Zahl von Fragen, bei welchen der Eine in gutem Glauben
Zuständigkeit des Reiches behaupten, der Andere sie in eben so gutem
Glauben bestreiten kann. Für solche Fälle muss aber Jemand da
sein, welcher über die Verfassungsmässigkeit der betreffenden Akte
endgültig entscheidet.*)

---

*) In der Landtagssession 1869/70 beantragte der Graf zur Lippe im
preussischen Herrenhause, dasselbe wolle beschliessen, dass seiner Ueberzeugung nach die Gesetze vom 12. und 21. Juni 1869, betreffend die Errichtung eines obersten Gerichtshofes für Handelssachen und die Gewährung
der Rechtshülfe, welche eine Aenderung der Norddeutschen Bundesverfassung
und der preussischen Verfassungsurkunde involviren, ohne Zustimmung der
preussischen Landesvertretung nicht hätten getroffen werden können. Der
Antrag, welcher bezüglich des Gesetzes über den obersten Gerichtshof für
Handelssachen von der Kommission des Herrenhauses befürwortet war, wurde
nach längerer Debatte auf dringende Anheimgabe der Staatsregierung abgelehnt. Die Befugniss des Norddeutschen Bundes zur Einsetzung des genannten Gerichtshofes wurde zu deduziren versucht:
    1. Aus Art. 4, Ziffer 13 der Bundesverfassung, nach welcher „die ge-
„meinsame Gesetzgebung über . . . . . dass das gerichtliche Verfahren"
zur Zuständigkeit des Bundes gehört. Der Ausdruck „gerichtliches Verfahren", so sagte man, umfasst die Gerichtsverfassung, und wer über die
Gerichtsverfassung Gesetze machen darf, der darf auch Gerichte einsetzen.
Dies Argument ist schwerlich richtig. Man kann sagen, wer Gerichte einsetzen darf, mag auch deren Verfassung und deren Verfahren regeln, das
erstere ist das majus, das andere das minus; das erstere umfasst daher das
letztere; aber von der Befugniss, das gerichtliche Verfahren zu ordnen,
auf eine Befugniss zu schliessen, auch über die Gerichtsverfassung Gesetze
zu machen, und gar Gerichte einzusetzen, geht gewiss nicht an;
    2. aus Art. 78 der Bundesverfassung, indem nicht zu bezweifeln stehe,
dass das Gesetz im Bundesrathe mit der zu Verfassungsänderungen erforderlichen Majorität genehmigt sei. Dies Argument ist, wie mir scheint,
ganz hinfällig. Wenn der Bund, nach seiner damaligen Verfassung, keine
Zuständigkeit zur Einsetzung des Gerichtshofes hatte, so musste er sich
solche vor Einsetzung desselben durch Abänderung seiner Verfassung geben

4. Noch Andere mögen sagen: Die Ausübung einer Gerichtsbarkeit, wie vorhin beschrieben ist, mag der staatlichen Ordnung
und Autorität Gefahr bringen. Ich will hierauf nur antworten:
wie sonderbar und wie verkehrt, Gefahr für staatliche Ordnung und
Autorität von der Auslegung und Anwendung des Gesetzes durch
staatliche Gerichtshöfe, in den Formen des gerichtlichen Verfahrens,
zu befürchten!

5. Ferner wird man sagen, und dieser Einwand ist von grösserem
Belang: eine richterliche Gewalt, wie vorstehend beschrieben, konzentrirt in wenigen, auf Lebenszeit angestellten Richtern, ist eine
ungeheure Macht; wo sind die Kontrollen derselben? Ich antworte:
sie liegen in den Prozessregeln, in der Oeffentlichkeit des Verfahrens,
in der Kritik, welche die Urtheile zunächst durch die Anwälte des
Gerichts, dann durch den ganzen Juristenstand und endlich durch
die Presse finden. Damit die Kritik wirksam sei, ist wünschenswerth,
dass in den Urtheilen angegeben wird, welche Richter denselben bei-
gestimmt haben, welche dissentirt haben und in welcher Richtung.*)

— sonst hatte er ja keine Zuständigkeit — oder er musste das Gesetz,
durch welches er den Gerichtshof einsetzte, zu einem Zusatzgesetz zur Verfassung machen. Nun ist aber weder das Eine noch das Andere geschehen.
— Ich will nicht untersuchen, ob die Einsetzung des Bundes-Oberhandels-
gerichtes etwa aus andern Bestimmungen der Verfassung begründet werden
kann. Die Frage ist dadurch erledigt, dass das Gesetz über das Bundes-
Oberhandelsgericht durch §. 2 des Einführungsgesetzes zur Reichsverfassung bestätigt ist und dadurch gesetzliche Kraft erhalten hat, wenn ihm
solche vorher gefehlt haben sollte. — Die angezogene Debatte des Herrenhauses beweist, wie mir scheint, unwiderleglich, dass wir geordneter Einrichtungen zur Entscheidung von Kompetenzfragen zwischen der Reichs-
und den Staatenregierungen dringend bedürfen. Gleiche Befugniss mit dem
Herrenhause hat natürlich jeder andere Deutsche Landtag. Was soll daraus
werden, wenn bald dieser, bald jener Landtag die Verfassungsmässigkeit
der Reichsgesetze diskutirt? oder wenn umgekehrt der Reichstag und der
Bundesrath die Verfassungsmässigkeit von Staatengesetzen diskutiren? Auf
irgend einem Wege müssen diese Fragen zum endlichen Austrage gebracht
werden, und ich weiss keinen anderen zweckmässigen Weg, als den der
gerichtlichen Entscheidung.

*) In amerikanischen Urtheilen pflegt ein solcher Vermerk enthalten
zu sein. Die Minorität der Richter ist befugt, ihre Ansicht und die Gründe

Und ferner; die Geschichte enthält kaum ein Beispiel, wo Richter, die von der vollziehenden Gewalt und von den politischen Parteien gleichmässig unabhängig waren, und die durch öffentliches Verfahren kontrollirt wurden, ihre Gewalt missbraucht haben. — Uebrigens ist nichts dagegen einzuwenden, dass Richter, gleich Ministern, einer politischen Anklage wegen grober Pflichtvernachlässigung (impeachment) unterworfen werden; dagegen sollten sie mit Disziplinaruntersuchung verschont bleiben. — Und endlich ist nicht zu vergessen, dass es ein Mittel der Abhülfe gegen falsche oder unweise Interpretation der Reichsverfassung gibt, nämlich dass sie durch ein Zusatzgesetz zu derselben, im Wege des ersten Absatzes des Art. 78 derselben, reprobirt und dadurch für die Zukunft unmöglich gemacht werden kann.

6. Noch Andere werden darauf hinweisen, dass es sehr schwer ist, die vorhin beschriebene richterliche Gewalt zu organisiren. Das Reichs-Oberhandelsgericht ist bereits ein stark besetzter Gerichtshof und hat vollauf mit Handelssachen zu thun. Ihm eine weitere Gerichtsbarkeit zu geben, würde eine übermässige Zahl von Richtern erforderlich machen. Es ist hier nicht der Platz, Detailfragen zu erörtern. Ich will nur bemerken, dass es, nach meiner Ansicht, durchaus thunlich sein würde, neben dem Reichs-Oberhandelsgericht als einem Spezialgericht für Handelssachen, einem Reichsgerichtshof als Spezialgericht für Strafsachen, und daneben einen politischen Reichsgerichtshof zu errichten, an welchen letzteren alle den Specialgerichten nicht überwiesenen Fälle gehören, namentlich die Auslegung

---

für dieselbe in gleicher Weise zu publiziren, wie die Majorität. Eine solche Einrichtung wirkt vortheilhaft auf Form und Inhalt der Urtheile. Die Majorität der Richter wird sorgsamer in ihren Gründen und in deren Formulirung, wenn sie weiss, dass die Minorität ihr Votum ebenfalls veröffentlicht. — Dazu kommen Vortheile untergeordneter Art. Für eine Partei, welche überlegt, ob sie gegen ein Urtheil Berufung erheben soll, ist es von grossem Interesse, zu wissen, wie die Richter gestimmt haben. Konkurriren alle Richter in dem Urtheile und dessen Gründen, so mag sie eine Berufung als aussichtslos unterlassen, sind dagegen die Richter in dem Resultate oder in den Gründen verschiedener Ansicht, so mag sie glauben, dass Berufung an das höhere Gericht zu einer Abänderung des Urtheils führen wird.

der Reichsverfassung und alle Fälle, in denen es sich um die Verfassungsmässigkeit eines Reichsgesetzes oder Staatengesetzes handelt.

7. Nachdem ich einige Einwendungen gegen das vorgeschlagene System der Reichsgerichtsbarkeit zu widerlegen versucht habe, will ich noch einige Vortheile desselben kurz andeuten. Die grosse Schwierigkeit eines Bundesstaates besteht, wie schon vorhin bemerkt wurde, darin, die Grenzlinie zwischen der Bundes- und den Staatengewalten gegen Uebergriffe sicher zu stellen. Die Fragen, um welche es sich hierbei handelt, sind Machtfragen, und bei Machtfragen pflegen die Leidenschaften nach aller Erfahrung hoch zu gehen. Wenn der Bundesrath und der Reichstag einen Gesetzentwurf genehmigen, gegen welchen Preussen, Bayern, Sachsen, Württemberg oder ein anderer Staat protestirt hat, sei es um deswillen, dass er ganz ausserhalb der Zuständigkeit des Reiches liege, sei es um deswillen, dass er ein Recht verletze, welches ihnen der Gesammtheit gegenüber zustehe, und der Bundesrath und der Reichstag diesen Protest als unbegründet zurückweisen ; — oder wenn die Landtage einzelner Staaten, unterstützt von der öffentlichen Meinung in denselben, über Uebergriffe der Reichsregierung klagen, dagegen Protest erheben und verlangen, dass die Selbstständigkeit ihres Staates gewahrt werde ; — dann mag der Zustand Deutschlands, bei der gegenwärtigen Beschaffenheit seiner Verfassung, bedenklich genug werden. Indem ich dies schreibe, folge ich nicht einer leeren Phantasie, sondern habe ganz bestimmte konkrete Vorgänge aus der Geschichte eines andern Bundesstaates vor Augen. Ganz anders wird die Sache, ein grosser Theil der Gefahren des Bundesstaates verschwindet, so wie in denselben ein höchster Gerichtshof eingeführt wird, besetzt mit Richtern, deren Charakter und Wissen allgemeine Achtung hat, deren Stellung unabhängig und über jeden Verdacht erhaben ist, und welche dem politischen Parteileben durchaus fern stehen, vor welchem die Akte der gesetzgebenden Körperschaften des Reiches und der Staaten in den Formen des gerichtlichen Verfahrens zur Erörterung gebracht und, so weit den vorliegenden Fall anlangt, annullirt werden können, wenn und so weit sie mit der Reichsverfassung unvereinbar sind. Bestätigt oder vernichtet der Gerichtshof das Reichsgesetz, bestätigt oder vernichtet er das Staatengesetz, — nun, so ist es die Entscheidung eines leidenschaftslosen,

unparteiischen, einsichtigen Gerichtshofes, und diese abzulehnen, dieser
sich nicht zu unterwerfen, würde mit Recht als anmassend und rechts-
widrig bezeichnet werden. Ein Bundesstaat, welcher Aussicht auf
Bestand haben soll, kann nur ein Rechtsstaat sein; in keinem andern
Staatswesen ist so peinliche, ängstliche Rücksicht auf Verfassung und
Gesetz eine Lebensbedingung. Zu einem Rechtsstaate aber gehören
Gerichte, welche Zuständigkeit haben, jeder Gesetzesverletzung abzuhelfen, und deren Organisation eine Garantie gibt für gerechte
Entscheidung aller Streitigkeiten, welche vor sie gebracht werden. —
Ein Reichsgerichtshof, mit Funktionen, wie sie vorhin angegeben sind,
würde ein unüberwindliches Hinderniss gegen Verfassungs- und Gesetzesverletzungen bilden; er würde ein Hort sein für alle Rechte
und Freiheiten, sowohl der Regierung als des Volkes; er würde unsere
Regierung zu demjenigen machen, was die Engländer und Amerikaner
mit Recht von der ihrigen rühmen: „a goverument of laws
and not of men" d. h. eine Regierung von Gesetzen, und
nicht von Menschen.*)

---

*) Ich muss es mir versagen, eine Schilderung des amerikanischen
Systems der Unionsgerichte zu geben, weil ich das in wenigen Worten nicht
kann. Intelligente fremde Beurtheiler der amerikanischen Einrichtungen
und Zustände sind wohl darüber einverstanden, dass dasselbe der eigen-
thümlichste und am meisten gelungene Theil der amerikanischen Verfassung ist. Ich verweise namentlich auf Tocqueville, la démocratie en Amérique chap. VI und VIII. — Dagegen will ich noch anführen einige Worte
aus einer Rede des Senator Daniel Webster aus Massachusetts, des grossen
Auslegers („great expounder") der Unionsverfassung, aus dem Jahre 1830:
„But, Sir, the people have wisely provided, in the Constitution itself, a
„proper, suitable mode and tribunal for settling questions of constitutional
„law. There are, in the Constitution, grants of power to Congress; and
„restrictions on these powers. There are, also, prohibitions on the states.
„Some authority must, therefore, necessarily exist, having the ultimate
„jurisdiction to fix and ascertain the interpretation of these grants, restric-
„tions and prohibitions. The Constitution has itself pointed out, ordained
„and established that authority. How has it accomplished this great and
„essential end? By declaring, Sir, that „„the Constitution and the laws
„„of the United States made in pursuance thereof shall be the supreme
„„law of the land, any thing in the constitution or laws of any state to
„„the contrary notwithstanding." "

„This, Sir, was the first great step. By this, the supremacy of the
„Constitution and laws of the United States is declared. The people so
„will it. No state-law is to be valid, which comes in conflict with the
„Constitution or any laws of the United States passed in pursuance of it.

„But who shall decide this question of interference? To whom lies the
last appeal? This, Sir, the Constitution itself decides also, by declaring,
„ „that the judicial power shall extend to all cases, arising under the Con-
„ „stitution and laws of the United States."" These two provisions,
Sir, cover the whole ground. They are, in truth, the Keystone of the
„arch. With these, it is a constitution; without them it is a confede-
„racy. In pursuance of these clear and express provisions, Congress esta-
„blished, at its very first session, in the judicial act, a mode for carrying
them into full effect, and for bringing all questions of constitutional power
„to the final decision of the supreme court. It then, Sir, became a
„government, it then had the means of selfprotection; and
„but for this, it would, in all probability, have been long
„among things which are past." („Aber das Volk hat, mit Weis-
„heit, in der Verfassung selbst, einen geeigneten und passenden Weg und
„ein geeignetes und passendes Tribunal angeordnet, um Fragen des kon-
„stitutionellen Rechtes zur Entscheidung zu bringen. In der Verfassung
„werden dem Kongress Befugnisse gewährt; und es finden sich darin Be-
„schränkungen dieser Befugnisse. In der Verfassung finden sich ferner
„Verbote an die Staaten. Demnach muss nothwendig irgend eine Autorität
„bestehen, welche endgültige Gerichtsbarkeit hat, die Auslegung dieser
„Gewährungen, Beschränkungen und Verbote festzustellen und zu verge-
„wissern. Die Verfassung selbst hat diese Autorität bestimmt, angeordnet
„und begründet. Wie hat sie dies grosse und wesentliche Ziel erreicht?
„Dadurch, dass sie erklärt: „ „Die Verfassung und die Gesetze der Vereinig-
„ „ten Staaten, welche nach Massgabe derselben gemacht werden, sollen das
„ „höchste Gesetz des Landes sein, jeder Verfügung ungeachtet, welche da-
„ „wider in der Verfassung oder den Gesetzen irgend eines Staates enthalten
„ „sein möchte." "

„Dies war der erste grosse Schritt. Hierdurch ist die Oberherrschaft
„der Verfassung und der Gesetze der Vereinigten Staaten erklärt. Das Volk
„will es so. Kein Staatengesetz soll gültig sein, welches mit der Ver-
„fassung und den nach Massgabe derselben gemachten Gesetzen in Konflikt
„kommt. Aber wer soll hierüber entscheiden? An wen geht die letzte Be-
„rufung? Auch dies hat die Verfassung selbst entschieden, indem sie be-
„stimmt, „ „dass die richterliche Gewalt sich erstrecken soll auf alle Fälle,
„ „welche unter der Verfassung und den Gesetzen der Vereinigten Staaten
„ „zur Entstehung kommen." " Diese zwei Bestimmungen bedecken
„den ganzen Grund. Sie sind, in der That, der Schlussstein des Ge-

„bäudes. Mit ihnen ist es eine Verfassung; ohne sie würde es ein „Bündniss sein. In Ausführung dieser klaren und ausdrücklichen Bestim-„mungen hat der Kongress in seiner ersten Legislaturperiode, in der rich-„terlichen Akte, einen Weg bestimmt, um dieselben in volle Wirksamkeit „zu setzen und um alle Fragen der konstitutionellen Macht zur endgültigen „Entscheidung des höchsten Gerichtshofes zu bringen. Dadurch wurde „es (das Gebäude) eine Regierung; dadurch hat es die Mittel zu „seiner Selbsterhaltung gewonnen; und ohne dieses würde es „in aller Wahrscheinlichkeit zu den Dingen gehören, welche „lange vergangen sind.") — Der einzige Angriff aus neuerer Zeit, von dem ich habe Kenntniss erlangen können, auf die Befugnisse des höchsten Gerichtshofes der Vereinigten Staaten, die Verfassung endgültig auszulegen, ist in der ersten Antrittsrede von Abraham Lincoln, bei Uebernahme des Präsidenten-Amtes, vom 4. März 1861, enthalten; in diesen Worten: „At „the same time the candid citizen must confess, that, if the policy of the „Government upon the vital questions affecting the whole people, is to be „irrevocably fixed by the decisions of the Supreme Court, the instant they „are made, as in ordinary litigation, between parties in personal actions, „the people will have ceased to be their own masters, having to that „extent practically resigned the government into the hands of that emi-„nent Tribunal." („Zugleich muss der aufrichtige Bürger zugeben, dass, „wenn die Politik der Regierung über Lebensfragen, welche das ganze „Volk angehen, unabänderlich durch die Entscheidungen des höchsten Ge-„richtshofes bestimmt werden soll, dann das Volk, sobald diese in gewöhn-„lichen Prozessen zwischen Parteien gefällt werden, aufgehört hat, sein „eigener Herr zu sein, indem es insoweit, dem praktischen Erfolge nach, „seine Regierung in die Hände dieses ausgezeichneten Tribunals gelegt „hat.") Der Angriff ist, wie man sieht, auf das demokratische Prinzip der absoluten Volkssouverainität gegründet. Aber derselbe Präsident schrieb am 7. August 1863 dem Gouverneur Seymour von New-York: „I do not „object to abide the decision of the United Staates Supreme Court, or the „judges thereof, on the constitutionality of the Draft-law. In fact, I should „be willing to facilitate the obtainning of it;" („Ich habe keinen Einwand „dagegen, der Entscheidung des höchsten Gerichtshofes der Vereinigten „Staaten oder der Richter desselben (in den Circuit-Gerichten) über die „Verfassungsmässigkeit des Militair-Aushebungsgesetzes mich zu fügen; „in der That, ich würde geneigt sein, die Erwirkung einer solchen Ent-„scheidung zu erleichtern;") und anerkannte damit die Befugniss des höch-sten Gerichtshofes der Vereinigten Staaten, das im Jahre 1863, während des Bürgerkrieges, vom Kongress erlassene Militair-Aushebungsgesetz, von dessen Ausführung der Fortbestand der Union abhängen mochte, zu annul-liren, wenn er es mit der Verfassung unvereinbar gefunden hätte.

Siebentes Kapitel.

Einwirkung der Reichsverfassung auf die Staaten-verfassungen.

I.

Nothwendigkeit von Gleichartigkeit zwischen der Reichs-verfassung und den Staatenverfassungen.

Bei Berathung der Verfassung der Vereinigten Staaten von Amerika (Philadelphia Convention, 1787) wurde auf die bestehenden Staatenverfassungen sorgfältig Rücksicht genommen. Was sich in denselben bewährt hatte und einer Uebertragung auf die Union fähig war, wurde in die Verfassung der Vereinigten Staaten aufgenommen. Dieselbe garantirt allen Staaten eine republikanische Regierungsform; sie enthält eine Reihe spezialisirter Verbote an die Staaten, namentlich zu dem Zwecke, dass nicht eine Verschiedenheit zwischen der Unionsverfassung und den Staatenverfassungen in wesentlichen Prinzipienfragen entstehen sollte. Es wurde Gleichartigkeit der Einrichtungen der Union und der Staaten erstrebt, in dem richtigen Gefühl, dass eine Verschiedenheit hierin zu gegenseitigem Kampfe führen werde. Die Folge davon ist gewesen, dass die Unionsverfassung Muster für die Staatenverfassungen geworden ist. Wo die letzteren abweichen, z. B. in Beschränkung der Amtsdauer der Staaten-Gouverneure auf eine kürzere Zeit (1 Jahr oder 2 Jahre) als diejenige des Präsidenten der Vereinigten Staaten (4 Jahre), Beschränkung der Amtsdauer der Richter auf eine bestimmte Zahl von Jahren (6, 8, 10, 12, 15 Jahre) anstatt auf Lebenszeit, Wahl der Richter durch das Volk anstatt Ernennung durch den Gouverneur mit Beirath und Zustimmung des Senates, da ist es in der Regel eine Abweichung zum Schlechteren. Einige Unterschiede waren allerdings unvermeidlich. Der Senat der Vereinigten Staaten besteht aus zwei Senatoren von jedem Staate. Eine analoge Einrichtung in den einzelnen Staaten war unmöglich. Dieselben haben durchweg an dem Zweikammersystem festgehalten, in dem Sinne, dass die eine ein Gegengewicht gegen die andere bildet. Wie ist die nöthige Verschiedenheit in den Grundlagen derselben herbeigeführt? Die Zahl der Senatoren (Mitglieder der ersten Kammer) ist kleiner gemacht, als diejenige der Mitglieder des Repräsentantenhauses (der zweiten Kammer); die Wahlbezirke der Senatoren sind folgeweise grösser, als diejenigen der Mitglieder des Repräsentantenhauses;*) die Amtsdauer der Senatoren ist länger (4 oder 6 Jahre) als diejenige der Mitglieder des Repräsentantenhauses (1 oder 2 Jahre). Die Erfahrung hat bewiesen, dass die angegebenen Verschiedenheiten ausreichen, um einen Senat herzustellen, welcher ein wirksames Gegengewicht gegen das lebhaftere, in näherer Beziehung zum Volke stehende Repräsentantenhaus bildet. Der Gedanke aber, besondern Interessen, etwa dem grossen Grundbesitz und dem grossen

---

*) Nach der neuesten Verfassung des Staates Illinois sind die Wahlbezirke der Mitglieder des Senates und des Repräsentantenhauses dieselben. Der Staat Illinois ist in 51 Wahlbezirke eingetheilt, von denen jeder einen Senator und drei Mitglieder des Repräsentantenhauses erwählt. Bei der Wahl der Mitglieder des Repräsentantenhauses ist ein interessantes Problem des konstitutionellen Staatsrechts, Vertretung der Minorität (minority representation), zu lösen versucht. Jeder Wähler hat drei Stimmen; er mag dieselben nach seinem Belieben einem Kandidaten geben, oder zwei davon einem und die dritte einem andern, oder jede derselben einem verschiedenen Kandidaten. Ist beispielsweise die Zahl der Wähler 9000, und gehören davon 6000 zur republikanischen und 3000 zur demokratischen Partei, so kann die Minorität (3000) dadurch, dass'sie alle ihre Stimmen (9000) einem Kandidaten gibt, dessen Wahl sichern, so dass die Majorität (6000) mit ihren Stimmen (18,000) nur zwei ihrer Kandidaten durchbringen kann. Ich erwähne dies der Kuriosität halber, nicht zur Nachahmung, da der dazu erforderliche Grad von politischer Bildung und von Parteiorganisation bei uns, wegen der Neuheit des konstitutionellen Lebens, wohl noch nicht vorhanden ist.

Gewerbebetrieb, oder gar Sonderinteressen eine Vertretung im Senate zu geben, ist dem praktischen Sinne der Amerikaner fern geblieben.

Der frühere Deutsche Bund war eine ungleich losere Verbindung zwischen den Deutschen Staaten, als das gegenwärtige Deutsche Reich. Trotzdem enthielten die Grundgesetze desselben eine Reihe von Bestimmungen, welche eine Gleichartigkeit in den Verfassungen und der Gesetzgebung der verschiedenen Bundesstaaten bezweckten. Von diesen Bestimmungen ist während des Bestehens des früheren Deutschen Bundes ein ziemlich ausgedehnter Gebrauch gemacht. Ich werde hierauf hernach zurückkommen.

Wie ist es gegenwärtig bei uns? Besteht die für alle Zeiten wünschenswerthe und die auf die Dauer nothwendige Gleichartigkeit zwischen der Reichsverfassung und den Staatenverfassungen?

Als Grundbestimmungen der Reichsverfassung können folgende angesehen werden: Die Gesetzgebung wird ausgeübt durch den Bundesrath und den Reichstag; der Bundesrath besteht aus Bevollmächtigten der Staaten, der Reichstag aus Vertretern des Deutschen Volkes, welche aus allgemeinen direkten Wahlen hervorgehen. Die vollziehende Gewalt steht dem Kaiser zu, indessen unter Mitwirkung und Kontrolle des Bundesrathes und unter Mitwirkung der Staaten.

Wie ist es in den Staaten?

Anstatt eine Analyse der Staatenverfassungen zu geben, will ich auf die Gesetze des früheren Deutschen Bundes zurückgehen, unter deren Herrschaft sie entstanden sind und mit welchen sie in Uebereinstimmung stehen mussten.

Die vornehmlich in Betracht kommenden Bestimmungen der Wiener Schlussakte vom 15. Mai 1820 lauten bekanntlich:

„Art. 54. Da nach dem Sinn des dreizehnten Artikels der „Bundesakte und den darüber erfolgten spätern Erklärungen in allen „Bundesstaaten landständische Verfassungen statt finden sollen, so „hat die Bundesversammlung darüber zu wachen, dass diese Be-„stimmung in keinem Bundesstaat unerfüllt bleibe.

„Art. 55. Den souverainen Fürsten der Bundesstaaten bleibt „überlassen, diese innere Landes-Angelegenheit, mit Berücksichtigung

„sowohl der früherhin gesetzlich bestandenen ständischen Rechte, als
„der gegenwärtig obwaltenden Verhältnisse zu ordnen.

„Art. 56. Die in anerkannter Wirksamkeit bestehenden land-
„ständischen Verfassungen können nur auf verfassungsmässigem Wege
„abgeändert werden.

„Art. 57. Da der Deutsche Bund, mit Ausnahme der
„freien Städte, aus souvrainen Fürsten besteht, so muss,
„dem hierdurch gegebenen Grundbegriffe zufolge, die ge-
„sammte Staatsgewalt in dem Oberhaupte des Staats ver-
„einigt bleiben, und der Souverain kann durch eine land-
„ständische Verfassung nur in der Ausübung bestimmter
„Rechte an die Mitwirkung der Stände gebunden werden.

„Art. 58. Die im Bunde vereinten souverainen Fürsten dürfen
„durch keine landständische Verfassung in der Erfüllung ihrer bundes-
„mässigen Verpflichtungen gehindert oder beschränkt werden.“

Der endgültige Ausleger dieser Bestimmungen war die Frankfurter Bundesversammlung. Die Jurisprudenz derselben, in Anwendung
der Art. 54 bis 58 der Schlussakte, ist sehr interessant und lehr-
reich, wenngleich wenig erfreulich. Da es nicht möglich ist, in wenigen
Worten einen Ueberblick über dieselbe zu geben, so soll nur erwähnt
werden, dass bis zum Jahre 1847 in den beiden grössten Bundesstaaten landständische Verfassungen nicht eingeführt gewesen sind,
ungeachtet des Art. 13 der Bundesakte und des Art. 54 der Schlussakte; und dass, als im Jahre 1837 König Ernst August von Hannover das hannoversche Staatsgrundgesetz aufgehoben hatte, die Bundesversammlung sich für unzuständig erklärte, Abhülfe zu gewähren,
ungeachtet des Art. 56 der Schlussakte; und es soll ferner ein kleiner
Theil der Jurisprudenz der Bundesversammlung angeführt werden,
welcher sich an den Art. 57 der Schlussakte anschliesst. Durch
Bundesbeschluss vom 23. August 1851 war bekanntlich bestimmt:

„Durch Art. II der Bundesakte und Art. I der Wiener Schluss-
„akte, welche als Zweck des Bundes die äussere und die innere
„Sicherheit des Bundes voranstellen, und in Erwägung, dass die
„Sicherheit des ganzen Bundes nothwendig von der Ruhe und Ord-
„nung in den einzelnen Bundesstaaten bedingt ist, hält sich die
„Bundesversammlung, gestützt auf die Bestimmungen der Bundes-

„grundgesetze, für berechtigt und für verpflichtet, dafür Sorge zu
„tragen, dass in keinem Bundesstaate Institutionen und Zustände be-
„stehen, welche für die innere Ruhe und Ordnung desselben und
„dadurch für die allgemeine Sicherheit des Bundes bedrohlich sind.
„Die Bundesversammlung fordert daher die hohen Bundesregierungen
„auf, die in den einzelnen Bundesstaaten namentlich seit dem Jahre
„1848 getroffenen staatlichen Einrichtungen und erlassenen gesetz-
„lichen Bestimmungen einer sorgfältigen Prüfung zu unterwerfen,
„und dann, wenn sie mit den Grundgesetzen des Bundes nicht in
„Einklang stehen, diese nothwendige Uebereinstimmung ohne Verzug
„wieder zu bewirken."

„Wenn die Bundesversammlung nun auch die zuversichtliche
„Erwartung hegt, dass alle hohen Bundesregierungen diese unerläss-
„liche Uebereinstimmung durch alle gesetzlichen Mittel herzustellen
„bemüht sein und durch ihr eigenes Verhalten in Fragen der
„öffentlichen Ordnung den Grundgesetzen des Bundes volle Genüge
„leisten werden, so muss sie sich ihre verfassungsmässige Einwirkung
„doch für die Fälle vorbehalten, wenn solche als nothwendig erkannte
„Abänderungen auf Hindernisse stossen sollten, und sie wird hierbei
„in Erwägung ziehen, welche innerhalb ihrer Kompetenz liegenden
„Mittel und Wege, namentlich ob die Absendung von besonders zu
„instruirenden Kommissionen zur Erreichung des oben ausgesprochenen
„Zweckes in Anwendung zu bringen sind."

„Sie beschliesst, einen eigenen Ausschuss aus ihrer Mitte zu
„bestellen, welcher über die zu einer solchen Einwirkung sich eignen-
„den Fälle ohne Verzug Bericht zu erstatten, und dabei jedesmal
„über die Art und Weise derselben sein Gutachten abzugeben haben
„wird."

In Ausführung dieses Beschlusses wurde u. a. die hannoversche
Verfassung revidirt. Eine grössere Zahl von Bestimmungen derselben
wurde mit den Grundgesetzen des Bundes unvereinbar gefunden;
darunter namentlich folgende:

1. „Nach Erledigung des Thrones tritt der Thronfolger die
„Regierung des Königreichs mittelst eines Patents an, durch welches
„er bei seinem Königlichen Worte die unverbrüchliche Festhaltung
„der Landesverfassung verspricht.

„Nach Veröffentlichung dieses Patents bestimmt der König gleich-
„mässig für das ganze Land, zu welcher Zeit und auf welche Weise
„ihm die Unterthanen die Huldigung leisten sollen u. s. w.;"

weil hierdurch, im Widerspruch mit monarchischen Grundsätzen,
der Regierungsantritt von einer aufschiebenden Bedingung abhängig
gemacht werde;

2. „Die Gerichte sind befugt, über die Grenzen ihrer Zuständig-
„keit selbst zu entscheiden.

„Verwaltungsmassregeln, welche von den Verwaltungsbehörden
„innerhalb der Grenzen ihrer Zuständigkeit vorgenommen worden
„sind, können von den Gerichten nicht aufgehoben werden. Es kann
„aber in einem solchen Falle der etwaige Anspruch auf Entschädigung
„bei den Gerichten geltend gemacht werden.

„Verwaltungsmassregeln, welche von den Verwaltungsbehörden
„ausserhalb der Grenzen ihrer Zuständigkeit vorgenommen sind,
„können auf Antrag des dadurch in seinen Rechten Verletzten durch
„die Gerichte aufgehoben werden. Daneben kann von denselben ge-
„eignetenfalls auf Schadenersatz erkannt werden. Bei Entscheidung
„über die Zuständigkeit soll für die Berufung an die Obergerichte
„eine Appellationssumme nicht erforderlich sein;"

weil hierdurch, im offenbaren Widerstreit gegen die obersten
Grundsätze der Bundesgesetze, ein grosser Theil der Staatsgewalt unbeschränkt in die Hände der Gerichte, mittelbar auch der Rechts-
anwälte, gelegt werde.

3. Die Zusammensetzung der ersten Kammer aus 33 Abgeordneten der grösseren Grundeigenthümer, 10 Abgeordneten für Handel
und Gewerbe, 10 Abgeordneten der Kirche und Schule und 4 Abgeordneten des Standes der Rechtsgelehrten;

die Zusammensetzung der zweiten Kammer aus zwei vom Könige
zu ernennenden Mitgliedern, welche Minister sein müssen, aus dem
von der zweiten Kammer ernannten Kommissarius für das Schulden-
und Rechnungswesen, und aus 79 Abgeordneten der Stadt- und Landgemeinden, mit Wahlrecht aller unbescholtenen volljährigen Hanno-
veraner, welche im letzten Jahre direkte Landessteuern gezahlt haben;

weil so zusammengesetzte Kammern auf den Namen einer land-
ständischen Versammlung (Art. 13 der Bundesakte) keinen Anspruch

machen könnten und nicht die Garantien für Aufrechthaltung der
Ruhe und Ordnung im Lande gäben, welche die Verfassung eines
Bundesstaates gewähren sollte.

4. „Die allgemeine Ständeversammlung hat die Verpflichtung,
„für die Deckung der für den öffentlichen Dienst nothwendigen Aus-
„gaben insoweit zu sorgen, als sie aus den Einkünften des Krongutes
„und der Regale nicht bestritten werden können.

„Dagegen steht ihr das Recht zu, das Budget zu prüfen und
„zu bewilligen.

„Ausgaben, welche auf bestimmten bundes- oder landesgesetz-
„lichen oder auf privatrechtlichen Verpflichtungen beruhen, darf die
„allgemeine Ständeversammlung nicht verweigern;"

weil ein so unumschränktes Budgetrecht mit den Grundsätzen
des Bundes und mit dem monarchischen Prinzipe nicht in Uebereinstimmung stehe.

Durch Bundesbeschluss vom 19. April 1855 wurde die hannoversche Regierung ersucht, die Uebereinstimmung der Verfassung und
der Gesetzgebung des Königreichs mit den Grundgesetzen des Bundes
ohne Verzug wieder zu bewirken; sie wurde zugleich autorisirt, die
vorstehend hervorgehobenen und andere namhaft gemachte bundes-
widrige Bestimmungen und Einrichtungen aufzuheben, ohne Rücksicht
auf den im Art. 56 der Wiener Schlussakte vorgezeichneten Weg,
also ohne Einhaltung des verfassungsmässigen Weges. Von dieser
Autorisation wurde unverzüglich ein ausgedehnter Gebrauch gemacht.*)

Es bedarf, wie mir scheint, keiner Ausführung, dass Staaten-

---

*) Eine Kritik ist nicht nöthig. Die Jurisprudenz der Bundesversamm-
lung, im Anschluss an die Wiener Schlussakte, ist absichtlich mit einiger
Ausführlichkeit besprochen; aus zwei Gründen:

1. um den ungeheuren Fortschritt zu kennzeichnen, welchen wir seit
dem Jahre 1866 in Verfassungsfragen gemacht haben;

2. um durch ein Beispiel aus unserer neueren Geschichte
anschaulich zu machen, wie viel darauf ankommt, wer der
endgültige Ausleger der Verfassung ist. Gerade im Hinblick auf
die Jurisprudenz der Frankfurter Bundesversammlung bei Auslegung der
Grundgesetze des früheren deutschen Bundes ist die Frage, wer der endgültige Ausleger der Reichsverfassung sei, im vorhergehenden Kapitel eingehend zu besprechen versucht.

verfassungen, welche mit den Grundgesetzen des früheren Deutschen
Bundes, wie diese von der Bundesversammlung ausgelegt wurden, im
Einklang stehen mussten, mit den Grundbestimmungen der Reichs-
verfassung wenig im Einklang stehen können. Von der grossen
Zahl der Fragen, welche sich hieran knüpfen, sollen nur zwei unter-
sucht werden, allgemeines Stimmrecht und Selbstverwaltung.

II.

Allgemeines Stimmrecht.

Die Frage: Wem Stimmrecht gegeben werden darf, ohne die
Sicherheit und Ordnung des Staatswesens zu gefährden, ist beinahe
die wichtigste des konstitutionellen Staatsrechts. Zwar ist häufiger
bemerkt, „dass im Ganzen jedes Wahlgesetz unter denselben äusseren
„Umständen und Einflüssen ziemlich gleiche Resultate gibt;"*) und
diese Bemerkung ist auch ganz richtig, wenn man auf das Ergebniss
einer einzelnen Wahl sieht, da beispielsweise die Substitution von
allgemeinen direkten Wahlen statt indirekter Wahlen mit Census
nicht sofort zur Wahl einer grossen Zahl anderer Männer führen
wird. Aber dieselben Abgeordneten werden, zufolge der Abhängigkeit
von ihren Wählern, andere Gesetze machen, wenn sie von einer bestimmten Klasse des Volkes, z. B. den Rittergutsbesitzern oder den
Höchstbesteuerten, als wenn sie von dem ganzen Volke gewählt werden. Sieht man auf den ·Inhalt und den Geist der Gesetzgebung,
so wird man sofort gewahr, dass derselbe durch die Vertheilung des
Stimmrechts. unmittelbar bestimmt wird. Es ist nicht zufällig, dass
in früherer Zeit die Rittergüter häufig von Steuern und Lasten
eximirt waren ; es ist auch nicht zufällig, dass gegenwärtig Steuer-
reformen behuf Entlastung der unteren Volksklassen, sei es in Form
einer Minderung der Klassensteuer, sei es in Form der Aufhebung
oder Minderung der Salzsteuer, beabsichtigt worden. Ersteres war
eine natürliche Konsequenz der ständischen Wahlrechte, letzteres ist
eine ebenso natürliche Konsequenz des allgemeinen Stimmrechts. —
Die Stimmrechtsfrage kann nicht allgemein und gleichförmig für alle

------

*) Reichstagsrede des Fürsten v. Bismarck, vom 28. März 1867.

Völker entschieden werden. Viel muss abhängen von der Geschichte jedes Landes, von dem intellektuellen und sozialen Zustande der verschiedenen Klassen seiner Bevölkerung, und von der Vertheilung der Staatslasten. Im Ganzen zeigt die Neuzeit eine starke Neigung zu allgemeinem Stimmrecht. In Frankreich besteht allgemeines Stimmrecht. In England ist der grossen Reformbill des Jahres 1832 diejenige des Jahres 1867 gefolgt; jede hat das Stimmrecht weiter ausgedehnt; die Reformbewegung ist noch nicht zu Ende. In den Vereinigten Staaten von Amerika bestanden früher mancherlei Einschränkungen des Stimmrechts; beinahe alle sind gefallen; *) durch den 15. Zusatzartikel zur Verfassung ist bestimmt, dass das Stimmrecht mit Rücksicht auf Farbe, Race und den früheren Zustand von Sklaverei weder entzogen noch beschränkt werden darf. In Deutschland ist jeder unbescholtene 25 Jahre alte Mann mit wenigen Ausnahmen Wähler zum Reichstage des Deutschen Reiches. Bei uns bestehen besondere Gründe für die Gewährung allgemeinen Stimmrechts. Die grösste öffentliche Last, die Militairpflicht, ist eine allgemeine; ausserdem besteht allgemeine Schulpflicht. Beide Einrichtungen, welche uns vor den andern Ländern der Welt eigenthümlich sind und auszeichnen, scheinen auf allgemeines Stimmrecht hinzuweisen.

Die Bundesverfassung ist noch jung; wir haben noch keine lange Erfahrung, ob das allgemeine Stimmrecht zu Unzuträglichkeiten oder gar Gefahren führen wird. Aber bislang ist in den Verhandlungen des Reichstages Nichts hervorgetreten, was zu Befürchtungen Anlass geben könnte. Es mag noch nicht die enge nahe Beziehung zwischen den Wählern und den Mitgliedern des Reichstages bestehen, welche wünschenswerth ist; es mögen auch nicht alle Versuche, welche der Reichstag zur Fortbildung der Bundesverfassung gemacht hat, glückliche zu nennen sein. Aber der Grund hierfür liegt wohl vornehmlich in der Neuheit des ganzen Systems. Jedenfalls ist der Reichstag die ausgezeichnetste aus dem Volke originirende repräsentative Versammlung, welche in Deutschland besteht. Bislang hat sich daher das allgemeine Stimmrecht bei uns bewährt.

---

*) Kent, Commentaries on American law. Part. II., lect. XI. (Vol. I., pag. 229. not. a).

Wie ist es in den Staaten?

Vorhin ist der Bundesbeschluss vom 19. April 1855 angeführt, in welchem u. A. ausgesprochen ist, dass die Ertheilung des Wahlrechts zur zweiten hannoverschen Kammer an alle unbescholtene volljährige Männer, welche direkte Steuern zahlen, bundeswidrig sei. Allgemeines Stimmrecht durfte daher früher in Deutschland nicht bestehen.

Zur Charakterisirung des Zustandes in den Staaten sind einige Bemerkungen über den Bundesstaat Preussen ausreichend.

Das preussische Abgeordnetenhaus beruht auf dem Dreiklassen-System. Die Wähler des Urwahl-Bezirks werden nach Massgabe der von ihnen zu entrichtenden direkten Staatssteuern in drei Abtheilungen getheilt, in der Art, dass auch jede Abtheilung ein Drittheil der Gesammtsumme der Steuerbeträge aller Urwähler fällt. Jede Abtheilung wählt besonders, und zwar ein Drittheil der zu wählenden Wahlmänner. Die Wahlmänner wählen die Abgeordneten. Das Wahlverfahren ist daher ein indirektes, mit Census, unter Ausschluss Aller, welche keine direkten Steuern zahlen.

Die preussischen Provinzialstände, für provinzielle Angelegenheiten, zerfallen in drei oder vier Stände, Fürsten, Ritterschaft, Städte, Landgemeinden. Sie repräsentiren Grundbesitz in feudaler Weise.

Die Kreisstände der alten Provinzen bestehen aus etwa 11,954 Mitgliedern, nämlich etwa 10,000 Rittergutsbesitzern, 979 Vertretern der Städte und 975 Abgeordneten der Landgemeinden.

In den Städten der alten Provinzen ist zum Erwerb des Bürgerrechts u. A. erforderlich: 1) mindestens einjähriger Wohnsitz, 2) Zahlung von Gemeindeabgaben und 3) entweder Besitz eines Wohnhauses oder selbstständiger Betrieb eines Gewerbes oder Zahlung eines bestimmten Steuerbetrages. In den neuen Provinzen ist der Erwerb des städtischen Bürgerrechts noch hie und da von der Zahlung von Bürgergeld und der Ableistung des Bürgereides abhängig.

In den Landgemeinden besteht die allerbunteste Verschiedenheit. Meist sind nur Grundbesitzer, häufig nur von bestimmtem Umfange, stimmberechtigt.

Von dem Dreiklassen-System sagte Fürst v. Bismarck im konstituirenden Reichstage, bei Berathung der Verfassung des Norddeutschen Bundes, am 28. März 1867: „Was wollen denn die Herren, die das „anfechten" (nämlich das allgemeine Stimmrecht), „und zwar mit der „Beschleunigung, deren wir bedürfen, an dessen Stelle setzen? Etwa „das preussische Dreiklassen-System? Ja, meine Herren, wer dessen „Wirkung und die Konstellationen, die es im Lande schafft, etwas „in der Nähe beobachtet hat, muss sagen, ein widersinnigeres, „elenderes Wahlgesetz ist nicht in irgend einem Staate „ausgedacht worden, ein Wahlgesetz, welches alles Zusammen-„gehörige auseinanderreisst und Leute zusammenwürfelt, die nichts „mit einander zu thun haben, in jeder Kommune mit anderem Masse „misst, Leute, die in irgend einer Gemeinde weit über die erste „Klasse hinausreichen, diese allein ausfüllen würden, in einer „benachbarten Kommune in die dritte Klasse wirft, in Gemeinden, „wo beispielsweise drei Besitzer jeder ungefähr 200 Thaler Steuer „bezahlen, deren zwei in die erste Klasse und den dritten, der sieben „Silbergroschen weniger bezahlt, in die zweite verweist, wo seine Mit-„wähler mit 5 Thaler Steuern anfangen, und von den bäuerlichen Be-„sitzern mit 5 Thaler Steuern kommt wieder eine gewisse Anzahl „zu 2, plötzlich zwischen Hans mit 4 Thaler 7 Silbergroschen „und Kunz mit 4 Thaler 6 Silbergroschen reisst die Reihe ab, und „die andern werden mit dem Proletariat zusammengeworfen. Wenn „der Erfinder dieses Wahlgesetzes sich die praktische Wirkung des-„selben vergegenwärtigt hätte, hätte er es nie gemacht. Eine ähn-„liche Willkürlichkeit und zugleich eine Härte liegt in jedem „Census, eine Härte, die da am fühlbarsten wird, wo dieser Cen-„sus abreisst, wo die Ausschliessung anfängt; wir können es dem „Ausgeschlossenen gegenüber doch wirklich schwer motiviren, dass „er desshalb, weil er nicht dieselbe Steuerquote wie sein Nachbar „zahlt — und er würde sie gern bezahlen, denn sie bedingt ein „grösseres Vermögen, das hat er aber nicht — er gerade Helot und „politisch todt in diesem Staatswesen sein soll. Diese Argumentation „findet überall an jeder Stelle Anwendung, wo eben die Reihe derer, „die politisch berechtigt bleiben sollen, abgebrochen wird." Die grosse Mehrheit meiner intelligenten Landsleute ist wohl mit diesen

Bemerkungen einverstanden; ich wüsste nichts, was zu ihrer Widerlegung gesagt werden könnte; aber warum wird dann nicht das
Wahlverfahren beim Abgeordnetenhause durch das bessere des Reichstages ersetzt?

Es ist schwer einzusehen, wozu die auf feudaler Grundlage beruhenden Provinzialstände in gegenwärtiger Zeit gut sein sollen. Sie
gehören zu einer untergegangenen Staats- und Gesellschaftsordnung;
sie sind mit dem grossen Grundsatz der Gleichheit Aller vor dem
Gesetze und der Aufhebung aller Standesvorrechte unvereinbar.

Beinahe Jedermann ist darüber einverstanden, dass die Kreisstände einer Reform bedürfen. Die Regierung ist auch dieser Ansicht. Sie legt dem Landtage den Entwurf einer Kreisordnung nach
dem andern vor. Aber der eine ist dem Abgeordnetenhause nicht
liberal genug und wird darum so umgearbeitet, dass von der Re-
gierungsvorlage nicht viel übrig bleibt, und der andere ist dem
Herrenhause zu liberal.

Es ist nicht leicht, über den gegenwärtigen Zustand der Städte
und Landgemeinden ein Gesammturtheil abzugeben, weil die Einrichtungen derselben ungemein verschieden sind. Die vorhin angeführten Bemerkungen des Fürsten v. Bismarck über die Willkürlichkeit und Härte eines jeden Census enthalten eine unumwundene
Verurtheilung des gegenwärtigen Zustandes. Dass derselbe einer
Reform bedarf, wird meist zugegeben, über die Art derselben gehen
aber die Ansichten auseinander.

Nun muss man, glaube ich, Folgendes sagen: Bei wem Kenntniss und Urtheil über die wichtigsten nationalen Angelegenheiten
erwartet werden darf, wem daher Stimmrecht gegeben werden darf
und soll, wo es sich um die wichtigsten Angelegenheiten, ja um
die Lebensfragen der Nation handelt, dem sollte überall Stimmrecht
gegeben werden. Wer daher Wähler ist zum Reichstage des Deutschen Reiches, der sollte auch Wähler sein, wenn es sich um die
Angelegenheiten seiner Gemeinde, seines Kreises, seiner Provinz,
seines Staates handelt. Es ist denkbar, dass Gründe bestehen,
Jemanden, bei dem man Kenntniss und Urtheil erwartet, um in
seinen lokalen Angelegenheiten mitzuwirken, von der Mitwirkung bei
den Angelegenheiten seines Staates und der Nation auszuschliessen.

Denn die lokalen Angelegenheiten, z. B. Armenversorgung, Wege-
anlagen, liegen ja Jedermann am nächsten; es ist viel leichter, sich
über deren gute und zweckmässige Besorgung ein Urtheil zu bilden,
als bei den Angelegenheiten des Staates und der Nation; es ist viel
leichter, sich darüber zu informiren, welche Männer geeignet sind,
die lokalen Angelegenheiten zweckmässig zu leiten, als welchen Vertrauen in Angelegenheiten des Staates und der Nation geschenkt
werden darf. Es ist daher begreiflich, wenn gesagt wird: Wir
haben bislang nur ein geringes Mass von Selbstverwaltung genossen;
wir wollen dasselbe ausdehnen; wir wollen die Theilnahme am Staatsleben allgemeiner machen; wir wollen den gemeinen Mann zunächst
zur Mitwirkung in seinen Gemeinde- und Kreisangelegenheiten heran-
ziehen; das sind Dinge, die unmittelbar vor seinen Augen liegen,
und über welche er sich leicht unterrichten kann; wir hoffen, ihn
auf diese Weise so heranzubilden, dass ihm demnächst auch Stimmrecht bei den Angelegenheiten des Staates und der Nation gegeben
werden kann. Aber der gegenwärtig bei uns bestehende Zustand:
allgemeines Stimmrecht bei den Angelegenheiten der Nation und die
verschiedenartigsten Einschränkungen des Stimmrechts in den Angelegenheiten der Gemeinde, des Kreises, der Provinz, des Staates, ist
gewiss nicht weise und hat meines Wissens keine Analogie in der
Verfassung irgend eines andern Landes. Ist irgend etwas gefährlich,
so ist es der eben beschriebene Zustand. Es ist gegenwärtig grosse
Gefahr, dass der gemeine Mann nicht hört auf Diejenigen, welche
ihm sagen, dass die Grundlage jeder geordneten wirthschaftlichen
Existenz Nüchternheit, Fleiss, Ordnung, Sparsamkeit und Bildung
sind, dass er vielmehr in die Hände von Demagogen fällt, welche
seiner Phantasie und seinen Instinkten schmeicheln, welche ihm
goldene Dinge vorgaukeln und einen staatlichen Zustand anpreisen,
welcher nirgends und niemals bestanden hat. Das wirksame Gegen-
mittel hiergegen ist, dass der gemeine Mann an dem öffentlichen
Leben seiner Gemeinde und seines Kreises einen selbstthätigen Antheil nimmt und hier die Männer kennen lernt, denen er in politischen Dingen Vertrauen schenken darf und soll.

Die Stimmrechtsfrage ist nicht allein eine Frage der Zweckmässigkeit, sie ist, wie alle politischen Fragen, auch eine Frage der

Gerechtigkeit. Nun ist es nicht nöthig, den Zustand der unteren Volksklassen in früherer Zeit zu untersuchen, etwa auf die Zeit der Bauernkriege zurückzugehen; aber die höheren Klassen sollten nicht vergessen, dass die Reste der persönlichen Unfreiheit, in Form von Erbunterthänigkeit, Leibeigenschaft und Eigenbehörigkeit in Deutschland bis in dieses Jahrhundert fortgedauert haben, und dass, nachdem endlich das einfachste natürlichste Recht, persönliche Freiheit, allgemein geworden war, noch lange auf dem gemeinen Mann ein harter polizeilicher Druck gelastet hat. Die früher üblichen Beschränkungen in der Freizügigkeit, der Eheschliessung, dem Gewerbebetrieb, dem Koalitionsrecht, belästigten den Reichen nur wenig; aber sie drückten den gemeinen Mann. Wenn in demselben ein Gefühl langjähriger Bedrückung und Missachtung entstanden ist, so ist das nur zu natürlich. Und wenn wir die gegenwärtige Vertheilung der Staatslasten überlegen, so müssen wir, wenn wir ehrlich und aufrichtig verfahren, zugestehen, dass der grössere Theil derselben auf den unteren Klassen lastet. Nicht allein zahlen sie einen grossen Theil der Steuern, sie sind bei der Steuerlast, wie wohl ziemlich allgemein zugegeben wird, überbürdet, sondern, worauf es wesentlich ankommt, sie liefern die grosse Masse der Soldaten. Die Militairlast haftet wesentlich auf den unteren Klassen; dies ist unvermeidlich und kann nicht abgestellt werden. Wenn aber die unteren Klassen einen grossen oder gar den grössten Theil der Staatslasten tragen, so verlangt die Gerechtigkeit, dass sie auch in entsprechender Weise an den Vortheilen des Staatswesens Theil nehmen. Und so lange diese Forderung der Gerechtigkeit nicht erfüllt wird, ist nichts natürlicher, als dass sie dem Staatswesen fremd oder gar feindlich gegenüber stehen, und es bedarf keiner Ausführung, dass hierin der Keim grosser Gefahren liegen kann. Es ist leicht und wohlfeil, Patriotismus als eine allgemeine Pflicht hinzustellen, aber es ist weiser, das Staatswesen so einzurichten, dass seine Einrichtungen Patriotismus in allen Kreisen der Bevölkerung erzeugen. Man sollte daher, um den Ausdruck des Fürsten v. Bismarck zu gebrauchen, keine Klassen der Bevölkerung in irgend einem Theile des öffentlichen Lebens zu Heloten machen.

Aber die soziale Frage? Nun, die soziale Frage ist auch ein

Zeichen unserer grossen, aber gährenden Zeit, in der so Vieles gefallen ist und noch fallen mag, was früher für fest und unumstöss-
lich gehalten wurde. Dass dieselbe in ähnlicher Form in beinahe
allen civilisirten Ländern etwa um dieselbe Zeit auftaucht, sollte für
jeden Einsichtigen ein Beweis sein, dass sie nicht eitel Thorheit und
Humbug ist. In jeder Bewegung steckt ja ein vernünftiger Kern.
Wer gelegentlich in eine sozial-demokratische Versammlung hinein-
kommt, muss über den Mangel an Religiösität und Patriotismus er-
schrecken, welcher in allen Reden und Beschlüssen hervortritt. Aber
unsere Aufgabe kann doch nur die sein, nicht in früher hergebrach-
ter Weise die Bewegung durch polizeiliche oder militärische Gewalt
zu ersticken, wovon die Folge sein würde, dass sie demnächst in ge-
fährlicherer Form wieder hervortreten würde, sondern die schwierige
Frage zu lösen und diejenigen Arbeiter, welche dem Staatswesen ent-
fremdet sind, wieder zu nützlichen guten Staatsbürgern zu machen.
Jede Frage kann bei gegenseitigem guten Willen und, worauf es vor
allen Dingen ankommt, bei Gerechtigkeit der verschiedenen Klassen
gegen einander auf befriedigende Weise gelöst werden, wenn ihre
Lösung rechtzeitig unternommen wird. *)

---

*) Eine Untersuchung der sozialen Frage liegt selbstverständlich ausser-
halb des Kreises dieses Buches. Dieselbe kann bei Erörterung der Stimmrechtsfrage in gegenwärtiger Zeit nicht unerwähnt bleiben und musste daher
eben berührt werden. Dagegen mögen einige Bemerkungen über die zweckmässige Behandlung dieser und ähnlicher Fragen am Platze sein. Die
sogenannte soziale Frage hat nirgends einen weniger bedrohlichen Charakter, als
in den Vereinigten Staaten von Amerika, weil nirgends die politische, sociale
und wirthschaftliche Lage der Arbeiter so günstig ist. Die Arbeit-Reformpartei, — der Name „Arbeit-Reformpartei" kennzeichnet hinreichend den
Unterschied von unseren Sozial-Demokraten — welche vornehmlich aus
Männern irischer Abkunft besteht, hat bei den letzten Wahlen überall eine
verschwindend kleine Minorität gehabt, wenn sie überhaupt auftrat, wovon
man sich durch Einsicht der Berichte über die Wahlergebnisse leicht überzeugen kann. Aber die soziale Frage ist auch dort vorhanden. Wie wird
dieselbe behandelt? Der Kongress hat in seiner letzten Session (Winter
18$\frac{71}{72}$) folgendes Gesetz erlassen: „(Sect. 1). That there shall be appointed
„by the President, by and with the advice and consent of the Senate, a com-
„mission of three persons, of whom one shall be practically identified with

Indem ich, in Konsequenz der Vorschriften der Reichsverfassung über die Wahl zum Reichstage des Deutschen Reiches, in Konse-

---

„the laboring interests of the country, and who shall be selected from civil „life solely with reference to their character and capacity for an honest „and impartial investigation, who shall investigate the subject of wages „and hours of labor, and of the divisions of the joint profits of labor and „capital between the laborer and the capitalist, and the social, educational „and sanitary conditions of the laboring classes of the United Stâtes, and „how the same are affected by the existing laws regulating commerce, „finance and currency, provided that said Commissioners shall be appointed „irrespective of political or partisan considerations, and from civil life. „(Sect. 2). That said Commissioners shall receive an annual salary of ⚌ 5000 „each; that they shall be authorised to employ a clerk, and shall report „the result of their investigation to the President, to be by him transmitted „to Congress." Also eine Kommission von drei Männern, aus dem bürgerlichen Leben, ohne Rücksicht auf Parteiverhältnisse, von denen einer mit den Arbeiter-Interessen des Landes praktisch identifizirt sein muss, soll von dem Präsidenten mit Beirath und Zustimmung des Senates ernannt werden, um die Arbeitslöhne und die Arbeitszeit, die Vertheilung des gemeinschaftlichen Gewinnes von Arbeit und Kapital zwischen Arbeiter und Kapitalisten, die Lage der Arbeiter und die Einwirkung der Handels-, Steuer- und Papiergeldgesetzgebung auf dieselbe zu untersuchen; das Ergebniss der Untersuchung soll dem Präsidenten berichtet werden, welcher den Bericht dem Kongress zu übersenden hat. Die Art der Untersuchung ist dem Ermessen der Kommissare überlassen. Vermuthlich werden dieselben, entweder zusammen oder getrennt, eine grössere Zahl von Städten und von Landdistrikten besuchen, eine Menge Arbeitgeber, Arbeiter und andere Personen, von welchen sie Auskunft erwarten, vernehmen, Arbeiterwohnungen und Schulen besichtigen u. dergl. Sie werden das Ergebniss ihrer auf eigene Anschauung und auf glaubwürdige Information gegründeten Untersuchungen in einem ausführlichen Bericht dem Präsidenten der Vereinigten Staaten mittheilen und dabei alle Fragen hervorheben, deren gesetzliche Regelung sie für wünschenswerth halten. Der Bericht wird gedruckt jedem Mitgliede der beiden Häuser des Kongresses mitgetheilt und ist für Jedermann leicht unentgeltlich zu haben, welcher ein Interesse an der Frage nimmt. Das ganze Publikum wird auf diese Weise angeregt, an der Lösung der Frage mitzuarbeiten. — Wäre es nicht gut, wenn wir Fragen von solcher Wichtigkeit und Schwierigkeit, wie die soziale Frage, in ähnlicher Weise behandelten? Ist es nicht gerecht und weise, einer jeden Klasse der Bevölkerung, welche über einen bestehenden Zustand klagt und mit demselben unzufrie-

quenz der bei uns bestehenden Vertheilung der Staatslasten, sowie zum Schutze der unteren Volksklassen gegen Bedrückung durch die höheren, Ausdehnung des allgemeinen Stimmrechts auf den Staat, die Provinz, den Kreis, und die Gemeinde befürworte, bin ich mir aller Folgen, welche daraus entstehen werden, wohl bewusst. „Where „the votes are, there is the power,"*) das ist ein Satz, welcher in unserem gegenwärtigen Uebergange von einer Staatsordnung zur andern nicht völlig begriffen werden mag, welcher aber bald und bestimmt genug auch bei uns sich fühlbar machen wird. Das allgemeine Stimmrecht wird zur Folge haben, dass die ständischen Unterschiede, von welchen, ungeachtet aller entgegenstehenden Verfassungsbestimmungen, noch ein bedeutender Rest geblieben ist, verschwinden werden. Das allgemeine Stimmrecht wird bewirken, dass die höheren Klassen sich sorgsam um die Angelegenheiten der unteren bekümmern, dass sie in dem einfachen gemeinen Mann ihren Nebenmenschen anerkennen und ehren, was sie nur zu oft versäumt haben und noch versäumen. Das allgemeine Stimmrecht wird zu Wege bringen, dass die ganze Gesellschaft sich als ein organisches Ganzes fühlt, dass jede Krankheit, welche in irgend einem Theile derselben hervortritt, als eine Krankheit der ganzen Gesellschaft empfunden wird. Der Staat ist eine Anstalt ebenso sehr zum Schutze des Eigenthums als der Personen. Aber Eigenthum ist Macht und gibt Macht; wenn die Reichen diese Macht in verständiger und gerechter Weise gebrauchen, so haben sie nach geschichtlicher Erfahrung wenig zu befürchten. Dadurch, dass dem Eigenthum eine besondere Vertretung entzogen wird, werden die Besitzenden angeregt werden, dasselbe nicht zur Bedrückung, sondern zur Förderung der ärmeren Klassen zu verwenden, um so deren Zuneigung und Vertrauen zu gewinnen. Während des Uebergangs mögen einige Uebelstände hervortreten, indessen in geringerem Grade, als wohl in der Regel

---

den ist, eine unparteiische öffentliche nationale Untersuchung ihrer Beschwerden zu gewähren? Würde ein solches Verfahren nicht bewirken, dass unzufriedene Klassen der Bevölkerung aufhören, an gewaltsamen Umsturz aller bestehenden Zustände zu denken, und vielmehr mit Vertrauen eine Reform vom Staate erwarten?

*) „Wo die Stimmen sind, da ist auch die Macht."

gefürchtet wird. Der Reichstag des Deutschen Reiches hat sich gut bewährt. Die Vereinigten Staaten von Amerika haben ein kühnes Experiment gemacht, indem sie, nach Niederwerfung der Rebellion, durch die Gesetze über die Regierung der in Rebellion gewesenen Staaten und über deren Wiederzulassung zur Vertretung im Kongress,*) jetzt durch den fünfzehnten Zusatzartikel zur Verfassung den Negern, welche eben von Sklaverei befreit waren und welche sich theilweise im Zustande äusserster Unwissenheit befanden, gleiches Stimmrecht mit den Weissen gaben. Das Experiment ist im Ganzen gut gelungen. In einigen der früheren Sklavenstaaten, z. B. Missouri und Maryland, sind aus dem Stimmrechte der Neger keine Missstände von irgend welchem Belang hervorgegangen; in anderen, namentlich South-Carolina, Georgia, Alabama ist allerdings die Sache so glatt nicht abgelaufen; in Folge des Bürgerkrieges sind die s. g. Klu-Klux-Wirren entstanden, mit deren Beseitigung man gegenwärtig mit gutem Erfolg beschäftigt ist. Aber unsere unterrichteten Arbeiter können doch nicht mit den amerikanischen Negern verglichen werden. Hat den letzteren volles Stimmrecht gewährt werden können, so dürfte kein Grund bestehen, dasselbe unsern Arbeitern zu versagen, zumal das Stimmrecht in unserm Staatswesen ungleich weniger bedeutet, als jenseits des Atlantischen Meeres.

III.

Selbstverwaltung.

Die Selbstverwaltung innerhalb des Deutschen Reiches besteht in der ausgedehnten Einwirkung, welche der aus Vertretern des Deutschen Volkes bestehende Reichstag auf alle Reichsangelegenheiten ausübt.

Bevor ich von dem heilsamen Einflusse spreche, welchen die Reichsverfassung, in Hinsicht der Selbstverwaltung, auf die Staaten ausüben mag, will ich einen Augenblick rückwärts sehen und fragen,

---

*) „An Act to provide for the more efficient Government of the Rebel States, Sect. 5, of March 2, 1867; Acts supplementary to it of March 23, 1867, and of July 19, 1867.

welches System, Staatsverwaltung oder Selbstverwaltung, nach geschichtlicher Erfahrung den Vorzug verdient.

Das erste Land der Christenheit am Ende des Mittelalters war
Spanien. Es beherrschte Neapel und Sicilien, Mailand, Burgund, die
Niederlande und den grössten Theil der eben neu entdeckten Länder.
In dem Reiche Philipp II. ging die Sonne nicht unter. Die
Herrschaft Spaniens war gegründet, wie ja jede Herrschaft eines
Volkes über das andere es sein muss, auf Ueberlegenheit der Spanier;
Macaulay hat in seinem Essay über Lord Mahon's Geschichte des
spanischen Erbfolgekrieges mehrere beachtungswerthe Zeugnisse dieser
Thatsache zusammengestellt. Hat Spanien sich auf diesem hohen
Standpunkte erhalten? Die Geschichte lehrt, dass es in kurzer Zeit
ein Besitzthum nach dem andern verloren hat, dass es, anstatt der
Gebieter von Europa zu sein, von Ausländern gering geschätzt, ja
verachtet wurde. Erst in der Neuzeit, nach einer langen Reihe
blutiger Revolutionen, hat es sich etwas zu heben begonnen. Aber
die englische Flagge weht noch auf dem Felsen von Gibraltar. Was
sind die Gründe des raschen, fürchterlichen Verfalles? Der berühmte englische Staatsmann und Geschichtsschreiber, welcher eben
angezogen ist, beschreibt sie mit diesen Worten: „All the causes
„of the decay of Spain resolve themselves into one cause, bad go-
„vernment. The valour, the intelligence, the energy which, at the
„close of the fifteenth and the beginning of the sixteenth century,
„had made the Spaniards the first nation in the world, were the
„fruits of the old institutions of Castile and Arragon, institutions
„eminently favourable to public liberty. These institutions the first
„Princes of the House of Austria attacked and almost wholly de-
„stroyed. Their successors expiated the crime. The effect of a
„change from good government to bad government is not fully felt
„for some time after the change has taken place. The talents and
„the virtues which a good constitution generates may for a time
„survive that constitution. Thus the reigns of princes who have
„established absolute monarchy on the ruins of popular forms of go-
„vernment often shine in history with a peculiar brilliancy. But
„when a generation or two has passed away, then comes signally
„to pass that which was written by Montesquieu, that despotic go-

„vernments resemble those savages who cut down the tree in order
„to get at the fruit. During the first years of tyranny, is reaped
„the harvest sewn during the last years of liberty. Thus the Augus-
„tan age was rich in great minds formed in the generation of
„Cicero and Caesar. The fruits of the policy of Augustus were
„reserved for posterity. Philip the Second was the heir of the Cortes
„and of the Justiza Mayor; and they left him a nation which seemed
„able to conquer all the world. What Philip left to his successors
„is well known."*)

In Frankreich entstand gegen Ende des Mittelalters eine starke
Königsmacht. Ludwig XIV. erweiterte Frankreichs Grenzen durch
wichtige und werthvolle Eroberungen. Französische Sitte und Sprache
herrschte in dem civilisirten Theil des europäischen Kontinents. Aber

---

*) „Alle Gründe des Verfalles von Spanien lösen sich auf in einen Grund,
„schlechte Regierung. Die Tapferkeit, die Intelligenz, die Energie, welche
„am Ende des fünfzehnten' und im Anfange des sechszehnten Jahrhunderts
„die Spanier zur ersten Nation in der Welt gemacht hatten, waren die
„Früchte der alten Einrichtungen von Castilien und Arragon, welche der
„öffentlichen Freiheit ungemein förderlich waren. Die ersten Fürsten aus
„dem Hause Habsburg griffen diese Freiheiten an und zerstörten sie bei-
„nahe gänzlich. Ihre Nachfolger büssten das Verbrechen. Die Wirkungen
„eines Ueberganges von guter zu schlechter Regierung werden erst voll-
„ständig einige Zeit nach der Aenderung gefühlt. Die Talente und die
„Tugenden, welche eine gute Verfassung erzeugt, mögen für einige Zeit
„diese Verfassung überleben. So leuchten die Regierungen von Fürsten,
„welche absolute Monarchie auf den Ruinen volksthümlicher Regierung
„begründet haben, oft in der Geschichte mit einem besonderen Glanze. Aber
„wenn eine Generation oder zwei dahingegangen sind, dann tritt deutlich
„hervor, was von Montesquieu geschrieben wurde, dass despotische Regie-
„rungen den Wilden gleichen, welche den Baum niederhauen, um an die
„Frucht zu gelangen. Während der ersten Jahre der Gewaltherrschaft wird
„die Ernte eingescheuert, welche während der letzten Jahre der Freiheit
„gewachsen ist. So war das Zeitalter des Augustus reich an grossen Män-
„nern, welche in der Zeit von Cicero und Cäsar sich gebildet hatten. Die
„Früchte der Politik des Augustus waren der Nachkommenschaft vorbehal-
„ten. Philipp II war der Erbe der Cortes und der Justiza Mayor; und sie
„hinterliessen ihm eine Nation, welche fähig schien, die ganze Welt zu
„erobern. Was Philipp seinen Nachfolgern hinterliess, ist wohl bekannt."
Macaulay, Critical and Historical Essays, vol. II, pag. 124.

die Maxime Ludwig XIV: „l'état c'est moi" und die das Volk
drückenden Vorrechte des Adels und der Geistlichkeit mussten zum
Ruin führen. Die französische Revolution des Jahres 1789 und der
folgenden Jahre hat zwar viele Missbräuche und Ungerechtigkeiten
hinweggeschwemmt, aber sie hat auch bewirkt, dass das Land noch
nicht wieder zur Ruhe und zu einer stetigen Entwickelung gekommen ist.

Italien war gegen Ende des Mittelalters das erste Land in
Kunst und Wissenschaft. In seinen Städten bestand viel Freiheit.
Aber die städtischen Freiheiten wurden unterdrückt; das schöne Land,
mit seinem reichbegabten Volke, kam in einen solchen Zustand, dass,
nach einem Worte des Grafen Cavour, jeder Patriot zugleich ein Ver-
schwörer war. Erst in den letzten Jahren ist eine Konsolidation
eingetreten und eine vernünftige Regierung, bei welcher das Volk in
parlamentarischer Weise mitwirkt, begründet.

Die Niederlande erhoben sich auf einige Zeit zu einer merk-
würdigen Blüthe. Sie erholten sich rasch von einem langjährigen
blutigen Unabhängigkeitskriege; sie wurden die erste Seemacht der
Welt. Ihre Blüthe war auf grosse kommunale Selbstständigkeit und
auf freie Provinzialregierung gegründet. Der kleine Staat war allerdings auf die Dauer keine ausreichende Grundlage für eine Welt-
herrschaft und zudem litt seine Verfassung an erheblichen Mängeln.
(Vergl. Kap. V, unter IV.)

England hatte am Ende des Mittelalters keine hervorragende
Stellung unter den Völkern der Welt. Unter Elisabeth trat eine
kurze Ruhmperiode ein; England handelte als Hort des Protestantis-
mus. Der gewaltige Protektor, Oliver Cromwell, eine der interessan-
testen Erscheinungen der Geschichte, machte den Namen Englands
auf kurze Zeit in der ganzen Welt geehrt und gefürchtet. Die Blüthe
Englands datirt von der Revolution des Jahres 1688. Seitdem ist
England eines der ersten Länder der Welt. Wenn es in den letzten
Jahrzehnten an Einfluss relativ verloren hat, so hat das darin seinen vornehmsten Grund, dass andere Völker die Geheimnisse seiner
Macht und Grösse studirt und auf ihr Land übertragen haben. Der
Reisende in England bemerkt keine Spuren von Verfall. Was sind
die Geheimnisse englischer Macht und Grösse? Einer seiner berühm-

testen Schriftsteller sagt: „The history of England during the hun-
„dred and seventy years which have elapsed since the House of
„Commons became the most powerful body´ in the state, her immense
„and still growing prosperity, her freedom, her tranquillity, her
„greatness in arts, in sciences, and in arms, her maritime ascen-
„dency, the marvels of her public credit, her American, her African,
„her Australian, her Asiatic empires, sufficiently prove the excellence
„of her institutions."*) Und was sind das für Einrichtungen, denen
England so viel verdankt? Was anders, als Selbstverwaltung und
parlamentarische Regierung?

Von der wunderbaren Entwickelung der Vereinigten Staaten von
Amerika wird an einem späteren Platze die Rede sein.

Liegt nicht in den angeführten Beispielen eine Lehre? Ich
glaube, allerdings. Und die Lehre ist, dass jedes Staatswesen, welches nicht in vernünftig geregelter Weise dem Volke eine Mitwirkung
bei der Regierung gewährt, in drohender Gefahr jähen Verfalles ist.
Und wird nicht diese Lehre durch die menschliche Natur bestätigt?
Ist es denkbar, dass der Mensch, so wie er nun einmal ist, einen
lebhaften Antheil an Angelegenheiten nimmt, bei denen ihm alle
Mitwirkung versagt ist? Ist Patriotismus denkbar in einer Nation
von Sklaven? Worin anders hatte der merkwürdige Patriotismus und
die hohe Geistesbildung, welche wir in den Thaten und Schriften der
Griechen und Römer bewundern, seinen Grund, als in ihrer unmittelbaren Theilnahme am Staatsleben? Ist von einer unter absoluter
Regierung stehenden Nation etwas Anderes zu erwarten, als dass sie
sich ab und an im Unmuth über das ihr auferlegte Joch zu einer
Revolution emporrafft, wenn sie dazu noch Energie genug hat, und
dass sie dann von einem Extrem in das andere fällt?

---

*) „Die Geschichte Englands während der hundert und siebenzig Jahre,
„welche verflossen sind, seit das Unterhaus die mächtigste Körperschaft im
„Staate wurde, sein ungeheurer und noch wachsender Reichthum, seine Frei-
„heit, seine Ruhe, seine Grösse in Kunst (?), Wissenschaft und in den
„Waffen, seine Ueberlegenheit zur See, die Wunder seines öffentlichen Kre-
„dits, seine Reiche in Amerika, Afrika, Australien und Asien, beweisen hin-
„reichend die Vortrefflichkeit seiner Einrichtungen." Macauly, William Pitt,
pag. 65. Tauchnitz Edition.

Sehen wir auf unsere eigene politische Geschichte. Unsere neuere Geschichte beginnt mit den Verwüstungen des unseligen 30jährigen Krieges, welcher Deutschland zur Einöde gemacht, seinen Gewerbfleiss und Wohlstand, seine Bildung und Gesittung tief geschädigt hat. Von da an bis zu diesem Jahrhundert finde ich in Deutscher Geschichte nur eine wirklich grossartige Erscheinung, Friedrich den Grossen. Aber seine Regierung war so persönlich, wie je eine es gewesen ist. Mit seinem Tode trat rascher Verfall ein. Wenige Jahrzehnte nach seinem Ableben warf eine Niederlage die stolze preussische Monarchie völlig zu Boden. Der beispiellose Druck der Fremdherrschaft schaarte das Volk um seine Fürsten; durch die Freiheitskriege wurde der Zustand Deutschlands, etwa wie er vorher gewesen war, unter Ersetzung der schlechten Reichsverfassung durch die nicht viel bessere Bundesverfassung, wiederhergestellt. Die Verheissungen volksthümlicher Regierung, welche vor und während der Freiheitskriege gemacht waren, wurden nach dem Frieden nicht oder nur theilweise erfüllt. Die Regierungen waren meist wohl gerecht und wohlwollend, aber engherzig; dem Volke wurde ein Antheil an den öffentlichen Geschäften nur in einem nicht erheblichen Grade gestattet. Die heilige Allianz war ein Bund von Fürsten, nicht von Völkern. Die Vortheile der Regierung, namentlich die höheren Aemter, waren mit wenigen Ausnahmen in den Händen einer kleineren Zahl bevorzugter Familien; für den Rest des Volkes bestand die Theilnahme am Staatswesen in der Verbindlichkeit, Steuern zu zahlen, Soldat zu werden, — nebst beschränktem Unterthaneuverstande. Nur in den Gemeinden und Städten erhielt sich ein werthvoller Rest kommunaler Freiheit. Die weitere Entwickelung richtete sich nach dem durch eine reiche geschichtliche Erfahrung bestätigten Satze: „The great cause of revolutions is this, that, while nations move „onward, constitutions stand still.“*) Der bestehende staatliche Zustand konnte dem in Kunst, Wissenschaft, Gesittung und Gewerbfleiss hochstehenden Deutschen Volke nicht genügen. Es folgte die Revolution des Jahres 1848. Der grosse Segen derselben besteht darin,

---

*) „Die grosse Ursache von Revolutionen ist diese, dass, während Na-„tionen vorwärts schreiten, Verfassungen still stehen.“ Macaulay, Parliamentary Speeches, vol. I, pag. 29. Tauchnitz edition.

dass sie absolute Regierung in Deutschland unmöglich gemacht, dass sie der nationalen Idee einen Ausdruck gegeben, und dass sie die Ereignisse der Jahre 1866 und 1867, 1870 und 1871 vorbereitet und möglich gemacht hat. Auf die Bewegung der Jahre 1848 und 1849 folgte, natürlich genug, eine Reaktion. Die Anhänger der nationalen Idee wurden gemassregelt. Der Zustand wurde wieder trübe genug, eine neue Revolution schien bevorzustehen, als Preussen im Jahre 1866 die nationale Idee und freiheitliche Entwickelung auf seine Fahnen schrieb. Seitdem ist Sieg auf Sieg, Fortschritt auf Fortschritt gefolgt, und das Deutsche Volk mag das Grösste und Herrlichste hoffen.

Somit bestätigt unsere Erfahrung diejenige anderer Länder, dass zum Gedeihen des Staatswesens eine vernünftig geregelte Mitwirkung des Volkes bei der Regierung erforderlich ist.

Die Mitwirkung des Volkes bei der Regierung des Staates muss auf Selbstverwaltung in Gemeinde, Stadt und Kreis gegründet sein. Selbstverwaltung bedeutet die selbstthätige Besorgung der Angelegenheiten der Gemeinde, der Stadt, des Kreises durch deren Eingesessene. Selbstverwaltung wird begehrt, einmal weil die Eingesessenen einer Gemeinde, einer Stadt, eines Kreises am besten wissen, wie ihre Angelegenheiten zweckmässig besorgt werden, und sodann, weil nur hierdurch die Eigenschaften gewonnen werden können, welche das Volk zu einer vernünftig geregelten Theilnahme an der Regierung des Staates befähigen. Den Gegensatz der Selbstverwaltung bildet die Besorgung der kommunalen Angelegenheiten durch Beamte des Staates. Das gegenwärtig bei uns bestehende System ist ein gemischtes. Bei der Verwaltung der kommunalen Angelegenheiten wirken zusammen, erstens von den Eingesessenen erwählte Beamte, welche indessen theilweise der Bestätigung durch die Staatsbehörden bedürfen und deren Oberaufsicht und Disziplinargewalt unterworfen sind, zweitens vom Staate bestellte Behörden, indem manche Beschlüsse der kommunalen Beamten deren Bestätigung bedürfen, und indem sie befugt sind, die Beschlüsse der Gemeindebeamten auf erhobene Beschwerde oder auch von Amtswegen aufzuheben oder abzuändern.

Es ist kaum nöthig, der Einführung wirklicher Selbstverwaltung noch das Wort zu reden. Beinahe Jedermann ist darüber einverstanden, dass Selbstverwaltung den Vorzug vor büreaukratischer Staatsverwaltung verdient. Die Detailfragen der Selbstverwaltung können in diesem Buche, dessen Zweck die Untersuchung von Verfassungsfragen ist, nicht erörtert werden. Dagegen mag es zweckmässig sein, einige Prinzipienfragen, auf welche es nach meiner Ansicht bei der Einführung wirklicher Selbstverwaltung ankommt, kurz zu berühren.

1. Selbstverwaltung kann nicht in willkürlicher Weise, auf Grund vager unbestimmter Gesetze, welche erst durch Ministerialreskripte einen bestimmten Inhalt gewinnen, sondern nur auf Grund klarer bestimmter Gesetze geführt werden. Die preussischen Gesetze lassen meist an Bestimmtheit und Klarheit Manches zu wünschen übrig. Das Urtheil des grössten Deutschen Rechtslehrers, v. Savigny, in Beziehung auf das preussische Landrecht: dass die meisten Bestimmungen desselben weder die Höhe allgemeiner leitender Grundsätze, noch die Anschaulichkeit des Individuellen erreichen, sondern zwischen beiden Endpunkten in der Mitte schweben,*) und das Urtheil von Koch, des besten Kenners und des scharfsinnigsten Kritikers über das preussische Recht: dass dasselbe in eine quecksilberähnliche Masse aufgelöst sei, aus welcher man sich vergeblich bemüht, einen bestimmten Theil zu unterscheiden, zu fassen und festzuhalten,**) ist bei den meisten preussischen Gesetzen zutreffend.***)

---

*) von Savigny, Beruf unserer Zeit u. s. w. Seite 90.

**) Koch, Lehrbuch des Preussischen Privatrechts, Seite 38, 3. Auflage.

***) Hiermit soll keineswegs über das ganze allgemeine Landrecht der Stab gebrochen werden. Ich bin einverstanden mit Koch, Preussisches Privatrecht, Band I, §. 8, dass „der Abfassung" (des Landrechts) „eine ernste, die grösste Achtung verdienende Vorbereitung vorausgegangen ist;" ich bin auch einverstanden mit Förster, Theorie und Praxis des heutigen gemeinen preussischen Privatrechts, Band I, Seite 17, welcher das Landrecht, namentlich wegen Verschmelzung des einheimischen und römischen Rechtsstoffes „eine achtungswerthe Schöpfung" nennt; dagegen finde ich das Beiwort „grossartig" nicht gerechtfertigt. Form und Fassung des Landrechts sind mangelhaft; und noch schlimmer wirkt der engherzige, polizeilich bevormundende, büreaukratische Geist, welcher so viele seiner Bestimmungen durchdringt. Ich bitte z. B. mit einander zu vergleichen A.

Bei einem solchen Zustande der Gesetzgebung ist Raum für Ministerialreskripte, deren eine kaum zu bewältigende Masse besteht.

L. R. II, 18, welcher Titel das Vormundschaftsrecht enthält, und Kent, Commentaries on American law, vol. II, lect. XXX, „of guardian and ward" („von Vormund und Mündel"). Welch ein Gegensatz zwischen den beinahe jedes richterliche Ermessen ausschliessenden Vorschriften des A. L. R. II, 18, §§. 550 bis 596, über die Veräusserung unbeweglicher Mündelgüter, und der korrespondirenden Vorschrift des amerikanischen Rechtes, welche von Kent l. c. pag. 228 in diesen wenigen Worten angegeben wird: „Whenever „it becomes necessary to have the real estate of an infant sold, there must be „a guardian specially appointed for that purpose; and the sale is made „under the direction of the Court of Chancery, and the application and „disposition of the proceeds are to be under its order; for in respect to „such proceedings, the infant is considered a ward of the court." („Wenn „der Verkauf von unbeweglichem Vermögen eines Minorennen nothwendig „wird" — nach dem Ermessen des Vormundschaftsgerichts —, „dann muss „ein besonderer Vormund für diesen Zweck ernannt werden; und der Ver- „kauf geschieht unter Leitung des Court of Chancery, und die Verfügung „und Verwendung der Kaufgelder geschehen unter dessen Anweisung; denn „in Anschung solcher Verhandlungen wird der Minorenne als Mündel des „Gerichts angesehen.") Wer, gleich dem Verfasser, landrechtlicher Vormundschaftsrichter gewesen ist und nicht durch die Handhabung des Landrechts — was leider nur zu leicht die Folge ist — allen freien Blick verloren hat, wird mit ihm darin übereinstimmen, dass die landrechtlichen Vorschriften, welche das Ermessen des Richters beinahe ausschliessen, nicht zum Vortheile der Mündel dienen. Jeder Fall, und die Fälle sind eben ungemein verschieden, muss unter eine bestimmte Formel gebracht werden, und häufig ist keine derselben ganz passend. Daher die vielen ablehnenden Entscheidungen preussischer Vormundschaftsgerichte, wo sehr zweckmässige von dem Vormunde und den nächsten Angehörigen der Mündel dringend gewünschte Massregeln bloss um deswillen unterbleiben, weil das Gesetz keine Formel enthält, unter welche sie leicht und sicher untergebracht werden können. Es ist keine Uebertreibung, wenn gesagt wird, dass dem preussischen Gendarmen bei manchen seiner Dienstverrichtungen mehr Ermessen verstattet wird, als dem landrechtlichen Vormundschaftsrichter. Dies sind keine Kleinigkeiten; der Geist des bürgerlichen Rechts und des Strafrechts, der Gerichtsverfassung und der Prozessordnungen wirkt unmittelbar auf den Geist der Richter. Warum hat Preussen keine Richter hervorgebracht, welche wir Lord Coke, Lord Somers, Lord Mansfield (England) oder John Jay, John Marshall, Joseph Story (Vereinigte Staaten von Amerika) an die Seite stellen können? Weil der Zustand des Rechtes, welches

Ab und an stehen dieselben mit dem Gesetze nicht ganz in Uebereinstimmung, was zur Folge hat, dass sie insoweit bei der Rechtsprechung unberücksichtigt bleiben, was aber ihre Anwendung bei
der Verwaltung gar nicht berührt, da ja dieselbe von den Gerichten
unabhängig ist.

Dieser wenig befriedigende Zustand der Gesetzgebung hat an
einigen Stellen der Reichsverfassung einen charakteristischen Ausdruck
gefunden. Nach Art. 61 derselben ist „in dem ganzen Reiche die
„gesammte preussische Militairgesetzgebung ungesäumt einzuführen,
„sowohl die Gesetze selbst, als die zu ihrer Ausführung, Erläuterung
„oder Ergänzung erlassenen Reglements, Instruktionen und Reskripte.‟
Einzelne Gesetze und Verordnungen, welche hierunter fallen, werden
namentlich angeführt; der Rest wird durch ein „und so weiter‟ bezeichnet. Die preussische Militairgesetzgebung besteht demnach, erstens aus Gesetzen, zweitens aus Reglements, Instruktionen und Re-
skripten, welche zur Ausführung, Erläuterung und Ergänzung der
Gesetze dienen, also, um eine Analogie des römischen Rechtes zu be-
nutzen, juris adjuvandi et supplendi causa. Nun braucht wohl nicht
ausgeführt zu werden, dass es wünschenswerth und nothwendig ist,
Gesetze zu haben, welche für sich klar sind und einer Erläuterung
und Ergänzung durch Reglements, Instruktionen und Reskripte nicht
bedürfen. Es braucht ferner nicht ausgeführt zu werden, dass die
Bezeichnung der militärischen Vorschriften, welche Deutschland gemeinsam sein sollen, durch ein vages „und so weiter‟ ein wenig er-
wünschter und befriedigender Zustand ist.

Nach Art. 48, Satz 2 der Reichsverfassung erstreckt sich „die
„Gesetzgebung des Reiches in Post- und Telegraphen-Angelegenheiten

---

die preussischen Richter handhaben, sie nicht möglich gemacht hat. Und
wenn wir einen Rechtsstaat wollen, haben wir dann nicht Richter mit einem
weiten, umfassenden, freien Blicke nöthig? — Wer sich über die Verschiedenheit des Richteramtes in Deutschland auf der einen Seite und England und
den Vereinigten Staaten auf der anderen Seite informiren will, den verweise
ich auf Lord J. Campbell, The lives of the Lord Chancellors and the
Keepers of the Great Seal of England from the earliest time to the reign
of George IV. Man braucht nur einige dieser Biographien durchzulesen,
um des Gegensatzes, welcher in dieser Beziehung besteht — und der Gegensatz ist nicht zu unserem Vortheil — gewahr zu werden.

„nicht auf diejenigen Gegenstände, deren Regelung nach den in der „Norddeutschen Post- und Telegraphenverwaltung massgebend ge-„wesenen Grundsätzen der reglementarischen Festsetzung oder admini-„strativen Anordnung überlassen ist." Diese Grundsätze, welche demnach die gesetzgebende Gewalt des Reiches einschränken, sind nicht gesetzlich fixirt. Um sie kennen zu lernen, muss man eine grosse Zahl von Reglements und Instruktionen studiren, welche vielleicht nicht einmal insgesammt gedruckt sind. Ich frage nun: ist es ein befriedigender Zustand, dass die Reichsverfassung ohne das Studium einer grossen Zahl administrativer Reglements und In-struktionen nicht vollständig verstanden werden kann?

Auf Form und Fassung der Gesetze kommt viel an, aber lange nicht Alles. Ein anderer Hauptumstand ist, dass nicht Gegenstände, welche man viel besser sich selbst überlässt, in unnöthiger Weise gesetzlich regulirt werden. Der amerikanische Globe, in welchem die Verhandlungen des Kongresses amtlich veröffentlicht werden, hat das Motto: „The world is governed too much."*) Wir haben in Deutsch-land allen Anlass, dieses Motto zu beherzigen.

2) Die Personen, welche selbstthätig die Angelegenheiten der Ge-meinde, der Stadt, des Kreises verwalten, dürfen dies nur thun innerhalb der gesetzlichen Schranken. Sie müssen verantwortlich sein, wenn sie entweder eine der ihnen durch das Gesetz auferlegten Pflichten unausgeführt lassen oder wenn sie eine der ihnen durch das Gesetz gege-benen Befugnisse überschreiten. Diese Verantwortlichkeit kann nur durch gerichtliche Klage geltend gemacht werden, zu deren Anstellung jedem Betheiligten die Befugniss gegeben werden sollte.**) Mit dem

---

*) „Die Welt wird zu viel regiert."

**) In den Vereinigten Staaten von Amerika ist es Sitte, die Befugnisse und Pflichten eines Beamten in einem besondern sein Amt betreffenden Ge-setze zusammenzustellen. Man vergleiche z. B. The General Statutes of the State of Missouri by A. F. Denny, 1866, Title VIII, Of Certain State, County and Township officers, pag. 138 seq. Ab und an findet man, auch bei den höchsten Staatsbeamten, Klauseln von ähnlichem Inhalt, wie bei dem Secretary of State. „If the secretary of state shall, at any time, neglect „or refuse to perform any of the duties enjoined on him by law, ... he „shall pay to the person aggrieved a sum not less than one hundred dol-„lars, nor more than five hundred dollars, to be recovered by civil action."

Wesen der Selbstverwaltung ist die administrative Oberaufsicht und Disziplin, wie sie bei uns besteht, nicht vereinbar. Beschlüsse bestimmter Art, z. B. Beschlüsse einer Gemeindeverwaltung über die Veräusserung von Grundeigenthum, Beschlüsse eines Schulvorstandes über Abänderung eines bestehenden Lehrplanes oder über Einführung neuer Schulbücher, mögen von der Genehmigung einer staatlichen Behörde abhängig gemacht werden. Aber im Uebrigen müssen die Organe der Selbstverwaltung unabhängig und selbstständig sein.*)

("Wenn der Staatssekretair zu irgend einer Zeit versäumen oder sich weigern sollte, eine der ihm durch Gesetz auferlegten Pflichten zu erfüllen, ... so soll er der dadurch verletzten Person eine Summe von nicht unter hundert Dollars und nicht über fünfhundert Dollars zahlen, welche durch Civilklage einzufordern ist.") L. c. pag. 140. Vergl. auch Chapt. 10, Of the Treasury Department, sect. 49. L. c. pag. 91.

*) Einige Beispiele mögen das Gesagte anschaulicher machen. In einer Versammlung des Mayor and Aldermen (Bürgermeister und Rath) von Jefferson City, Missouri, bei welcher der Verfasser anwesend war, wurde über einen Constable (Gendarmen) lebhafte Beschwerde geführt. Wie war zu helfen? Das Benehmen des Constable gab keinen ausreichenden Anlass zu einer gerichtlichen Klage. Derselbe war ein Beamter zur Ausführung der Gesetze, in gleicher Weise wie Mayor and Aldermen. Dieselben konnten durch Nebenverordnung (by-law), in Ausführung einer durch das Korporationsstatut gegebenen Befugniss, das Amt des Constable abschaffen und dadurch denselben beseitigen. Aber sie hielten es nicht für rathsam, von dieser Befugniss Gebrauch zu machen. Sie liessen daher den Constable gewähren, ohne einen Beschluss seinetwegen zu fassen. — Vielleicht ist hier die Selbstständigkeit eines Beamten zu weit getrieben; aber es verdient doch überlegt zu werden, ob die Geschäfte nicht bei dem amerikanischen System besser und billiger besorgt werden, als bei einem Zustande, den Fürst v. Bismarck mit diesen Worten charakterisirt: „Ich . . . . halte es „nicht für zweckmässig, die Geschäfte dergestalt zu centralisiren, dass man „gewissermassen in jedem Gendarm persönlich drinsitzen will; es ist ja ein „gerechter Vorwurf gegen die preussische Verwaltung, dass jede Brücke im „Lande vom Ministerium selbst gebaut wird, und dass jede kleine recht- „haberische Lokalbeschwerde von verletzten Gemüthern gleich an die grosse „Glocke gehängt wird, mit dem Verlangen, dass man desshalb die höch- „sten Beamten und gleich ganze Systeme wechselt." (Rede im Abgeordnetenhause, vom 20. December 1866.) — Bei dem Superior Court in Washing-

3. Die Verhandlungen der Personen, welche selbstthätig die Angelegenheiten der Gemeinde, der Stadt, des Kreises verwalten, sollten so weit thunlich öffentlich sein, damit das Publikum an denselben Antheil nehmen kann. Es ist zweckmässig, dass die Beschlüsse in chronologischer Reihenfolge in ein Protokollbuch eingetragen werden, und dass diejenigen Theile desselben, welche keine Geheimhaltung erfordern, von Jedermann eingesehen werden können, welcher ein Interesse an der Sache nimmt. *)

4. Es ist wünschenswerth, dass die Geschäfts- und Verhandlungsformen vereinfacht und thunlichst gleichförmig gemacht werden. Der Professor Tellkampf aus Breslau hat in einer sehr beachtenswerthen kleinen Schrift, Selbstverwaltung u. s. w., Berlin 1872, auf Seite 21 folgende, einen Abriss der in den Vereinigten Staaten üblichen Regeln der parlamentarischen Praxis, welche nicht allein bei legislativen Berathungen, sondern bei öffentlichen Verhandlungen

---

ton, D. C., kam im Beisein des Verfassers folgender Fall zur Verhandlung und Entscheidung: Wir, steuerzahlende Bürger von Washington, behaupten, dass die städtische Verwaltung mit A. B. C. einen Kontrakt nachfolgenden Inhalts . . . . abgeschlossen hat; dass dieser Kontrakt ausserhalb der gesetzlichen Befugnisse derselben liegt; wir beantragen einstweilige Verfügung (injunction), durch welche die Ausführung des Kontrakts verboten wird. Die städtische Verwaltung behauptete dagegen, dass der Abschluss des Kontrakts zu ihrer Zuständigkeit gehöre. Die Entscheidung ging dahin: Wäre die Behauptung der Kläger, der von der städtischen Verwaltung mit A. B. C. abgeschlossene Kontrakt läge ausserhalb ihrer gesetzlichen Befugnisse, eine richtige, so würde es Pflicht des Gerichtshofes sein, dessen Ausführung zu untersagen; aber diese Behauptung ist unrichtig; die Klage wird daher abgewiesen.

*) Protokollbücher öffentlicher Behörden von ähnlicher Einrichtung, wie sie in den Vereinigten Staaten von Amerika bei vielen Behörden und Beamten üblich sind, kamen früher in Deutschland vor, z. B. die libri protocollares der westphälischen Gogerichte, von denen der Verfasser einige vor der Aktenkassirung durchgesehen hat. — Den amerikanischen Protokollbüchern sind häufig das oder die Gesetze, welche sich auf das betreffende Amt oder die betreffende Korporation beziehen, ab und an auch die Unabhängigkeitserklärung, die Verfassung der Vereinigten Staaten und die Verfassung des betreffenden Staates vorangedruckt.

aller Art in Anwendung kommen, mitgetheilt. Es wäre sehr zweckmässig, wenn ähnliche Regeln in Deutschland allgemeinen Eingang fänden.*)

---

*) Die Regeln, welche in den Vereinigten Staaten am meisten zur Anwendung kommen, sind diejenigen des Repräsentantenhauses. Sie sind den Regeln des englischen Parlamentes nachgebildet. Nro. 144 der Regeln des Repräsentantenhauses lautet: „The rules of parliamentary practice com„prised in Jefferson's Manual shall govern the House in all cases to which „they are applicable, and in which they are not inconsistent with the stan„ding rules and orders of the House, and joint rules of the Senate and „House of Representatives. —" („Die Regeln des parlamentarischen Ver„fahrens, welche in Jefferson's Manual enthalten sind, sollen das Haus in „allen Fällen leiten, auf welche sie anwendbar sind, und in welchen sie „nicht mit den Regeln und Satzungen des Hauses und mit den gemein„schaftlichen Regeln des Senates und Repräsentantenhauses im Widerspruch „stehen.") Das angezogene Manual von Jefferson enthält einen Abriss der Regeln des englischen Parlamentes, mit den Abweichungen, welche die Verfassung der Vereinigten Staaten nöthig machte. Das Verfahren des Senates ist dem des Repräsentantenhauses ähnlich. Die Regeln des Repräsentantenhauses haben bei den Regeln der meisten, vielleicht aller repräsentativen Versammlungen in den Vereinigten Staaten als Muster gedient. Sie sind Jedermann geläufig, welcher an politischen Verhandlungen einen thätigen Antheil nimmt. Bei den grossen, alle vier Jahre wiederkehrenden Parteiversammlungen, behuf Feststellung des Parteiprogrammes (platform) und behuf Aufstellung von Kandidaten für die Aemter des Präsidenten und Vicepräsidenten der Vereinigten Staaten, pflegt einer der ersten Beschlüsse dahin zu gehen, dass die Regeln des Repräsentantenhauses für die Verhandlungen angenommen werden. Die parlamentarischen Regeln haben sogar Einwirkung auf das gerichtliche Verfahren. Der höchste Gerichtshof der Vereinigten Staaten besteht aus neun Richtern, von denen sechs ein Quorum bilden. (Act of Congress of April 10, 1869, §. 1. Brightly, Digest, II, pag. 541.) Wie aber, wenn sechs oder acht Richter sitzen, und wenn die Stimmen gleich getheilt sind? In Anwendung der parlamentarischen Regel, dass bei Stimmengleichheit der Antrag abgelehnt ist, gilt bei Stimmengleichheit die Klage, die Berufung u. s. w. als abgelehnt. Ist dies nicht besser, als die bei uns übliche Regel, dass bei gleicher Zahl von Richtern der jüngste ein nur konsultatives Votum hat? wovon die natürliche Folge ist, dass er von der Verhandlung sich zurückzieht oder doch keinen regen Antheil an derselben nimmt. Ist dies nicht viel besser, als die Zuziehung von Hülfsrichtern, worüber mit Recht so viel geklagt ist, ohne dass bislang dem Uebelstande abgeholfen ist?

5. Dagegen gehört es nicht zum Wesen der Selbstverwaltung, dass die Männer, welche selbstthätig die Geschäfte der Gemeinde, der Stadt, des Kreises verwalten, dies unentgeltlich thun. In keinem Lande der Welt besteht so viel Selbstverwaltung, als in den Vereinigten Staaten, und von denselben sagt Story, in seinem Kommentar über die Verfassung, §. 856: „It has been justly observed, that „the principle of compensation to those who render services to the „public, runs through the whole constitution."*) Dieselbe Bemerkung ist gleich wahr in Beziehung auf die Staatenverfassungen. Sogar Geschworene erhalten Tagesvergütung und Meilengelder.**) Das amerikanische Prinzip dürfte das richtige sein. Der Arbeiter ist seines Lohnes werth. Von wem man Arbeiten verlangt und erhält, dem mag man eine Vergütung geben. So ist es auch von jeher in Deutschland gewesen. Die Mitglieder der städtischen Magistrate, welche die Stadtverwaltung besorgen und die Gemeindevorsteher haben meist von jeher eine Vergütung erhalten. Die Zahl der Männer in Deutschland, welche unentgeltlich ihre ganze Arbeitskraft oder einen erheblichen Theil derselben dem Dienst des Publikums widmen können, und welche zugleich das zur Besorgung öffentlicher Angelegenheiten nothwendige Wissen haben, ist keine sehr grosse; es ist wünschenswerth, einmal, dass das Publikum eine thunlichst grosse Auswahl unter den Personen hat, welche zur Besorgung seiner Angelegenheiten geeignet sind, und sodann, dass die gewählten Personen nicht das Gefühl haben, als seien sie Wohlthäter ihrer Wähler. Hiermit soll natürlich nicht gesagt sein, dass allen Männern, welche an der Selbstverwaltung Theil nehmen, eine Vergütung zu geben ist; bei Aemtern, welche wenig Arbeit und Zeit erfordern, z. B. Stadtverordnete, Bürgervorsteher, Kirchen- und Schulvorsteher, mag die Ehre, welche das Amt bringt, eine ausreichende Vergütung sein. Wenn

---

*) „Es ist mit Recht bemerkt, dass das Prinzip, dass denen, welche „dem Publikum Dienste leisten, eine Vergütung gegeben wird, durch die „ganze Verfassung läuft."

**) Act of Congress of February 26, 1853, §. 3. Brightly Digest, I, pag. 277; A. F. Denny, The General Statutes of the State of Missouri, chap. 32, pag. 181.

aber, wie das häufiger geschieht, Ehrenamt als zum Wesen der Selbstverwaltung gehörig bezeichnet wird, so ist das nur eine zur Uebertragung nach Deutschland wenig geeignete Abstraktion aus dem Zustande der englischen Grafschaften, deren Beamte meist auf die ihnen früher nach dem Gesetze zukommenden Gebühren Verzicht geleistet haben.

———

Schluss.

Bei den vorstehenden Untersuchungen ist häufiger auf die Verfassungen und Einrichtungen anderer Völker Bezug genommen. Der Grund hierfür ist in der Einleitung angegeben. Es ist zweckmässig, bei Untersuchung unserer Gesetze und Einrichtungen gleichartige Gesetze und Einrichtungen anderer Völker zu berücksichtigen, weil wir so die Erfahrungen derselben uns zu Nutze machen können, ohne den Preis zu zahlen, den sie dafür gezahlt haben. Aber, wird man einwenden, jeder Staat ist ein Gemeinwesen für sich, hat eigene Gesetze des Entstehens, der Blüthe und demnächst des Verfalles. Dieser Einwand ist nur bis zu einem gewissen Grade richtig. Der Mensch ist überall derselbe, und er ist mit Recht schon im Alterthum ein ςῶον πολιτικὸν genannt, d. h. ein Wesen, welches im Staate lebt und gedeiht. Wenn wir auf die staatlichen Verfassungen sehen, welche er sich gegeben hat, so finden wir, von Jahrhunderten zu Jahrhunderten, einen grossen Wechsel und im Ganzen einen grossen Fortschritt. Aber gleichzeitige Verfassungen auf gleicher Bildungsstufe stehender Völker sind immer einander ähnlich gewesen. So die städtischen Verfassungen des Alterthums, so die feudalen Monarchien des Mittelalters, deren Ruinen in die gegenwärtige Zeit hineinragen. Unsere Zeit ist diejenige konstitutioneller Regierung, in monarchischer oder republikanischer Form. Es ist der gerechte und dauernde Ruhm von England, dass es, während auf dem Kontinente Europas absolute Fürstenherr-

schaft lastete, das auf deutschem Boden*) entstandene System konstitutioneller Regierung bewahrt und zu einer tüchtigen Entwickelung gebracht hat. Dem langen Parlamente, der englischen Konvention von 1688 und Wilhelm von Oranien ist Jedermann Dank
schuldig. Das System konstitutioneller Regierung ist von England
nach den Vereinigten Staaten von Amerika, nach den englischen
Kolonien und demnächst auch nach den civilisirten Ländern des
europäischen Kontinents übertragen. Alle Verbesserungen desselben,
die irgendwo erfunden wurden, kommen der ganzen Menschheit zu
Gute. Wenn nicht alle Anzeichen trügen, so werden in Folge der
vermehrten und so ungemein erleichterten Verkehrsbeziehungen zwischen den verschiedenen civilisirten Ländern deren Verfassungen und
Einrichtungen immer ähnlicher werden. Ist dies richtig, nun, so
ist es gewiss gerechtfertigt, bei Untersuchung politischer Fragen auf
die Gesetze und Einrichtungen anderer Völker Rücksicht zu nehmen.

Es ist besonders häufig auf die Verfassung und die Einrichtungen der Vereinigten Staaten von Amerika Bezug genommen. In der
That, die Vereinigten Staaten sind es wohl werth, dass Jedermann,
welcher sich mit politischen Untersuchungen beschäftigt, sie aufmerksam beachtet. Sie sind die junge Welt, in voller Kraft und
Wachsthum, mit einer wunderbaren Entwickelung, die nur derjenige
vollständig würdigen kann, welcher sie mit eigenen Augen gesehen
hat. Ein sehr weitsehender politischer Schriftsteller und Staatsmann
der Vereinigten Staaten, Alexander Hamilton aus New-York, nannte
sie schon im Jahre 1787 das in mancher Beziehung am meisten
interessante Land der Welt.**) Um diese Zeit waren es 13 arme
Kolonien an der Küste des Atlantischen Meeres, welche sich eben
von den Verwüstungen eines langjährigen Unabhängigkeitskrieges
zu erholen begannen. Die gegenwärtige Verfassung der Vereinigten
Staaten ist am 4. März 1789 in Wirksamkeit getreten; sie ist seitdem in keinem erheblichen Punkte geändert, ausser dass die Sklaverei,
eine Einrichtung, welche lange vorher bestanden hatte, aufgehoben
ist.***) Der ausführlichste Kommentator, Joseph Story, sagt von der-

---

*) Montesquieu, Esprit des lois, livre XI, ch. VI. Blackstone, Comm. I, 147.

**) The Federalist. Nro. 1.

***) Es bestehen 15 Zusatzartikel zur Verfassung. Art. 1 bis 10 ent-

selben: „The structure has been erected by architects of consummate
„skill and fidelity; its foundations are solid; its compartments are
„beautiful as well as useful; its arrangements are full of wisdom and
„order, and its defences are impregnable from without." *) Indessen, die
Hauptsache bei einer Verfassung ist, wie sie sich bewährt. Wenn irgendwo das Wort angebracht ist: „An ihren Früchten sollt ihr sie erkennen,"
so bei Verfassungen und Gesetzen. Die Vereinigten Staaten haben
sich unter der gegenwärtigen Verfassung in weniger als einem Jahrhundert von dem Atlantischen Meere bis zum Mississippi und dem
Golf von Mexiko, über den Mississippi und bis zum Stillen Meere
ausgedehnt. Die Bevölkerung hat sich in demselben Zeitraume von
unter 4 Millionen auf etwa 40 Millionen vermehrt. An Stelle der
armen Kolonisten von vor hundert Jahren ist das reichste Land der
Welt getreten. Man mag mit einiger Sicherheit vorhersagen, dass
bis Ende dieses Jahrhunderts die Vereinigten Staaten den ganzen
amerikanischen Kontinent vom nördlichen Eismeer bis zum Rio
Grande,**) mit einer Bevölkerung von nicht unter 100 Millionen um-

---

halten Freiheitsrechte (bill of rights); dieselben sind in die ursprüngliche
Verfassung nicht aufgenommen, weil man mit Recht annahm, die Freiheit
werde weniger durch Aufstellung abstrakter Freiheitsrechte, als durch eine
umsichtige und weise Organisation und Vertheilung der staatlichen Ge-
walten gesichert. Art. 11 enthält eine Specialbestimmung bezüglich der
Ausdehnung der Gerichtsbarkeit der Unionsgerichte. Art. 12 betrifft das
Wahlverfahren bei der Präsidentenwahl. Art. 13 hebt die Sklaverei auf.
Art. 14 enthält verschiedene Bestimmungen aus Anlass des Bürgerkrieges.
Art. 15 enthält den Grundsatz, dass das Stimmrecht mit Rücksicht auf
Race, Farbe oder den früheren Zustand von Sklaverei nicht entzogen oder
geschmälert werden darf. Alle diese Zusatzartikel ändern nicht das System
der Unionsverfassung.

*) „Das Gebäude ist durch Baumeister von vollendeter Geschicklichkeit
„und Treue aufgerichtet; seine Grundmauern sind dauerhaft; seine Gemächer
„sind ebenso schön als nützlich; seine Einrichtungen sind voll von Weisheit
„und Ordnung; und seine Schutzmauern sind von Aussen her unerschütter-
„lich." Story, Commentaries on the Constitution, §. 1904.

**) Ob die Vereinigten Staaten sich noch weiter nach dem Süden aus-
dehnen werden, ist schwer vorherzusagen. Der Freund derselben kann das
nicht wünschen. Das südliche Klima ist nach geschichtlicher Erfahrung
Staaten-Einrichtungen, wie sie in den Vereinigten Staaten bestehen, wenig

fassen werden. Es ist kein Anzeichen vorhanden, dass die Amerikaner ihre zeitbewährte Verfassung in irgend einem wesentlichen
Punkte abändern werden.*) Aber in ihren Einrichtungen war ein
dunkler Fleck, Sklaverei. Mit den Einrichtungen und Sitten keines
Landes stand Sklaverei mehr in Widerspruch, als mit denen der
Union, [deren Unabhängigkeitserklärung die denkwürdigen Worte
enthält: „We hold these truths to be self-evident, that all men are
„created equal; that they are endowed by their Creator with certain
„unalienable rights; that among these are life, liberty, and the
„pursuit of happiness. That, to secure these rights, governments are
„instituted among men, deriving their just powers from the consent
„of the governed." **) Sklaverei war geliebt im Süden und gehasst

förderlich. Die Sklaverei und das [Interesse der Sklaven-Staaten, welche
den Wunsch nach Ausdehnung nach dem Süden, behufs Erwerb von mehr
Sklavenland, hervorriefen und zu den etwas skandalösen Verhandlungen
über den Erwerb von [Cuba geführt haben, bestehen nicht mehr. Der
Fremde, welcher die Geschichte der Vereinigten Staaten liest, kann nicht
umhin zu denken, · sie hätten genug gehabt „of southern difficulties and
dangers" („an südlichen Schwierigkeiten und Gefahren"). Aber es besteht
ein eigenthümlicher Zug nach Ausdehnung nach dem Süden, namentlich
bei dem gegenwärtigen Präsidenten, Ulysses S. Grant.

*) Einige Aenderungen mögen bevorstehen. Die Wiederwahl des Prä-
sidenten, welcher im Amte ist, mag untersagt werden, weil die Erfahrung
bewiesen hat, dass er bei seinen Handlungen mehr durch den Wunsch nach
Wiederwahl, als durch die Rücksicht auf das Wohl des Landes bestimmt
wird. Die Art der Präsidentenwahl mag geändert werden. Die Berathung
unter den Wahlmännern über die geeignetsten Personen zum Amte des
Präsidenten und Vice-Präsidenten, an welche die Urheber der Verfassung
dachten, hat sich als ein nicht zu erreichendes Ideal erwiesen. An die
Stelle der indirekten Wahl durch Wahlmänner mag direkte Wahl durch
die Wähler treten. Bei der wichtigsten Präsidentenwahl, derjenigen des
Jahres 1860, hatte Abraham Lincoln zwar die absolute Mehrheit der Wahlmänner, aber nicht der Wähler. Diese und ähnliche Aenderungen lassen
indessen das System der Unionsverfassung unberührt.

**) „Wir halten diese Wahrheiten für selbstverständlich, dass alle Men-
„schen gleich geboren sind; dass sie von ihrem Schöpfer mit gewissen un-
„veräusserlichen Rechten ausgestattet sind; dass zu diesen Leben, Freiheit
„und das Streben nach Glückseligkeit gehören; dass, diese Rechte zu sichern,

im Norden; es kam eine Zeit, wo fernere Kompromisse nicht mehr möglich waren; es folgte ein Bürgerkrieg von 4 Jahren, der am meisten blutige und kostbare der neueren Kriege. Die Zahl der Soldaten, welche während des Krieges gefallen oder verstorben sind, wird auf 600,000 veranschlagt; dazu etwa 400,000 Krüppel.*) Die Kosten und Schäden des Krieges belaufen sich auf mehr als 10,000 Millionen Dollars. Und trotzdem bemerkt der Reisende in den Vereinigten Staaten jetzt, wenige Jahre nach Beendigung dieses furchtbaren Krieges, ausser in den Südstaaten an den Stellen, wo der Krieg am meisten gewüthet hat, kaum andere Spuren desselben als viele Krüppel. Von der Schuld der Vereinigten Staaten sind in den letzten Jahren jährlich etwa 100 Millionen Dollars zurückbezahlt. Die Musterrollen der Union enthielten im März 1865 beinahe eine Million Soldaten; vor Ende des Jahres 1865 sind dieselben, mit Ausnahme einiger Regimenter, entlassen. An der Spitze derselben standen gefeierte Generäle; aber Niemand dachte an Umsturz der Verfassung; die Generäle, Offiziere und Soldaten, sowohl des Nordens als des Südens, kehrten zu den friedlichen Geschäften zurück, ohne irgend welche Störung im staatlichen und bürgerlichen Leben. Nachdem die Sklaverei aufgehoben und der Bürgerkrieg beendet war, wurden die in Rebellion gewesenen Staaten unter dem Beding, dass den Negern gleiche Rechte mit den Weissen zu gewähren seien, rekonstruirt, und die Regierung geht wieder in derselben ruhigen unscheinbaren Weise wie zuvor. Unter einer Verfassung leben zusammen die eingeborenen Amerikaner, viele Millionen europäischer Einwanderer, über 4 Millionen Neger, eine Menge Chinesen und Japanesen, Alle gleich vor dem Gesetze und alle gleiche Rechte geniessend.**) Die grosse Aufgabe der Staatskunst, die

---

„Regierungen unter den Menschen eingesetzt sind, welche ihre gerechten „Gewalten von der Zustimmung der Regierten ableiten." Die von Thomas Jefferson entworfene Unabhängigkeitserklärung wurde vom Kongress der Vereinigten Staaten am 4. Juli 1776 angenommen.

*) Horace Greeley, The American Conflict, vol. II, pag. 759.

**) Die Einwanderer bedürfen zur Ausübung der meisten politischen Rechte der Naturalisation; die noch in einzelnen Staaten bestehenden Einschränkungen des Stimmrechts sind von geringem Belang.

scheinbar am meisten heterogenen Elemente unter einer Verfassung
zu einem starken selbstbewussten Volke zu vereinigen, wird nirgends
besser verstanden und ist nirgends vollständiger gelöst, als in den
Vereinigten Staaten. Was bedeuten die Gegensätze, die wir in
unserem Staatsleben zu überwinden haben, vornehmlich der Gegensatz von Protestanten und Katholiken, der Gegensatz der Deutschen
zu dem geringen Bruchtheil von Polen, Dänen und Franzosen, welche
mit uns in derselben Staatsgemeinschaft leben, im Vergleich mit
dem Gegensatz der Racen und der Farbe? Und die Vereinigten
Staaten sind auf dem besten Wege, diesen Gegensatz glücklich zu
überwinden. Religiöse Gegensätze und Streitigkeiten *) und Ver-

---

*) Dass religiöse Gegensätze und Streitigkeiten, welche in den Ver-
einigten Staaten in reichlich so grosser Zahl bestehen, wie bei uns, nicht
die Grundlage politischer Parteibildungen sind, ist der Verfassung der Vereinigten Staaten und der Staaten-Gesetzgebung beizumessen. Im ersten
Zusatzartikel zur Unionsverfassung ist bestimmt: „Congress shall make no
„law respecting an establishment of religion or prohibiting the free exer-
„cise thereof." („Der Kongress soll kein Gesetz machen, welches eine Staats-
„kirche einführt, oder die freie Religionsübung hindert.") Es giebt daher
in den Vereinigten Staaten keine Staatskirche; Niemand ist in der freien
Religionsübung behindert. — Die Streitpunkte zwischen Staat und Kirche
sind Ehe und Schule. In den Vereinigten Staaten besteht s. g. facultative
Civilehe; Jedermann kann sich nach seinem Belieben vor einem weltlichen
Beamten (justice of peace, notary public) oder vor einem Geistlichen ver-
heirathen. Die bei uns bestehende s. g. Nothcivilehe ist ein nicht ausreichender Behelf, wie wohl allgemein zugegeben wird. „Nihil tam voluntarium quam religio;" es sollte nicht einmal ein indirekter Zwang zur
Vornahme einer kirchlichen Handlung bestehen. Aber ist das System der
s. g. fakultativen Civilehe nicht ausreichend? Warum s. g. obligatorische Civilehe einführen? Weil das büreaukratische französische Muster, das wir ja
so gern nachahmen, sie enthält? Hat von hundert Brautleuten, welche sich
kirchlich trauen lassen wollen, wohl einer Neigung, nach der Bürgermei-
sterei zu gehen und einen Civilakt vorzunehmen, für welchen dann natürlich Gebühren bezahlt werden müssen? Und enthält die kirchliche Trauung
nicht Alles, was die Eheschliessung umgeben sollte, nämlich Oeffentlichkeit
und Solennität? — In den öffentlichen Schulen der Vereinigten Staaten
wird kein Religionsunterricht ertheilt, bezüglich aller Lehren, welche zwischen den verschiedenen Kirchengesellschaften streitig sind. Es wird nur
ein Bibelauszug gelesen, und zwar je nachdem die Majorität der Schüler

schiedenheit der Abstammung sind dort nicht die Grundlage politischer Parteibildungen; es gibt keine katholische, keine deutsche,

---

protestantisch oder katholisch ist, ein Bibelauszug, welcher mehr dem prote-
stantischen oder mehr dem katholischen Dogma entspricht. Im Uebrigen
ist die Ertheilung von Religionsunterricht den verschiedenen Kirchengesellschaften überlassen. — Woher kommt der betrübende Gegensatz zwischen
Protestanten und Katholiken, welcher Deutschland so unendlich viel Unheil
gebracht hat? Hat er nicht zum guten Theil seinen Grund darin, dass
der protestantische und der katholische Knabe auf verschiedenen Schul-
bänken sitzen, und dass dem ersteren gelehrt wird, er müsse für sich selbst
prüfen, untersuchen und entscheiden, was der Katholik nicht dürfe, und
dem andern, er sei ein Mitglied der allein seligmachenden Kirche und dadurch dem Protestanten weit überlegen? Ist es nun gut und weise, ein
Schulsystem beizubehalten, welches den Knaben zu einer Zeit, wo er die
ersten festen Eindrücke für das Leben empfängt, durch Zuweisung zu einer
Schule mit einer bestimmten Konfession auf den Gegensatz hinführt, welcher
Deutschland so lange in zwei feindliche Lager getrennt hat, und welches
ihm so, in frühester Jugend, bereits seine Parteistellung in diesem Gegensatze anweist? Ist es Sache des Staates, ein Schulsystem aufrecht zu halten,
welches den grössten aller Gegensätze in Deutschland in seiner gegenwärtigen Gefahr drohenden Intensität von Generation zu Generation zu
perpetuiren geeignet ist? Ist es nicht viel besser, dass der Staat die Ertheilung von Religionsunterricht den verschiedenen Kirchengesellschaften
überlässt, als dass er mit der einen oder anderen derselben in der uner-
quicklichsten Weise darüber streitet, ob ein bestimmter Mann, nach den
Grundsätzen der Kirche und nach den Staatsgesetzen, ein zulässiger Reli-
gionslehrer [ist? Im Allgemeinen wird der alte Grundsatz: „Nihil tam
voluntarium quam religio,“ in Deutschland nicht bestritten werden. Aber
ist es nicht diesem Grundsatze direkt zuwider, dass der Staat einen Zwang
zum Empfang von Religionsunterricht ausübt? Wenn wir den kirchlichen
Zustand von Deutschland mit demjenigen von England und der Vereinigten
Staaten vergleichen, so ist das Bild für uns kein erfreuliches; der Haupt-
grund davon dürfte in der langjährigen, wie mir scheint, unglücklichen
Verbindung von Staat und Kirche liegen, wo jeder den andern für seine
Zwecke auszunutzen suchte, und wodurch schliesslich beide gelitten haben.
— Es können hier nicht nebenbei alle Fragen untersucht werden, zu wel-
chen der Streit der Religionsparteien in Deutschland Anlass gibt. Ich
möchte mich nur noch aussprechen gegen provisorische Nothgesetze. Wir
befinden uns nicht in einer Zeit der Noth, wir haben eben die glänzendsten
Siege erfochten; wir befinden uns vielmehr in einer Zeit der Ruhe und
der Erhebung, wo wir grosse Fragen grundsätzlich lösen müssen.

keine irische, keine Neger-Partei. Nirgends besteht eine so weit verbreitete Kenntniss von staatlichen Dingen, nirgends eine so allgemeine Theilnahme am politischen Leben, wie in den Vereinigten Staaten. Das ganze menschliche Wesen, — humanity ist der englische Ausdruck, es fehlt an einem ganz korrespondirenden deutschen Worte —, kommt nirgends voller und allgemeiner zur Entwickelung, ungeachtet des ungünstigen Klimas. Von manchen Vorurtheilen, unter denen wir hier leiden, sind die Amerikaner frei. Das Staatswesen und die Gesellschaft beruhen auf wenigen einfachen klaren Sätzen: Alle sind gleich, es besteht kein Unterschied der Geburt oder des Standes; es gibt keinen andern Adel, als den der ehrlichen Arbeit, und hierbei findet die freieste Mitwerbung Statt; die Minderheit unterwirft sich der Mehrheit. Aber die Rechte der Minderheit werden nirgends mehr geachtet, als in den Vereinigten Staaten; ihr wird die unbeschränkteste Kritik gestattet; eine offenbare Minderheit hat häufig viele Tage lang durch Sprechen und formale Anträge (filibustering) eine Abstimmung in gesetzgebenden Körperschaften hingehalten. Die Befürchtung von Tocqueville, in seinem scharfsinnigen und geistreichen Buche über die Demokratie in Amerika: dass die Tyrannei der Majorität die freien Einrichtungen von Amerika untergraben möge, indem sie die Minorität zur Verzweiflung treibe, hatte wohl ihren vornehmsten Grund in dem früher Gefahr drohenden Gegensatze der freien und der Sklaven-Staaten. Die Minderheit wird geschützt: durch die Oeffentlichkeit der politischen Diskussionen, durch die Freiheit der Presse, durch das Bewusstsein der Mehrheit, sie möge demnächst eine Minderheit werden und dann Gleiches mit Gleichem vergolten erhalten, durch sehr sorgsame auf den Schutz der Minderheit berechnete Bestimmungen in den Geschäftsordnungen der gesetzgebenden Körperschaften, und endlich, zuletzt aber nicht am wenigsten, durch die Gerichte, welche jeden Akt der Mehrheit, ausserhalb der ihr durch die Verfassung gesetzten Schranken, bei der Rechtsprechung annulliren. — Aber das Bild hat auch eine Kehrseite. Wo viel Licht ist, da ist auch viel Schatten; wo viel Bewegung ist, da mischen sich auch ungesunde Elemente ein. Die Schattenseite der Union ist eine weit verbreitete Korruption und Demoralisation, hervorgebracht durch die Ereignisse des Bürger-

krieges und gefördert durch die Verwaltung des Präsidenten Andrew
Johnson. Aber die Reformbewegung hat begonnen; die korrupte
Verwaltung der Stadt New-York*) ist das erste Opfer derselben geworden und wie hier, so mag auch in den andern Theilen der Union
bald beseitigt werden, was noch an korrupten Elementen vorhanden
ist. Das Deutschthum in den Vereinigten Staaten steht an der
Spitze der Reformbewegung; Senator Carl Schurz aus Missouri prä-
sidirte bei der grossen Reformversammlung in Cincinati im Mai
1872. — Die angeführten Thatsachen sind wohl geeignet, das Nach-
denken eines Jeden anzuregen, welcher sich mit politischen Untersuchungen beschäftigt. Die neuere Geschichte enthält, wie mir
scheint, kein Beispiel einer so stetigen, ununterbrochenen und gleichzeitig raschen Entwickelung. Dass dieselbe eine Folge der Verfassung ist, dass sie bei einer auf anderen Grundlagen beruhenden
Verfassung in gleichem Grade nicht möglich gewesen wäre, darüber,
glaube ich, sind alle Amerikaner einverstanden. **)

---

*) Die Verhältnisse der Stadt New-York sind anomal und dürfen nicht
als Grundlage eines Urtheils über die Vereinigten Staaten dienen. Der
Bodensatz der europäischen Einwanderung bleibt in New-York; namentlich
ist das irische Element sehr gross. New-York hat seine gefährlichen Klassen, ebenso wie Paris, London und Berlin. Ich verweise auf Charles Loring
Brace, The Dangerous Classes of New-York, namentlich auch zu dem Zwecke,
dass man daraus ersehen möge, was auf christliche Nächstenliebe gegrün-
dete, die Selbsthülfe anregende Vereinsthätigkeit in einem freien Staate für
die Hebung der untersten Volksklassen zu thun vermag. Der Verein,
welchem der Verfasser des genannten Buches angehört (New-York Children's
Aid Society), hat in den zwanzig Jahren seines Bestehens nicht weniger
als 25,000 verwahrloste Personen zu einer nützlichen Thätigkeit, meist in
den Landdistrikten, herangezogen. Er besitzt u. A. fünf grosse Aufnahme-
häuser für arme hauslose Kinder und zwanzig Industrieschulen.

**) Der Verfasser hat eine angenehme Pflicht der Dankbarkeit zu er-
füllen, indem er öffentlich ausspricht, wie freundlich jeder Fremde in den
Vereinigten Staaten aufgenommen wird, welcher ein wirkliches Interesse an
ihren Einrichtungen zeigt. Bekannt mit der Sprache, der Geschichte, der
Verfassung, den Gesetzen und Sitten der Vereinigten Staaten reiste ich
dorthin, um durch eigene Anschauung ein Bild von der Wirkung ihrer Einrichtungen zu gewinnen. Nach einander untersuchte ich die Geschäfte der
Gemeinden, der städtischen Korporationen, der Grafschaften, eines einzelnen
Staates, der Vereinigten Staaten. Von dem einen Beamten ging ich zum

Haben wir in Deutschland besondern Anlass, das Beispiel der Vereinigten Staaten zu beherzigen? Was sind die Zielpunkte der langen deutschen Entwickelung, in welcher wir uns gegenwärtig befinden? Sie sind, glaube ich, in der grossartigen Bewegung des Jahres 1848 angedeutet, welche zwar für ganz Deutschland nicht zu einem unmittelbaren Ergebniss geführt, aber die spätere Entwickelung ungemein vorbereitet und gefördert hat. Wir wollen die germanischen Volksstämme im Herzen Europas, welche in früheren Jahrhunderten ein Staatswesen gebildet haben, aber während der 600jährigen Leidensgeschichte Deutschlands in eine grosse Zahl kleiner Staaten zerbröckelt sind, zu einem kräftigen Staatswesen vereinigen. Ein centralisirter Einheitsstaat entspricht weder den Wünschen und Bedürfnissen der Deutschen Volksstämme, noch ist er der Freiheit förderlich. Somit bleibt die Form des Bundesstaates; und diese Staatsform ist am besten und vollständigsten in den Vereinigten Staaten von Amerika zur Ausbildung gekommen. Ist aber unsere Aufgabe, die germanischen Stämme im Herzen Europa's in bundesstaatlicher Form zu einem kräftigen Staatswesen zu vereinigen, nun, so haben wir allen Anlass, eine zeitbewährte Verfassung zu studiren, welche in bundesstaatlicher Form Maine im Norden, am At-

---

andern, mit der Bitte, mich über seine Geschäfte und die Art ihrer Besorgung zu unterrichten. Die öffentlichen Bücher und Papiere wurden mir stets mit der grössten Freundlichkeit gezeigt; jede Auskunft, die ich wünschte, wurde auf das Bereitwilligste ertheilt. Von Vereinigten-Staaten-Richtern wurde ich eingeladen, mit ihnen auf der Richterbank Platz zu nehmen. Bei dem höchsten Gerichtshofe wurde mir der Abdruck von Prozessakten, sowohl Fälle ursprünglicher als Appellationsgerichtsbarkeit, gemeiner Rechts- und Billigkeits-Fälle, ebenso von Urtheilen über Fragen des konstitutionellen Rechtes gegeben. — Für den Fremden haben manche der meist aus England herübergekommenen Geschäftsformen auf den ersten Blick etwas Ungewöhnliches, ja Pedantisches. Aber er gewöhnt sich leicht und rasch an sie und findet, dass Alles sorgfältig durchdacht ist. — In vielen technischen Sachen sind wir den Vereinigten Staaten weit voraus. Wir haben für uns das Wort des Lord Bacon: „Antiquitas saeculi juventus mundi." Worin wir hauptsächlich von ihnen lernen können, das ist die einfache, sichere, praktische, grundsätzliche Behandlung der politischen und sozialen Fragen.

lantischen Meere, Louisiana am Golf von Mexiko, Missouri im Herzen
des grossen amerikanischen Kontinents, California am Stillen Meere
und alle dazwischen liegenden Staaten zu einem tüchtigen Gemeinwesen verbindet, und welche Gegensätze überwunden hat, weit grösser
und weit gefährlicher, als sie bei uns bestehen. Dazu kommt, dass
das System der Reichsverfassung bereits dasjenige der amerikanischen
Unionsverfassung ist, nur noch nicht vollständig entwickelt, und mit
denjenigen Modifikationen, welche die Geschichte und der soziale Zustand Deutschlands erforderlich machen.*)

In der Hauptstadt der Vereinigten Staaten, in der unmittelbaren Nähe des Kapitols, sah ich eine Statue Washington's mit der
Inschrift: „First in war, first in peace, first in the hearts of his
„countrymen."**) Ich dachte an den grossen Staatsmann an der
Spitze unseres Staatswesens. Wir mögen von ihm sagen: „Der Erste
im Kriege." Zwar hat er nicht die Kriegspläne entworfen und nicht
die Schlachten geleitet; aber er sah, dass ein befriedigender Zustand
in Deutschland nicht ohne Krieg erreicht werden könne; er bebte
nicht zurück vor der fürchterlichen Verantwortlichkeit des, so mögen
wir zuversichtlich sagen, letzten Krieges Deutscher gegen Deutsche;
er hat den Krieg des Jahres 1866 ungemein geschickt vorbereitet
und durchgeführt und dann das deutsche Einheitswerk begonnen.
Und ebenso geschickt und ruhmreich hat er den Krieg gegen Frankreich in den Jahren 1870 und 1871 geleitet und zur Förderung
des deutschen Einheitswerkes benutzt. — Wir mögen von ihm sagen,
mit noch grösserem Recht: „Der Erste im Frieden." Niemand hat
grösseres Verdienst an der Herstellung der Verfassung des Norddeutschen Bundes und des Deutschen Reiches als er. Er hat eine
Aufgabe gelöst, von welcher der scharfsinnige Florentiner Staatsmann
sagte: „Man muss bedenken, wie es nichts Schwierigeres im Be-

---

*) Vergl. die Botschaft des Präsidenten der Vereinigten Staaten von
Amerika an beide Häuser des Kongresses, vom 7. Februar 1871, aus welcher ein Auszug in der Einleitung (Seite 2) mitgetheilt ist.

**) „Der Erste im Kriege, der Erste im Frieden, der Erste in den
„Herzen seiner Landsleute."

„ginne, nichts Zweifelhafteres im Erfolge, nichts Gefährlicheres im
„Verlaufe gibt, als sich an die Spitze der Gründung einer neuen
„staatlichen Ordnung" zu stellen." *) Zwar ist die gegenwärtige
deutsche Verfassung nicht in allen ihren Theilen vollkommen, und
Niemand hat das unumwundener anerkannt, als ihr grosser Urheber.
Aber sie enthält einen wunderbaren Fortschritt in der Organisation
Deutschlands. Wenn wir berücksichtigen, dass sie in der Eile zu
Stande gekommen ist, dass keine Zeit war für die eingehenden
sorgfältigen Berathungen, ohne welche eine auf lange Jahre oder
gar auf Jahrhunderte berechnete Verfassung nach aller Erfahrung
nicht zu Stande gebracht werden kann, so müssen wir mehr darüber
staunen, dass so Vortreffliches hat geschaffen werden können, als
dass noch Unebenheiten und Mängel bestehen. — Und der Lohn ist
nicht ausgeblieben. Der Mann, welcher durch gleiche Tüchtigkeit
im Krieg und Frieden die 600-jährige Leidensgeschichte Deutschlands zu einem ruhmreichen Abschluss gebracht, welcher für das
Deutsche Volk die Bahn frei gemacht hat, auf der es zu Wohlfahrt,
Freiheit und Gesittung fortschreiten kann, ist „der Erste in den
Herzen seiner Landsleute."

Wir leben in einer Uebergangszeit. Grosse Ereignisse liegen
hinter uns, welche grosse Veränderungen bewirkt haben. Wir haben
einen ungeheuren Fortschritt seit dem Jahre 1866 gemacht. Kaum
irgend eine Nation der Welt ist in so kurzer Zeit so rasch vorwärts
geschritten. Aber unsere politische Arbeit ist noch nicht gethan.
Es ist nicht wahrscheinlich, dass die Reichsverfassung, in ihrer
gegenwärtigen Form, die letzte Verfassung Deutschlands sein,
oder dass sie nur eine längere Reihe von Jahrzehnten bestehen wird.
Sie ist ein merkwürdiges Gemisch meist gesunder Verfassungs- und
zum Theil in das Kleinste hinabgehender Verwaltungsvorschriften;
schon diese Mischung macht einen langen Bestand unwahrscheinlich,
da Verwaltungsvorschriften nothwendig beweglicher sein müssen, als

---

*) Macchiavelli. Del Principe. Capo VI.

Verfassungsvorschriften. Die Staatenverfassungen sind durch die Ereignisse der letzten Jahre überholt und vielfach durchlöchert. Harte politische Arbeit ist überall, wohin wir auch blicken. Dazu kommen die socialen Fragen, denen gegenüber wir uns nicht verhalten dürfen wie der Vogel Strauss, welcher bei herankommender Gefahr unthätig seinen Kopf in den Sand steckt. Wir gehen an diese Arbeit, so schwer, wie je irgend eine Zeit sie zu lösen gehabt hat, mit den alten Organisationen. Wir haben noch überall die alten büreaukratischen Aemterverfassungen, welche zur Zeit des Staates mit absoluter oder beinahe absoluter Fürstenherrschaft entstanden sind; wir haben noch im Wesentlichen die alten Parteiverbindungen. Sind die alten Organisationen ausreichend für die Arbeiten unserer Zeit? Werden wir nicht durch den Ballast der Vergangenheit eher gehindert als gefördert? Ist es nicht rathsam, unsere Organisationen so zu ändern, dass sie den Anforderungen, welche unsere Zeit macht gewachsen sind?

Hinter uns liegt eine „600jährige Leidensgeschichte,"*) sowohl nach Aussen als im Innern. Beides steht ja in der innigsten Verbindung mit einander. Die gesunden germanischen Grundlagen unserer Einrichtungen sind zurückgedrängt. Wir sind beinahe überall den romanischen Völkern gefolgt. Diese unglückliche Entwickelung mag auf die Zeit zurückdatirt werden, wo das römische Recht rezipirt ist. Und in der Neuzeit sind wir in den wichtigsten Dingen, in Verfassung, in Verwaltung, in der Organisation der Gerichte und deren Verfahren, dem französischen Vorbilde gefolgt. Ist die Meinung richtig, dass wir in Nachahmung französischer Einrichtungen ein Staatswesen begründen können, welches auf die Dauer dem französischen Muster überlegen ist? Warum kehren wir nicht zu den germanischen Grundlagen unserer Einrichtungen zurück, unter Benutzung der Entwickelung, welche dieselben bei anderen Völkern germanischen

---

*) Fürst v. Bismarck bei der Vorlegung des Verfassungsentwurfs in der Sitzung des konstituirenden Reichstages, vom 4. März 1867.

Ursprungs, in England und in den Vereinigten Staaten von Amerika, gefunden haben?

———————

Bei den vorstehenden Untersuchungen und den mehrjährigen Vorarbeiten zu denselben bin ich von dem Gedanken geleitet gewesen, dass die Politik eine experimentale Wissenschaft sei, dass das beste Orakel der Weisheit die Erfahrung, sowohl unseres als anderer Länder sei. Auf keinen Anspruch leiste ich bereitwilliger Verzicht, als dass ich Neues gesagt habe. Ich glaube nicht, irgend eine Einrichtung empfohlen zu haben, welche sich nicht eine längere Reihe von Jahren hindurch in anderen Ländern, deren Bevölkerung gleich unserer germanischen Ursprungs ist, bewährt hat. In meinen Ausführungen mag Manches neu scheinen, z. B. in dem Kapitel über die Gesetzgebung der Abschnitt von der Gültigkeit der Reichsgesetze und in dem Kapitel über die richterliche Gewalt des Reiches der Abschnitt über die Aufrechterhaltung der Grenzlinie zwischen der Reichs- und den Staatengewalten. Diese Ausführungen enthalten aber, wie mir scheint, nur nothwendige Konsequenzen aus dem Buchstaben und dem Wesen der Bundesverfassung. Durch genaue Bekanntschaft mit einer gleichartigen Verfassung war ich vielleicht in einer besonders glücklichen Lage, diese Konsequenzen ziehen zu können. Die Neuheit ist aber kein Beweis gegen die Richtigkeit und Nothwendigkeit der aufgestellten Sätze. Es ist ja bei Verfassungen nichts Seltenes, dass sie eine Zeitlang bestehen, ehe ihr Wesen und ihre Eigenthümlichkeiten allgemein verstanden werden. Hat doch die englische Verfassung Jahrhunderte lang bestanden, bis ein Ausländer, Montesquieu, in seinem vortrefflichen Buche über den Geist der Gesetze die Grundgedanken derselben entwickelt hat.

———————

Ich bin weit von dem Wahne entfernt, dass meine Untersuchungen allgemeinen Beifall finden werden. Manches mag getadelt sein, was Andere hochschätzen. Aber der Geist der Reform, und

dass wir dessen bedürfen, werden nur Wenige bestreiten, ist ja ein
tadelnder, anklagender Geist. *) Er prüft, vergleicht, urtheilt, findet
Mängel, berichtet sie, sucht und zeigt die Mittel der Besserung.
Manche Ideen sind ausgesprochen, welche neu sein mögen, nicht in
der Welt, aber in Deutschland; und neue Ideen gebrauchen ja Zeit,
um Gemeingut Aller zu werden. — Ich bin auch weit von der Ansicht entfernt, dass ich überall das Richtige getroffen habe; ich
nehme für mich weiter nichts in Anspruch, als dass ich nach meinen
besten Kräften bemüht gewesen bin, zu richtigen Resultaten zu gelangen. Dass ich es an harter, andauernder, ununterbrochener, gei-
stiger Arbeit nicht habe fehlen lassen, wird der Gerechtigkeitssinn
meiner Landsleute mir zugeben. — Ich weiss auch recht gut, dass
nicht Alles, was in diesen Untersuchungen angeregt ist, auf einmal,
etwa in einem Jahre oder nur in einem Jahrzehnt, ausgeführt werden
kann. Das schliesst aber nicht aus, dass wir die Zielpunkte, denen
wir zustreben müssen, mit aller Offenheit und Freimüthigkeit diskutiren. Der Hauptzweck dieser Untersuchungen ist, den freien, frischen
und belebenden Widerstreit der Meinungen, aus welchem schliesslich
das Richtige hervorgeht, anzuregen.

Was ich wünsche, und wonach ich strebe, ist eine Regierung
von Gesetzen, nicht von Menschen. Ich wünsche Beschränkung der
Zuständigkeit des Reiches auf die nationalen Angelegenheiten; aber
soweit seine Zuständigkeit geht, wünsche ich ihm eigene Gesetzgebung, eigene Gesetzesausführung, eigene Gesetzesanwendung. Ich
wünsche, dass die partikularen und lokalen Angelegenheiten den
Staaten belassen bleiben, und dass sie auf diesem Gebiete eigene Gesetzgebung, eigene Gesetzesausführung und eigene Gesetzesanwendung
behalten. Ich wünsche Lösung der gegenwärtig zwischen dem Reiche
und den Staaten bestehenden Verbindung, nach deren Inhalt das
Reich an die Staaten Vorschriften erlässt und die Staaten dieselben
auszuführen haben; ich kann hiervon keinen Segen erwarten. Ich
wünsche, dass die Regierung, sowohl des Reiches als der Staaten,
nicht auf die Tüchtigkeit von Einzelnen gegründet wird, denn dies

---

*) Vergl. die Thronrede bei Eröffnung des konstituirenden Reichstages,
vom 24. Februar 1867.

ist eine schwankende, ungewisse Grundlage, sondern auf die allgemeine Tüchtigkeit. Ich wünsche, dass dem Volke, sowohl im Reiche
als in den Staaten, eine immer allgemeinere Mitwirkung bei der
Regierung gegeben wird, weil die Regierung nichts Anderes ist, als
die Besorgung seiner wichtigsten Angelegenheiten. In diesem Streben
bin ich mit Manchen meiner intelligenten Landsleute einverstanden;
ob die Wege, die ich angegeben oder doch angedeutet habe, die
richtigen sind, überlasse ich gern ihrem Urtheil.

Berichtigungen und Zusätze.

An einigen Stellen des Buches finden sich Druckfehler, welche der geneigte Leser leicht ausfinden wird.

Das Allegat aus Blackstone, Commentaries on the laws of England, auf Seite 90 des Buches, ist unvollständig; es hätte ausser I, 146, auch I, 269 citirt werden müssen, wo der berühmte Kommentator über die Gesetze Englands sagt: „In this distinct and separate existence of the judicial „power, in a peculiar body of men, nominated indeed, but not removeable „at pleasure, by the crown, consists one main preservative of the public „liberty; which cannot subsist long in any state, unless the administration „of common justice be in some degree separated both from the legislative „and also from the executive power. Were it joined with the legislative, „the life, liberty and property of the subject would be in the hands of „arbitrary judges, whose decisions would be then regulated only by their „own opinions, and not by any fundamental principles of law; which, „though legislators may depart from, yet judges are bound to observe. Were „it joined with the executive, this union might soon be an overbalance for „the legislative. For which reason, by the statute of 16. Car. I. cap. 10, „which abolished the court of star-chamber, effectual care is taken to re-„move all judicial power out of the hands of the king's privy council; „who, as then was evident from recent instances, might soon be inclined „to pronounce that for law, which was most agreeable to the prince or „his officers. Nothing therefore is more to be avoided, in a free constitu-„tion, than uniting the provinces of a judge and a minister of state."

Druck von J. G. Kisling in Osnabrück.